해외 창업
길라잡이

- 베트남편 -

해외 창업 길라잡이 – 베트남편

초판 1쇄 인쇄 2020년 07월 10일 l **초판 1쇄 발행** 2020년 07월 15일
지은이 아토즈 베트남 컨설팅 l **펴낸이** 오광수 외 1인 l **펴낸곳** 새론북스
주소 서울특별시 용산구 한강대로 76길 11-12 5층 501호
전화 02)3275-1339 l **팩스** 02)3275-1340
출판등록 제2016-000037호
e-mail jinsungok@empas.com
ISBN 978-89-93536-60-7 03320
※ 책 값은 뒤표지에 있습니다.
※ 새론북스는 도서출판 꿈과희망의 계열사입니다.
ⓒ Printed in Korea.
※ 잘못된 책은 바꾸어 드립니다.

해외 창업 길라잡이

아세안 비즈니의 중심지인 베트남에서의 창업 성공하기

베트남편

VIETNAM

아토즈 베트남 컨설팅

새론북스

들어가면서

1992년 수교 이후 한국과 베트남의 관계는 비약적으로 발전하고 있습니다. 베트남에는 이미 20만 명 이상의 한인이 생활하고 있으며, 경제적으로는 8,000개 이상의 한국투자기업이 베트남 경제의 중요한 역할을 하고 있습니다. 또한 최근에는 매년 200만 명 이상의 한국인들이 베트남을 관광목적으로 방문하고 있어 베트남과 한국의 관계는 점차 밀접해지고 있습니다.

한국기업에게 포스트차이나의 핵심으로 떠오르고 있는 베트남은 1억의 인구와 35세 이하의 인구가 60%로 풍부한 노동력과 중국에 비하여 절반 이하의 인건비로 한국기업에게는 저렴하고 풍부한 노동력을 제공하여 훌륭한 사업의 기회를 제공하고 있으며, 매년 6%대의 경제성장으로 향후 소비시장으로서도 중요한 역할을 하게 될 것입니다. 또한 베트남을 포함한 동남아시아 10개국이 만든 아세안경제동맹체(AEC)는 인구 6억, GDP 3조 달러 규모의 거대 경제권으로 동맹체 국가간 관세를 포함한 각종 혜택을 가지게 되므로 베트남을 통하여 아세안 지역의 진출 교두보의 역할 또한 가능하리라 생각합니다.

베트남에 진출하는 많은 고객들을 만나면서 본인들의 사업 영역에 대해서는 많은 지식, 경험을 축적하고 있으나 베트남의 법률이나 세무에 대한 이해 없이 이미 베트남에서 회사를 운영하고 있는 지인의 조언이나 인터넷상의 단편적인 정보에 기초하여 진출을 결정한 후 많은 시행착오를 겪으며 시간과 기회비용을 지불하는 모습을 보게 됩니다.

베트남의 경우, 제도나 문화가 한국과 많은 차이를 가지고 있고 관련 법규가 지속적으로 변화하고 있어 한국기업의 성공적인 베트남 사업을 위해서는 베트남의 법인 설립, 세무, 생활 등 전반적인 사업에 대한 이해가 선행되어야 한다는 판단을 하게 되었고, 이러한 필요성이 베트남 안내서 발간의 이유가 되었습니다.

베트남 해외창업 길라잡이는 그동안의 베트남에서의 컨설팅 경험을 정리하여 이미 진출한 기업이나 진출을 계획하는 기업들과 저희의 컨설팅 경험을 공유함으로써 베트남에서 안정적인 비즈니스를 할 수 있도록 돕는 것을 목적으로 하고 있습니다.

Preface

  비록 적은 지면에 광범위한 내용을 정리하여 좀 더 세부적인 안내를 드리지 못하는 아쉬움이 있기는 하지만, 베트남에 진출하는 분들에게 베트남에서의 사업과 생활의 전반적인 이해를 드리는 데 주력하였습니다. 이 책을 통하여 많은 분들이 베트남사업에 대한 이해에 도움이 되시기를 바랍니다.

  현재 우리아토즈컨설팅그룹의 회계사, 변호사들이 홍콩과 태국 본사를 중심으로 싱가포르, 베트남, 캄보디아, 미얀마의 지사에서 아세안 진출 한국기업의 현지화를 지원하고 있습니다. 가까운 시일에 이 책의 독자님들을 직접 만나뵙고 실제적인 경영컨설팅을 제공해 드릴 수 있는 기회가 있기를 기원합니다.

  이 책을 준비하며 회사로서는 직원들이 가지고 있는 지식과 경험을 공유할 수 있었고, 관련 지식을 심화하는 소중한 경험이 되었습니다. 이 책이 나올 수 있도록 베트남 법인의 김현수법인장과 홍콩 본사의 정재호 법인장, 채형은 회계사와 하민수 회계사, 싱가포르법인의 김정건회계사가 중요한 역할을 해주었습니다.

마지막으로 홍콩, 싱가포르 해외창업 길라잡이의 출간에 이어 저희의 경험과 지식을 공유할 수 있도록 베트남 해외창업 길라잡이의 출간을 도와주신 새론북스 출판사에도 감사의 말씀을 드립니다.

우리아토즈컨설팅그룹 대표
한규성

차례

Table of contents

Appendix 부록

베트남…
그곳에 가면
정말 할 일이 많다

해외 창업 길라잡이 – 베트남편

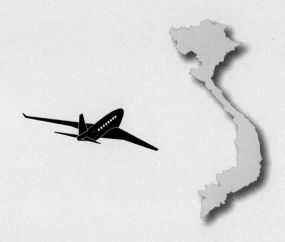

Chapter 1

베트남은 어떤 곳인가?

대한상사 싱가포르 법인을 설립하고 단기간에 안정화시킨 공로를 인정받아 승진한 성부장은 베트남에 회사를 설립하고 안정화시키기 위하여 중국 법인의 배과장과 함께 베트남으로 이동을 하게 되었다.

아직 베트남에 대하여 별다른 지식은 없지만 회사의 성공적인 베트남 진출을 위하여 베트남 관련 서적을 구매하여 베트남에 대한 전반적인 이해를 위해 노력해 보기로 하였다.

PART 1
베트남의 개요

01 국가 개요

베트남의 정식 국가 명칭은 베트남 사회주의 공화국(The Socialist Republic of Vietnam)이다. 면적은 약 33만Km²로 한국과 비교하면 약 1.5배의 면적이며, 인도차이나 반도의 동쪽에 남북으로 길게 뻗어 있다. 동쪽으로는 남중국해에 접해 있으며, 북쪽으로는 중국, 서쪽으로는 라오스, 캄보디아와 접해 있다.

인구는 약 9,700만 명(2019년 말 기준)이며, 행정구역은 58개의 성(tính, 省)과 5개의 특별자치행정구(하노이, 호찌민, 하이퐁, 다낭, 껀터)로 구성되어 있다. 종교는 불교(7.9%), 가톨릭(6.6%) 까오다이교(3.2%, 유교, 불교, 도교, 기독교의 종합종교), 무교(약 80%)로 구성되며, 토속신앙은 도

교, 유교, 불교의 영향을 많이 받았으며, 미신적인 요소가 많다. 가정이나 사무실, 상점 등에 지신(地神), 부(富)의 신을 모셔 놓고 복을 기원하며, 고사를 지내거나 굿을 하는 풍속이 있으며, 사람이 죽으면 길일을 택해 장례를 치른다.

정치체제는 베트남 공산당의 일당독재에 의한 사회주의 체제이며, 국회는 5년 임기의 단원제로서 중선거구제를 채택하고 있다. 18세 이상이면 참정권을 가지며, 21세 이상이면 피선거권을 가진다.

02 근대 역사

베트남은 19세기 후반에 프랑스의 식민지가 된 후 2차 세계대전 후반에는 인도차이나 반도에 진출한 일본에 점령당한 역사를 가지고 있다. 1945년 제2차 세계대전 종전에 맞춰 독립을 쟁취하였으나 베트남의 독립을 인정하지 않고 다시 식민지로 만들려고 시도하는 프랑스와 전쟁을 거치고, 북위 17도를 기준으로 이북은 호찌민의 북베트남, 이남은 바오다이 황제의 베트남국이 지배하게 되었으며, 1964년 공산주의 세력 확대를 저지하려는 미국과의 전쟁을 시작하여, 북베트남이 구 소련과 중국의 지원을 받아 1975년 사이공을 점령함으로써 미국과의 전쟁에서 승리하고 베트남 전체의 공산화를 이루었다. 이후 캄보디아, 중국과의 분쟁이 있었으며, 장기간에 걸친 전쟁으로 경제성장이 둔화된 상황에서 1986년 공산당 당대회는 시장경제 시스템의 도입과 대외 개방을 골자로 하는 도이머이(쇄신) 정책을 발표했다. 이를 계기로 경제발전이 시작되었으며, 1995년에 ASEAN에 정식 가입, 1998년에는 APEC에 정식 가입하였다. 그리고 2007년에는 WTO에 가입을 하며 대외 개방 및 투자유치에 한층 박차를 가하게 되었다.

03 경제(2019년 기준)

베트남의 주요 산업은 2019년도 GDP 기준으로 제조건설(34.49%), 농림수산업(13.96%), 서비스업(42.74%)으로 전통적인 일차산업에서 최근 제조, 서비스 산업의 비중이 높아지는 추세이다. 2019년 실질 GDP 성장률은 7%이며, 최근에는 계속하여 6% 이상의 고성장을 기록하고 있다. 1인당 GDP는 USD 2,715달러이며, 실업률은 3.1%대를 유지하고 있다. 수출은 USD 2,640억 달러, 수입은 USD 2,530억 달러로 총 111억 달러의 무역 흑자를 기록하였다. 주요 수출국가는 미국, 중국, 일본, 한국, 홍콩의 순이며, 주요 수입국가는 중국, 한국, 일본, 대만, 미국의 순이다. 베트남 외국인 직접투자액은 380억 달러이며, 국가별 투자 규모 순위는 1위 한국(79억 달러), 2위 홍콩(78억 달러), 3위 싱가포르(45억 달러)의 순이다.

한국의 베트남 전쟁 참전과 전쟁 후 베트남의 공산화로 한국과 베트남은 일정기간 교류가 적었으나 1992년 국교 수립 이후 지속적으로 관계가 발전하고 있다. 베트남은 한국뿐 아니라 북한과도 정식외교 관계를 맺고 있으며 중간에서 일정 수준의 균형을 유지하고 있다. 2015년에 한국−베트남 FTA가 공식발효되어 양국 간 경제발전에 큰 도움이 되고 있으며, 한국은 일본과 함께 대 베트남 투자국가 1, 2위를 다투는 수준의 긴밀한 관계를 유지하고 있다.

경제적인 측면과 함께 국제 결혼과 노동연수 등으로 많은 베트남 사람들이 한국에 들어와서 살고 있으며, 약 20만 명의 한국교민이 베트남에 거주하고 있다. 아시아에서 한류에 대하여 가장 뜨거운 반응을 보이고 있는 등 다양한 측면에서 한국과의 관계가 깊어지고 있다.

PART 2
베트남의 투자환경

01 외국 자본에 대한 규제

　외국인 투자자가 베트남에 투자를 검토하거나 베트남에서 회사를 신규설립할 경우에는 해당 업종이 베트남에서 허용되는 업종인지, 허용이 되는 경우라도 관련 제한규정(외국 자본출자한도 등)이 존재하는 지를 확인하여야 한다.

　베트남의 투자법상 "투자 금지 분야"의 경우, 투자 자체가 금지되 며, "조건부 투자 분야"의 경우에는 투자에 일정한 제한이 존재한다.

　투자법에서 내외국인 투자자를 불문하고 투자가 금지된 분야는 마약 관련 업종, 매춘이나 인신매매와 관련된 업종 등으로 투자가 불가능하다. 반대로 투자법에서는 '투자자는 이 법률이 금지하고 있 지 않은 각 분야에 투자를 할 권리가 있다.'라고 규정하여, 투자금지 업종에 해당하지 않는 한 투자가 가능하다고 규정하고 있지만, 투자 가 금지되지 않았더라도 "조건부 투자 분야"에 해당되는 경우에는 다양한 제약이 존재할 수 있다. 또한 WTO 양허안에 의하여 투자 개방이 약속된 업종이 아닌 경우에는 사안별로 관할 행정관청의 재량으로 허가 여부의 결정이 이루어질 수 있다.

조건부 투자 분야는 국방, 치안, 사회질서, 안전, 사회 도덕, 시민 건강에 영향 미치는 분야로서 투자자가 해당 분야의 경영 투자활동을 하기 위해서는 일정조건을 충족시켜야 하는 분야를 말한다. 조건부 투자 분야에 해당하는 구체적인 사업 분야는 베트남 투자법 별첨 4에 269개 업종을 규정하였으며, 대표적인 분야로서는 은행업, 금융 관련 분야, 부동산업, 방송/출판 분야, 교육/훈련 분야, 의료산업 등이 있다. 또한 베트남의 경우 관련 규정의 변경이 빈번하게 이루어지므로 관련 업종의 규정 변화에 주의하여야 한다.

베트남정부는 베트남에 중대한 영향을 미치는 프로젝트에 대하여 외국자본의 투자에 신중한 태도를 보이고 있다. 이는 원자력 발전소 건설, 공항 건설, 공업단지 개발 및 투자자본이 5조 동(VND. 베트남의 화폐 단위)을 초과하는 프로젝트 등이 해당된다. 이 경우에는 내용에 따라서 국회, 수상 또는 성급 인민 위원회의 사전승인을 받아야 한다.

외국인 투자자는 베트남에서 하고자 하는 사업이 위의 투자 금지 혹은 조건부 투자 분야에 해당되는지 여부의 판단과 함께 서비스업의 경우에는 추가 검토가 필요하다. 베트남은 2007년 WTO 가입 당

시 서비스업에 대하여 외국자본의 출자 비율 규제 완화를 위한 개방스케줄을 제시하였으며, 이 개방스케줄에 따라 외국 자본투자규제가 단계적으로 철폐되고 있다. 이미 많은 서비스업종에 대하여 외국인의 100% 투자가 인정되고 있지만 현재도 일부 업종은 투자의 제한을 받고 있으므로 WTO 양허안의 검토가 필요하다. 또한 WTO 양허안이 모든 서비스업을 포함하고 있지 않으므로 WTO 양허안에 규정되지 않는 업종은 관할 행정당국의 재량에 따라서 인허가에 대한 판단이 이루어지고 있다. 이미 관련 업종의 투자승인이 있었던 업종의 경우 신규 진출 시 어려움이 적으나 외국인 투자의 전례가 없었던 업종의 경우 관할 행정당국의 허가에 시간이 더욱 소요될 수 있다. 또 외국 투자자의 국가와 베트남 사이에 개별적인 투자협정이 맺어진 경우에는 해당 투자협정의 적용에 따라서 인허가를 취득할 수 있는 경우도 있다.

02 개별 업종에 관한 외국 투자 규제

1 소매업

베트남은 현재 유통업이 발전하지 않아 베트남정부는 유통업의 발전을 위하여 외국투자자본의 필요성을 느끼고 있지만, 기존 소매업이 주로 자국 소상인과 자영업자에 의해 운영되고 있어 외국 자본의 소매업 진출이 기존 소상인과 자영업자에게 어려움을 유발할 수 있다는 우려를 동시에 가지고 있다.

소매업은 WTO 가입 당시에는 외국자본 출자한도비율을 49%로 제한되었으나 2009년 1월 1일부터는 외국인의 100% 단독투자 진출이 가능하다. 그러나 출자 비율 이외의 규제로서 외자기업이 2번째 점포 이후의 소매점포 개설을 위해서는 경제적 수요에 따라서 개별적으로 판단하는 경제수요 테스트(ENT, Economic Needs Test)를 통과하여야 한다. 단 심사 면제 대상은 쇼핑센터, 오피스빌딩, 또는 도소매 활동 지역으로 승인된 지역의 500m² 이하의 2호 소매점의 경우 ENT 심사가 면제된다. 다만 베트남의 포괄적 환태평양경제동반자협정(CPTPP)이 2019년 1월 발효되면서 5년 후 ENT 심사는 받을 필요가 없어진다.

WTO 양허안은 외국자본 소매기업이 담배, 책, 신문, 잡지, 영상물, 귀금속, 보석, 약품, 화약, 원유, 정유, 쌀, 설탕을 취급하는 것을 제한하고 있다. 또한 외국자본 소매기업이 관련 당국에 승인을 받아야 하고, 다양한 품목을 취급하는 소매기업의 경우에는 인허가의 취득까지 시간이 많이 걸리는 점에 주의해야 한다.

유통사업은 민감한 부분이며, 실무상 공무원의 재량이 많이 작용하는 것을 감안하여 진출 전 관련 규정에 대한 사전 검토가 중요하다.

❷ 음식점

베트남의 경제발전에 따라 외국음식에 대한 수요가 증가하고 있으며, 이에 따라 많은 외국계 음식점이 베트남 시장에 진출하고 있다. 음식점의 경우 WTO 양허안에 따라서 2015년부터는 외국인 100% 단독투자가 가능하다. 일부 소규모 투자에 있어 외상투자기업 설립과 운영의 번거로움으로 베트남 현지인의 명의를 빌려 개인사업자의 형태로 설립하는 사례가 있으나, 이는 향후 한국투자자의 재산권 보호가 어려우므로 피하는 것이 좋다. 한국 음식점의 경우, 초기 한인 밀집지역에 주로 위치하여 한국인 위주의 영업을 하였으나, 최근에는 BBQ, 중국집, 족발전문점, 떡볶이 전문점, 해장국전문점 등의 다양한 업종이 진출하고 있으며, 한국에서 유행하고 있는 요식업 프랜차이즈의 진출도 활발하다. 참고로 가맹사업을 위해서는 가맹사업 등록 전 최소 1년 이상 베트남 내에서 운영되어야 하는 등의 제한이 있으며, 한인 밀집지역을 벗어나 베트남 고객을 목표로 하여 베트남 거주지에도 지속적으로 한국 음식점이 늘어나고 있다.

❸ 부동산 개발

부동산 개발분야는 외국자본 기업의 참여가 활발한 분야이며, 도시개발을 포함한 대규모 프로젝트부터 아파트 건설까지 다양한 규모의 사업이 진행되고 있다. 특히 부유층의 증가, 주택법의 개정, 외국인의 건물 보유에 관한 규제 완화 등이 이루어지면서 부동산 개발이 한층 더 활발하게 이루어지고 있다.

부동산 개발사업은 조건부 투자 분야로 구분되며, 2015년에 실시된 부동산 사업법에 따라 부동산 개발회사는 200억 동(VND) 이상의 법정자본금을 납입하여야 하며(부동산법 10조 1항), 부동산의 판매 혹은 임대용 건물을 건설, 건물의 임대 후 재임대, 판매 또는 임대용 건물 건설프로젝트에 수반된 토지사용권의 양수도, 부동산 서비스업(부동산 중개업 포함)의 활동이 가능하다.(부동산법 11조 3항)

4 광고업

그동안 광고업은 조건부 투자 분야로 100% 외국자본의 회사 설립이 불가능하였으나 2019년 9월 베트남 국회 경제위원회의 심의를 통하여 조건부 투자 분야에서 제외되어 100% 외국인 투자가 가능하다. 베트남은 zalo, facebook 등 소셜미디어의 마케팅 활용수준이 높아 글로벌 플랫폼을 기반으로 한 동영상 컨텐츠 광고의 성장률이 높으며, 관련 인플루언서를 이용한 제휴 마케팅 등 디지털 광고 시장은 향후 몇 년간 폭발적인 성장세를 보일 것으로 전망된다.

5 물류 및 운수업

베트남의 경제성장과 함께 물류업도 동반성장을 하고 있으며, 국내 물류기업들은 대기업을 필두로 베트남 진출을 진행하고 있다. 현재 베트남 내 물류업체는 대부분 50인 이하의 소규모 회사가 주류를 이루고, 서비스의 질이 상대적으로 떨어지며, 육상운송의 경우 대부분의 도로가 편도 2차선으로 오토바이와 함께 이동하므로 교통혼잡이 심하고, 국도의 60% 정도가 비포장도로여서 높은 물류비가 발생한다.

- 도로운송 서비스

외국자본 출자 비율의 제한은 여객운송과 화물운송 모두 51%까지 인정된다. 다만 운전기사는 100% 베트남인을 고용하여야 한다.

- 내륙수로운송 서비스

내륙수로운송 서비스의 경우 여객운송, 화물운송 관계없이 외국자본 출자 비율은 49%를 초과할 수 없다.

- 국제해상운송 서비스

외국인은 승객과 화물의 국제해운 서비스업을 위하여 해운사를 설립하는 경우 최대 지분은 49%를 초과할 수 없다.

- 철도운송

철도운송 서비스의 경우, 외국자본 출자 비율의 한도는 49% 이하이다.

- 항공운송 서비스

항공운송 서비스는 WTO 양허안에는 포함되어 있지 않아 국내 법률에 따르며, 외국인자본 출자 비율의 한도는 49% 이하이며, 외국 투자자 1인의 투자는 30%를 초과할 수 없으며, 이때 주요 경영진 중 외국인 경영진은 1/3을 초과할 수 없다. WTO 양허안은 항공기수리 서비스에 대하여만 규정하고 있는데, 항공수리업의 경우, 100% 외국자본 기업 설립이 가능하다.

- 기타 서비스

보관 및 창고서비스, 화물운송대리 서비스는 2014년 이후 외국자본 100%로 사업진출이 가능하나 컨테이너취급 서비스는 베트남 파트너와 합자 형태만 가능하며, 외국자본 출자 비율이 50% 이하로 제한된다. 통관 서비스는 베트남 파트너와 합자 형태로 사업을 해야 하나 외국자본 출자 비율에 대한 제한은 없다.

6 금융업

- 은행업

은행업에 대하여 WTO 양허안에서 대표사무소, 지점 및 합자회사(외국자본 출자 비율 50% 미만)의 설립이 인정되며, 100% 외국자본의 상업은행의 설립이 인정된다. 그러나 과거에는 100% 외국자본의 상업은행이 몇 곳 설립된 사례가 있으나 2010년대부터 100% 외국자본의 상업은행 설립이 허가된 사례는 없다. 이에 최근에는 개별적인 투자로서 기존 은행에 출자하는 사례가 많다. 외국 투자자가 보유 가능한 지분은 총 30%까지 가능하며, 개별 투자자가 개인일 경우 5%,

법인일 경우 15%까지 보유 가능하다. 단, 외국의 금융기관이 베트남 은행에 대하여 기술이전 등 일정조건을 충족시키는 경우, 외국 전략 투자자(Foreign Strategic Investor)로서 20%까지 투자가 가능하다. 최근 하나은행은 베트남 BIDV 지분 15%를 인수한 바 있다.

- 금융, 리스

제조업 진출이 많아 공장의 설비나 기계를 대상으로 리스의 수요가 많다. WTO 양허안에는 금융, 리스업에 대하여 대표사무소, 지점 및 합자회사(외국자본 출자 비율 50% 미만)의 설립이 인정되며, 100% 외국자본의 금융, 리스 회사의 설립이 인정된다. 그러나 은행업과 같이 과거에 실제로 몇 군데의 100% 외국자본의 금융, 리스 회사가 설립된 적이 있으나 2008년 이후로는 설립이 허가된 사례가 없다.

- 보험업

보험업은 WTO 양허안에 대표사무소, 지점 및 합자회사 설립이 인정되며, 100% 외국자본의 보험회사 설립이 인정되어 있다. 기존의 보험회사에 출자하는 경우 혹은 유한책임 회사일 경우에는 외국자본 100%까지 인정되는 반면 주식회사일 경우에는 20%까지만 인정되는 규제가 있었다. 하지만 주주의 자본구성의 조건에 관한 법령에 의하여 2016년 7월 이후 해당 규제가 철폐되었다.

또한 보험업의 경우에는 보험업자(보험 대리업자도 포함)의 자본에 10% 이상의 변동이 발생하는 경우(내국자본, 외국자본 불문)에는 사전에 재무성의 서면 승인을 받아야 한다.

⑦ 인재 소개 / 파견업

– 인재 소개업

외국 투자자가 베트남에 진출하면 진출 형태를 불문하고 베트남 사업의 진행을 위하여 베트남인 직원을 채용하여야 한다. 따라서 이미 많은 외국계 인재 소개업체들이 베트남에 진출하여 관련 서비스를 제공하고 있다.

인재 소개업에 대하여 WTO 양허안에서는 명확하게 규정하고 있지는 않지만 투자법에서는 조건부 투자 분야로 구분되어 있다. 인재 소개업은 인재소개 서비스에 관한 법령에 따라서 '구직자에게 노동력을 필요로 하는 고용주를 소개하는 것'으로 규정되고 있으며, 외국자본 출자 비율에 관한 제한은 없어 3년 이상 임대계약이 맺어진 사무실을 보유하고, 3명 이상의 대졸직원을 채용하며, 3억 동(VND)의 보증금을 납부하면 외국자본 100%로 설립이 가능하다.

– 파견업

베트남에서 노동력 파견은 비교적 새로운 개념으로 2013년 신 노동법 시행 이전에는 파견에 대하여 상세한 규정이 없었다. 노동법에서 파견업자는 '노동계약에 따라 노동자를 고용하지만 직접 사용하지는 않고, 다른 고용주에게 일시적으로 노동을 제공하는 기업'으로 정의하고 있다. 외국자본 출자 비율에 대하여 제한이 없어 외국자본 100%로 진출이 가능하지만 노동보훈사회부의 허가를 받아야 한다. 베트남 근로자를 파견할 수 있는 허용업무와 파견이 금지되는 경우가 규정되어 있으므로 관련 규정에 대한 숙지가 필요하다.

8 엔터테인먼트 사업

베트남은 사회주의 국가이므로 엔터테인먼트에 관한 외국자본의 규제가 엄격하다. WTO 양허안에 따라 극장, 라이브 쇼, 서커스 등을 포함하는 오락 서비스업에 대하여 가입 후 5년에 해당되는 2012년부터 외국자본에 개방되었으나 베트남의 로컬 파트너와 합작 형태로 진출해야 하며 외국자본의 출자 비율도 49% 이하로 제한된다.

또한 영화의 제작, 배급, 상영을 위해서는 라이선스를 보유한 베트남 기업과의 합자회사를 설립해야 하며, 이 경우 외국자본의 출자 비율은 51% 이하로 제한된다.

PC방과 같은 전자게임업의 경우에도 베트남 기업을 파트너로 하는 합작 형태로 설립해야 하며, 외국자본 출자 비율도 49% 이하로 제한되고, 게임 유통을 위해서는 라이선스를 베트남 정보통신부(MIC)로부터 발급받아야 한다.

카지노의 경우 100% 외국자본만으로 진출이 가능하나 중대 프로젝트로 구분되기 때문에 수상의 사전승인이 필요하므로 외국자본의 진출이 어려운 업종이라 할 수 있다.

싱가포르에서 해외법인을 설립하고 성장시킨 경험을 가진 성부장이지만 베트남의 사업 환경이 싱가포르와는 많은 차이가 있다는 것을 확인하고, 배과장과 함께 먼저 베트남어 공부를 시작하였다.

그리고 시장조사와 함께 베트남 내 법인 설립을 위하여 싱가포르법인 설립을 도와준 아토즈컨설팅의 싱가포르 담당자로부터 아토즈컨설팅 베트남 담당자를 소개받아 향후 법인 설립을 진행하기로 결정하였다.

*C*hapter 2

베트남 회사 설립

성부장은 아토즈 베트남 컨설팅의 도움을 받아 우선 베트남에서 설립 가능한 회사의 형태와 현재 회사의 사업계획에 적합한 회사의 형태는 어떤 것인지 알아보기로 하였다.

또한 이미 진출한 지인들을 만나 베트남 진출 시 지인들이 겪었던 어려움과 주의사항 등을 확인하여 가능한 기회비용을 줄이기 위한 노력을 하기로 하였다.

PART 1
베트남에서 회사 설립 전 알아 둘 사항

01 진출 형태

베트남에 진출하는 경우 대표사무소, 지사 혹은 현지법인을 설립하거나 기존의 회사를 매수하는 M&A도 고려할 수 있다. 대표사무소로 진출하는 일반적인 이유는 먼저 대표사무소를 개설하여 운영하며 해당 지역에 대한 이해를 높인 후에 현지법인을 설립하여 운영하려는 것이다. 대표사무소는 독립된 법인격을 가지고 있지 않으며 활동 범위가 연락업무, 시장조사, 사업/투자기회 발굴로 한정되어 이익이 발생하는 영업활동을 하는 것은 불가능하다. 또한 베트남에서 대표사무소의 활동기간은 연장이 가능하지만 5년 간으로 한정되며, 해외 본사는 설립 후 일 년 이상 경과하여야 한다.

반면 지사는 독립된 법인격이 없다는 점은 대표사무소와 같지만 영업활동을 하는 것이 가능하다. 지사 설치가 가능한 업종은 은행업, 보험업 등의 업종으로 한정되어 있는 점에 주의해야 한다.

현지에 거점을 설치하는 방법 이외에도 특정프로젝트를 수행하기 위해 일시적으로 설립하는 조직으로 프로젝트오피스(Project Office)가 있으며, 이는 주로 건설프로젝트 혹은 사업협력계약(BCC)의 진행을 위하여 설립하게 된다. 이 경우에는 건설부 혹은 건설국으로부터 외국인 계약자가 허가를 받은 후 시성 건설국에 프로젝트오피스 설립 허가를 취득하고 세무국으로부터 세금코드 등록과 경찰서로부터 프로젝트오피스 인감을 발급받게 된다.

주요 진출 형태별 차이를 정리하면 다음과 같다.

	법인	지사	대표사무소
법인격	있음	없음	없음
책임 범위	출자액의 범위 내	설립한 외국기업이 무한 책임	설립한 외국기업이 무한 책임
활동 범위	투자등록증(IRC) 범위 내	지사설립 허가증의 범위 내	연락업무, 시장조사, 사업/투자기회 발굴
기간	50년(최대 70년)까지 (연장 가능)	5년까지(연장 가능)	5년까지(연장 가능)

02 회사의 설립 절차

베트남에서 외국인 투자자가 회사를 설립하는 것은 특정한 목적을 가진 프로젝트를 수행하는 것으로 인식되므로 해당 프로젝트에 대하여 관할 행정당국의 심사를 거치도록 하고 있다. 관할 행정당국 (기획투자국, 공업단지, 수출가공지역, 하이테크지역, 경제특구 등의 관리위원회)

은 해당 프로젝트를 심사한 후 투자등록증(IRC, Investment Registration Certificate)을 발급한다.

외국인 투자자는 투자등록증(IRC)을 발급받은 후 프로젝트를 수행하기 위하여 회사의 설립을 진행하게 되며, 관할 행정당국에서 기업등록증(ERC, Enterprise Registration Certificate)을 발급받는 것으로 회사 설립은 완료된다.

실제 설립 절차는 프로젝트의 내용에 따라 상이하다. 투자금지 분야나 조건부 투자 분야에 해당되지 않는 프로젝트(통칭, 일반 프로젝트)와 조건부 투자 분야에 속하는 프로젝트는 법규상 절차의 차이가 없지만 실무적으로 절차의 내용 및 완료까지 걸리는 시간에 큰 차이가 있다. 일반 프로젝트는 프로젝트의 등록 절차만 이루어지면 되지만, 조건부 투자 분야에 해당되는 프로젝트의 경우에는 프로젝트별로 행정당국의 개별 의견청구를 하는 형태로 추가적인 심사가 이루어지므로 투자등록증(IRC)의 발행까지는 상당한 시간이 걸리는 경우가 많다. 또한 중대 프로젝트의 경우에는 내용에 따라서 사전에 국회, 수상 또는 성급 인민위원회에서 사전 승인을 취득해야 한다.

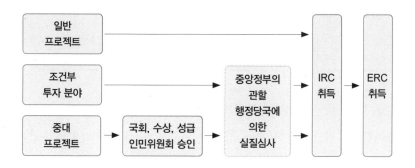

투자등록증(IRC)과 기업등록증(ERC)의 취득을 위한 필요 신청서류는 다음과 같다.

취득 대상	필요 서류
투자등록증(IRC)	투자등록증 신청서
	개인 투자자 : 여권 **법인 투자자** : 법인의 법적 자격을 확인할 수 있는 서류
	투자 프로젝트 제안서 : 프로젝트 투자자, 투자 목적, 투자의 규모, 투자 자본금 및 조달 방법, 투자 지역, 기한, 진척, 노동수요, 투자우대조치 요청, 프로젝트의 사회경제적 영향과 효과 평가
	투자자(법인의 경우)의 최근 2년 간의 재무 보고서 혹은 모회사의 재무지원 확인서, 금융기관 등의 재무지원 확인서, 투자자의 재무능력에 관한 보증, 투자자의 재무능력을 설명할 수 있는 자료
	토지사용의 수요 제안 : 국가로부터 프로젝트에 대한 임대, 사용목적의 전환허가를 요청하지 않는 경우, 투자 프로젝트의 진행지역의 임대 계약서 혹은 투자자가 해당 지역의 사용권을 가지고 있음을 확인할 수 있는 자료
	특정 기술을 사용하는 프로젝트의 경우 기술에 대한 설명 : 기술 명칭, 기술의 출처, 기술 과정의 개략, 주요한 기계설비 및 기술적 계속적 사용상황, 주요한 기술적 변수
기업등록증(ERC)	회사 등록 신청서
	회사 정관
	주주명부
	개인주주 : 여권 **법인주주** : 법인 등기부 등본, 위임장, 위임 대표자의 여권
	투자등록증(IRC)

신청 서류는 담당자나 안건의 내용 및 규모에 따라서 요구 서류가 상이할 수 있으므로 사전에 성급 인민위원회 산하의 기획투자국과

공단관리위원회에 질의를 하면서 진행하는 것이 좋다.

04 정관

기업등록증(ERC)의 신청 시 베트남어로 작성된 회사의 정관을 제출해야 하므로 베트남에서 회사를 설립하는 경우에는 사전에 시간적 여유를 가지고 정관의 내용을 정리하는 것이 좋다.

정관에는 다음과 같은 내용이 포함되어야 한다.

- 회사명 및 소재지
- 사업 내용
- 정관 자본금, 주주 총수, 주식 종류, 주식의 가치(주식회사인 경우)
- 회사 소유자/사원(유한회사인 경우), 창립 주주(주식회사인 경우)의
  이름, 주소, 국적 등 출자자의 출자율, 주식 수, 주식 종류, 주식의 가치
- 사원/주주의 권리 및 의무
- 관리조직의 구성
- 법적 대표자
- 의사결정의 승인절차 및 사내분쟁의 해결방법
- 이사 및 감사에 대한 급여, 보수, 상여의 계산근거 및 방법
- 투자자의 Buy Back 절차
- 배당 및 손실부담에 관한 원칙

- 해산 절차 및 청산 절차
- 정관 수정 절차
- 투자자의 이름 및 서명

05 자본금납입

기업법상 유한책임회사와 주식회사의 구분없이 기업등록증(ERC) 의 발급일로부터 90일 이내에 정관 자본금을 전액 출자해야 한다.

또한 기한 내에 출자하지 못한 경우 1인 유한책임 회사의 경우 출자를 완료해야 하는 최종일로부터 30일 이내에, 2인 이상 유한책임 회사의 경우 출자를 완료해야 하는 최종일로부터 90일 이내에 출자된 자본금액에 따라 정관 자본금, 각 사원의 지분율의 조정을 신고해야 한다. 주식회사의 경우에는 납입기한 종료일로부터 30일 이내에 납입된 주식의 액면가에 기초하여 정관 자본금을 조정하여 등기하고 발기 주주의 변경을 해야 한다. 또한 출자기한을 경과한 경우에는 200만 동에서 300만 동의 벌금이 부과될 가능성이 있다.

기업법상 '출자재산은 베트남 동, 혹은 자유롭게 교환이 가능한 외국통화, 금 또는 베트남 동으로 평가가 가능한 토지 사용권, 지적 재산권, 공업기술, 노하우 및 기타 재산'으로 규정되어 있으므로 현물 출자도 가능하다. 단, 무형자산의 경우 사용가능 기간이 최소 1년 이상, 가치가 3천만 동 이상 등의 요건을 충족하여야 하며, 실무적으로 무형자산의 가치평가가 어려운 면이 있다. 실제 부동산 개발 프로젝트 경우 베트남 기업과 합자회사를 설립할 때 외국 기업은 현금을 출자하고, 베트남 기업은 토지 사용권을 출자하는 경우가 많으며, 제조업의 경우 공장기계설비를 해외에서 구매하여 베트남으로 수입해야 하는 경우, 이러한 고정자산의 투자는 현물 출자로 인정이 가능하다. 현물 출자의 가치산정은 기업법상 '각 사원, 발기 주주가 전원 동의로 결정하거나 외부 전문평가 기관에 의한 평가로 결정된다.'라고 규정되어 있으므로 반드시 전문평가기관의 평가를 받아야 하는 것은 아니다.

PART 2
회사의 형태와 개념

01 기업법에 따른 회사 형태

기업법상 "회사"라 함은 명칭, 재산, 사업장을 가지고 법령에 따라서 설립등기가 된 사업목적의 조직을 말하며, 다음의 5가지 유형으로 나눠진다.

- 유한책임회사(1인 혹은 2인 이상, 기업법 제3장)
- 국영기업(기업법 제4장)
- 주식회사(기업법 제5장)
- 합자회사(기업법 제6장)
- 개인사업자(기업법 제7장)

이 중 외국인 투자자가 베트남에 진출하기 위해서 회사를 설립 혹은 기존 회사를 인수하는 경우 일반적으로 선택하는 회사 형태는 유한책임회사(1인 혹은 2인 이상) 또는 주식회사 형태이다.

유한책임회사는 유일한 사원(투자자)인 회사 소유자 혹은 회사의 지분을 가진 자(사원)들로 구성된 사원총회가 의사결정에 대한 권한을 가지고 있으며, 소유와 경영의 분리가 한정적이다.

한편 주식회사는 한국의 상법상의 주식회사에 해당되는 회사 형태이며, 주주총회가 권한을 가지는 결의사항을 제외하고는 이사회가 회사의 운영에 관한 주요 의사결정권을 가지므로 소유와 경영의 분리가 가능하다. 이 단원에서는 외국인이 주로 설립하는 유한책임회사와 주식회사를 중심으로 설명하도록 한다.

02 회사의 조직 구성(한국주식회사와 비교)

한국주식회사	1인 유한책임회사	2인 이상 유한책임회사	베트남주식회사
주주총회	대리인 1인 : Chairman (회장, 의장) 대리인 3~7인 : 사원총회 (의장)	사원총회(의장)	주주총회
이사회			이사회
대표이사	director(법인장, 대표이사, 사장)		
감사	감사		

PART 3
1인 유한책임회사

01 회사 소유자

1인 유한책임회사는 1인의 개인 혹은 1개 법인이 투자한 유한책임회사이다. 따라서 개인 혹은 법인 모두 사원이 될 수 있으며, 출자한 금액의 범위 내에서 회사의 채무 등에 대하여 책임을 지게 된다.

1인 유한책임회사는 2인 이상 유한책임회사에 비해 소유와 경영이 분리되지 않은 회사 형태이며, 회사 소유자에게는 광범위한 권한이 인정된다. 회사 소유자가 개인인 경우와 법인인 경우에 권한은 각각 아래와 같다.

개인소유형 회사 소유자의 권한	법인소유형 회사 소유자의 권한

1 정관 내용 결정, 변경 및 추가
2 투자, 경영, 내부관리 결정
  (정관에 별도 내용이 있는 경우 제외)
3 증자, 출자지분의 일부 또는 전부를
  다른 조직이나 개인에게 양도하는 결정
	1 정관 내용 결정, 변경 및 추가
	2 사업전략, 연차사업계획의 결정
	3 기관, 관리체제의 결정, 관리자의 선/해임
	4 투자, 개발 프로젝트 결정
	5 시장개발, 마케팅, 기술 대책 결정

4 납세의무 등의 재무상의 의무를 완료한 다음 이익금 사용에 대한 결정
5 조직 재편 행위, 회사 형태의 전환, 해산, 파산의 결정
6 회사의 해산, 파산 후의 회사재무가치 회수
7 기업법, 정관기재의 기타 권리

6 직전 재무제표상 총자산의 50%(또는 정관에 정해진 더 낮은 비율 혹은 가액) 이상의 가치를 가진 금전소비 대차계약 (혹은 정관에 규정된 다른 계약)의 승인
7 직전 재무제표상 총자산의 50%(또는 정관에 정해진 더 낮은 비율 혹은 가액) 이상의 가치를 가진 자산의 매각 결정
8 증자, 출자지분의 일부 또는 전부를 다른 조직이나 개인에게 양도하는 결정
9 자회사의 설립, 타 회사에 출자를 결정
10 회사의 사업활동의 감독, 평가
11 납세의무 등의 재무상의 의무를 완료한 다음 이익금 사용에 대한 결정
12 조직 재편 행위, 회사형태의 전환, 해산, 파산의 결정
13 회사의 해산, 파산 후의 회사재무가치 회수
14 기업법, 정관기재의 기타 권리

02 조직

1 조직 구조

1인 유한책임회사의 조직 구조는 다음과 같이 회사 소유자가 개인일 경우와 법인일 경우에 차이가 있다.

- 개인소유형

개인소유형의 1인 유한책임회사의 조직은 회사의 회장(Chairman)과 법인장(director)으로 구성되며, 회장은 법인장을 겸할 수 있다. 또

한 1인 개인 투자자인 경우 당연직 회장이 되며, 회사 정관에 규정이 없다면 회장은 회사의 법적 대표자(Legal Representative)가 되고, 법적 대표자는 ERC와 회사 정관에 기재된다. 현재 2015년부터 시행되는 기업법(68/2014/QH13)에서는 복수(한 명 이상)의 법적 대표자의 임명을 허용하고 있으며 법적 대표자 중 최소 1인은 베트남 거주자여야 한다.(베트남 국적까지는 요구하지 않음) 회사 회장은 감사의 임명 여부를 결정할 수 있다.

- 법인소유형

회사 소유자가 법인인 경우 회사 소유자는 그 권리와 의무를 수행하기 위하여 1명 혹은 복수(3명 이상 7명 이하)의 대리인을 선임해야 한다. 단, 수권 대리인 임기는 최대 5년이며, 재임이 가능하다. 1인의 대리인의 경우 회장이 임명되며, 복수의 대리인은 사원총회를 구성하게 된다.

법인소유형 1인 유한책임회사의 조직은 1인의 수권 대리인을 선임하는 경우에는 회사의 회장, 법인장 및 감사로 구성되며, 복수인 소유자 대리인을 선임되는 경우에는 소유자 대리인 전원으로 구성되는 사원총회(회장의 임명 없음), 법인장 및 감사로 구성된다.

또한 개인소유형의 경우와 같이 1인 이상의 법적 대표자를 지정하는 경우 이 가운데 적어도 1명은 베트남 거주자이어야 한다. 법인소유형의 경우에는 정관에 다른 내용이 없는 한, 회장이나 법인장 중 한 명이 법적 대표자가 된다.

❷ 사원총회

– 권리와 의무

사원총회는 법인인 회사 소유자에 의해 임명된 복수의 수권 대리인(3인 이상 7인 이하)으로 구성되는 조직이며, 회사 소유자의 위임을 받아 법인장의 권리와 의무를 제외한 회사 소유자의 권리의 행사, 의무의 이행을 하게 된다.

사원총회 의장은 정관의 내용에 따라 회사 소유자가 임명하거나 사원총회의 구성원인 수권 대리인의 과반수의 찬성에 의하여 선임된다. 사원총회 의장의 권한과 의무는 2인 이상 유한책임회사의 사원총회 의장과 동일하다.

– 소집과 의결

1인 유한책임회사의 사원총회 소집권한과 절차는 2인 이상 유한책임회사와 거의 동일하며, 사원총회 의장이 사원총회의 소집권한을 가진다.

사원총회는 구성원인 수권 대리인의 3분의 2 이상이 출석하여야 개최가 가능하다. 2인 이상 유한책임회사의 경우, 첫 번째 사원총회가 정족수 부족으로 개최되지 못하는 경우 재소집 시 정족수 요건이 완화되는 반면, 1인 유한책임회사의 경우, 정족수 요건은 변화하지 않는다. 또한 사원총회는 서면의결 방식에 의해서도 가능하다.

사원총회 의결은 사원총회에 출석한 수권 대리인의 과반수의 찬성을 얻은 경우에 승인된다.(보통결의)

단, 다음 사항에 관한 사원총회의 의결의 경우 사원총회에 출석한 수권 대리인 4분의 3 이상의 찬성을 얻어야만 한다.(특별결의)

　ㄱ. 정관 변경 혹은 추가
　ㄴ. 조직재편행위, 회사 형태의 전환 결정
　ㄷ. 출자지분의 일부 또는 전부의 양도

❸ 회장, 의장(Chairman)

회사 회장은 개인소유형 및 법인소유형 중 소유자 대리인이 1명인 경우에 필수 조직이며, 회사 소유자에 의해서 임명된다.

회장은 회사 소유자의 위임으로 회사 소유자의 권리 행사, 의무 이행을 하게 되며, 법인장의 권리와 의무를 제외한 회사의 권리 행사, 의무 이행을 하게 된다. 단, 사원총회가 있는 경우, 임명되지 않고, 임기는 최대 5년이며 재임이 가능하다.

❹ 법인장, 대표이사, 이사(Director)

법인장은 개인소유형이나 법인소유형과 관계없이 1인 유한책임회사의 필수적인 조직이다. 법인장은 회사의 일상적인 경영활동을 담당하는 자로서 사원총회 또는 회장이 결정한 사항을 수행하는 한편, 일상업무의 처리나 계약의 체결, 종업원의 고용 등의 권한과 의무를 가진다. 법인장은 사원총회 또는 회장에 의하여 임명되며 법정임기는 없고 보통 1~5년으로 임명되면 재임이 가능하다.

5 감사

1인 유한책임회사는 개인소유형의 경우 감사의 임명 여부를 투자자가 결정할 수 있지만, 법인소유형의 경우 회사 소유자는 감사를 임명하여야 하며, 1~3명의 감사를 임명할 수 있다. 임기는 최대 5년으로 재선임이 가능하다.

감사의 자격으로서는 독립성 확보를 위하여 회계, 감사에 관한 전문성, 경험 등을 가지고 있고, 수권 대리인, 회장, 법인장 또는 감사 선임의 권한을 가진 자의 관계자가 아니어야 한다.

6 관리인의 책임, 이익충돌 거래에 관한 의결

수권 대리인, 회장, 법인장 및 감사는 2인 이상 유한책임회사와 같이 이익충돌 거래의 경우 특별한 규제가 있는 점에 대하여 주의해야 한다.

03 지분의 양도/증자

회사 소유자는 출자지분의 전부 혹은 일부를 다른 사람에게 양도할 수 있다. 단, 법인소유형으로 사원총회를 설치한 경우에는 출자지분을 제 3자에게 양도 및 증자하기 위해서는 최소 3분의 2의 사원이 출석하여, 출석자 4분의 3 이상의 찬성을 받아야 한다.(특별결의사항)

PART 4
2인 이상 유한책임회사

01 사원

    2인 이상 유한책임회사는 2명 이상 50명 이하의 "사원"들이 소유하는 유한책임회사이다. "사원"은 주식회사에 있어 주주와 유사한 개념으로, 사원은 개인 뿐만 아니라 법인도 가능하며, 출자한 금액 내에서 회사의 채무 등에 대하여 책임을 지게 된다.

    2인 이상 유한책임회사의 사원은 다음과 같은 권리를 가지게 된다.

- 사원총회 출석권, 의결제안권
- 사원총회 의결권
- 이익 배분 수령 권리
- 잔여 재산 분배 수령 권리
- 증자 시 우선 출자 권리
- 법령 및 정관에 따른 자기 지분을 양도할 경우 처분할 수 있는 권리
- 법령 및 정관에 정해진 의무위반 등을 이유로 사원총회의 의장,

법인장, 법적 대표자 및 기타 관리자에 대하여 민사책임을 묻기 위한 소송을 제기할 권리

또한 자본금의 10%(또는 회사의 정관에 그 이하로 규정되어 있는 경우에는 정관에 따름) 이상의 출자지분을 가지는 사원은 추가로 다음과 같은 권리를 가진다.

– 사원총회 소집 청구권
– 회계장부/재무제표 등의 열람/조사권
– 사원등록부/사원총회 의사록 등 서류열람/조사/복사할 권리
– 사원총회 결의사항에 대한 취소 청구권

02 조직

■ 조직 구성

2인 이상 유한책임회사는 사원총회, 사원총회 의장 및 법인장으로 구성된다. 또한 사원이 10명 이하의 경우에는 감사위원회의 설치여부를 회사가 결정할 수 있으며, 사원이 11명 이상의 경우에는 감사위원회를 설치해야만 한다. 또한 2인 이상 유한책임회사는 법적 대표자가 1인 이상인 경우, 그중 적어도 1인은 베트남 거주자여야 한다.(베트남 국적을 요구하지는 않음)

❷ 사원총회

- 권리와 의무

주식회사의 주주총회와 이사회의 역할을 하는 사원총회는 모든 사원으로 구성되며 2인 이상 유한책임회사의 최고의사결정 기관이다. 정관에서 다른 규정을 가지고 있지 않는다면, 정관자본금의 35% 이상을 투자한 법인투자자는 최대 3명의 사원을 임명할 수 있으며, 복수의 사원을 임명하는 경우, 각 개인의 지분을 규정하여야 하며, 규정하지 않는 경우, 출자지분은 각 사원에게 동일하게 배분된 것으로 본다. 사원총회는 기업법에 정해진 일정의 사항을 결의할 권리와 의무를 가진다. 사원총회의 결의 사항을 정리하면 다음과 같다.

보통결의 사항	특별결의 사항
의사정족수 : 출자지분 65% 사원 출석	
의결정족수 : 출석사원의 지분 총액의 65%	의결정족수 : 출석사원의 지분 총액의 75%
- 회사의 연차 사업계획 및 사업전략의 결정 - 증자, 감자 및 추가 출자의 시기 방법 결정 - 투자, 개발 프로젝트의 결정 - 시장개척 및 기술이전의 방법에 관한 결정 - 최근 재무제표상의 총자산의 50% 이상의 가치를 가지는 금전소비대차에 관련된 계약의 승인 - 사원총회 의장의 선/해임 법인장, 회계책임자, 기타 정관에 정해진 관리자의 선/해임 및 해당자들과의 계약 체결 및 종료 - 사원총회 의장, 법인장, 회계책임자, 기타 정관에 정해진 관리자의 보수, 상여 및 기타 편익 제공에 관한 결정	- 최근 재무제표상의 총자산의 50%(또는 정관에 더 낮게 책정된 경우 해당 비율) 이상의 가치를 가지는 자산의 매각 - 정관 변경 혹은 추가 - 조직재편 행위, 회사형태의 변경을 결정 - 해산 결정

- 연차 재무제표, 이익처분, 배당안 및
  손실처리안 승인
- 자회사 설립, 지사 및 대표사무소 설치
- 파산 신청
- 기업법, 정관에 기재된 기타 의결사항

사원총회는 1명의 사원을 사원총회 의장으로 선임한다. 사원총회 의장은 법인장을 겸임하는 것이 가능하다. 사원총회 의장의 임기는 5년을 넘을 수 없으나 횟수제한 없이 재임이 가능하다. 사원총회 의장은 사원총회의 소집, 주최, 의안 및 자료의 준비, 의사록 서명 등의 권한과 의무를 가진다.

- 소집

2인 이상 유한책임회사는 사원총회를 1년에 최소 1회 개최해야 하며, 구체적인 개최빈도는 정관에 따른다. 사원총회는 사원총회 의장 혹은 10% 이상 지분을 보유한 사원의 요구로 소집되며, 사원총회 의장은 사원총회의 일시, 장소, 의안이 담긴 소집통지를 서면, 전화, 팩스 혹은 정관에 정해진 전자적(電子的)인 방법으로 각 사원에게 직접 송부해야만 한다.

2인 이상 유한책임회사의 대부분은 소집통지의 송부 방법으로 이메일에 의한 송부를 정관에서 인정하고 있으며, 보통 소집통지는 우편송부 혹은 전자메일로 전송하는 것이 일반적이다. 또한 사원총회의 의안, 자료 등은 사원총회 개최 최소 7영업일 이전에 사원에게 우송되어야 한다. 특히 사원총회의 결의사항 가운데 정관의 변경이나 추가, 연차 재무제표의 승인과 같은 중요한 사항의 경우 서면의견 취합 방식의 결의가 인정되지 않으며 반드시 회의를 개최하여 결의하여야 한다. 서면의견 취합 방식의 사원총회에 관한 서류 송부 등의 경우 다음 단락에서 설명한다.

- 결의

ㄱ. 의사정족수

사원총회는 자본금의 65% 이상에 해당되는 출자지분을 가진 사원이 출석한 경우에 개최된다. 첫 번째 사원총회가 의사정족수 미달로 개최되지 않은 경우 15영업일 이내에 다시 사원총회를 개최하며, 이때 정족수는 50%로 완화되고, 다시 정족수에 미달하는 경우에는 10영업일 이내에 다시 개최되며, 이때에는 정족수의 제한이 없다. 사원총회의 출석 방법으로는 사원(또는 의결권 행사 대리인)에 의한 사원총회의 출석뿐만 아니라 온라인 회의나 전자투표 등에 의한 투표나 우편, 팩스, 전자메일에 의한 투표를 행한 경우에도 사원총회에 출석한 것으로 간주한다.

ㄴ. 결의요건

① 회의에 의한 사원총회 의결정족수

사원은 보유하고 있는 출자지분만큼 의결권을 가지며, 사원총회에서 의결권을 행사할 수 있다. 의결권의 행사 방법은 사원총회에 직접 출석하는 것뿐만 아니라 다른 사람을 통한 대리행사나 우편, 전자메일 등의 전자적인 방법에 의한 투표도 인정된다.

사원총회 의결은 정관에 별도로 규정하지 않는 한 사원총회에 출석한 사원의 출자지분 총액의 65% 이상 출자지분을 가진 사원의 찬성을 얻은 경우에 승인된다.(보통결의)

단, 회사에 중요한 결정을 위해서는 정관에 별도로 규정하지 않는 한 사원총회에 출석한 사원의 출자지분 총액의 75% 이상 출자지분을 가진 사원의 찬성을 얻어야만 한다.(특별결의)

또한 이상의 결의요건은 회사법에 "정관에 별도 정해져 있지 않는 한"이라는 보류 문구가 명기되어 있어, 실무적으로 2인 이상 유한책임회사의 정관에 보통결의 사항 및 특별결의 사항에 대하여 결의요건을 51%로 낮추는 경우도 있다.

② 서면의견 취합 방식의 결의 요건

위의 결의 요건은 사원총회를 개최하는 경우의 결의 요건이며, 사원총회의 결의 방법으로서 물리적으로 회의를 개최하지 않고 안건에 대하여 사원으로부터 서면으로 찬성, 반대 등의 의견을 확인하는 형태로 결의를 진행하는 방법(서면의견 취합 방식)도 인정된다. 서면의견 취합 방식의 결의 요건은 자본금의 65% 이상에 해당되는 출자지분을 가진 사원의 찬성으로 이루어지며, 보통결의와 특별결의의 차이가 없다. 정관에 별도로 정하지 않는 한 사원총회 의장은 서면의견 취합 방식으로 진행할 것을 결정한 다음, 결의사항에 관한 보고서나 의견취합표 등의 서류를 각 사원에게 송부한다. 사원총회 의장은 의견취합표에 기재된 기한만료일로부터 7영업일 이내에 의견의 취합 결과 및 승인된 사항을 보고서의 형식으로 각 사원에게 통지해야 한다. 단, 정관에 별도로 정하지 않는 한, 다음 사항은 서면의견 취합 방식을 인정하지 않는다.

- 정관 변경 혹은 추가
- 회사의 사업전략 결정
- 사원총회 의장 및 법인장 선/해임
- 연차 재무제표의 승인
- 조직재편 혹은 회사형태 전환 결정
- 해산 결정

③ 이익충돌 거래에 관한 결의

기업법상 2인 이상 유한책임회사에서의 이익충돌 거래에 대하여 특별히 규정하고 있다. 회사가 다음의 사람(혹은 회사)과 계약, 거래를 하는 경우에는 계약, 거래의 체결자는 거래 상대방이나 계약서, 거래 조건 등을 각 사원 및 감사에게 통지한 다음 사원총회의 승인을 받아야 한다.

- 사원, 사원의 위임 대표자, 법인장, 법적 대표자 또는 이들과의 관계자
- 모회사의 관리자, 모회사의 관리자의 선임권을 가진 자, 또는 이들과의 관계자

이익충돌 거래에 관한 승인은 사원총회의 보통결의사항이며, 해당 이익충돌 거래에 이해관계가 있는 사원은 의결요건의 계산 시 의

결권이 없는 것으로 간주하여야 한다. 또한 서면의결 취합 방식의 경우에도 이해관계가 있는 사원의 의결권은 없는 것으로 간주한다.

ㄷ. 의사록

회의에 의한 사원총회 결의를 진행한 경우 사원총회의 의사록을 작성하여 보관해야 한다. 의사록은 서면 형태뿐만 아니라 녹음 혹은 기타 전자적 형태로 작성하여 보관하는 것도 가능하다. 의사록에는 결의사항, 찬성 및 반대표 수, 의견의 요약 등을 기재하여 사원총회의 폐회 전에 작성을 완료하여 승인을 받는다.

❸ 법인장

2인 이상 유한책임회사에 있어 필수적인 기관으로 법인장을 임명하여야 한다.(기업법 55조) 법인장은 회사의 일상적인 경영활동을 운영하는 자로서 사원총회에서 결의된 사항을 수행하는 한편, 일상업무의 처리나 계약체결, 종업원의 고용 등의 권한과 의무를 가진다.(기업법 64조)

법인장 선임 및 해임은 사원총회의 결의사항이다. 법인장은 사원(주주)이 아니어도 되며, 또한 사원총회 의장의 겸임도 인정된다. 실제로는 2인 이상 유한책임회사의 사원 중 한 명이 법인장이면서 사원총회 의장과 법적 대표자를 겸임하는 경우가 많다. 법인장의 보수 등의 금액은 사원총회에서 결정한다. 법률상 임기의 규정은 없으므로 회사 정관에 명기하는 것이 좋으며, 통상 1~5년으로 규정하는 것이 일반적이다.

❹ 감사위원회

2인 이상 유한책임회사의 사원이 11명 이상의 경우에는 회사는 감사위원회를 반드시 설치해야 한다. 사원이 10명 이하의 경우에는 감사위원회의 설치는 임의사항이다. 감사위원회의 권한 및 업무 등의 내용은 특별하게 법적으로 정해져 있지는 않으며 감사위원회나 감사의 권한 및 의무, 자격 이나 취업규칙 등은 정관에서 규정하게 된다.

❺ 법적 대표자

법적 대표자는 회사의 거래에서 발생하는 권리의 행사, 의무의 이행, 재판상의 행위 등을 행사하는 데 있어 해당 회사를 대표하는 개인이며, 기업등록증(ERC)과 정관에 기재된다. 2인 이상 유한책임회사는 적어도 1명의 베트남 거주자인 법적 대표자가 있어야 한다. 법적 대표자의 인수에 대한 제한은 없다.

❻ 관리자의 책임

지금까지의 사원총회 의장, 법인장, 감사 및 법적 대표자의 권한 및 의무에 대하여 설명하였으나, 기업법에서는 이외에도 2인 이상 유한책임회사의 관리자로서 일반적인 책임이 규정되어 있으며, 해당

되는 사람은 다음의 책임을 지게 된다.

- 회사의 정당한 이익의 최대화를 확보하기 위하여, 성실하면서 최선을 다하여 그 권한의 행사, 의무 이행을 해야 할 책임
- 회사에 대하여 충실해야 하며, 사익이나 다른 조직/개인의 이익을 목적으로 하여 회사의 정보나 노하우, 사업 기회의 이용, 자기의 지위나 권한을 남용하거나 회사재산을 사용하지 않을 책임
- 자기나 기타 관련자가 다른 회사의 소유자나 지배주주, 지분권자가 된 경우에는 회사에 그 사실을 통지할 책임
- 그 외에 법령, 정관에 규정된 책임

관리자 본인이 다른 회사의 지분을 소유하게 된 경우, 상황이 발생하거나 변동된 날로부터 5영업일 이내에 회사에 서면으로 통지하여야 하며, 해당 통지서에는 자기가 보유하는 회사의 정보(회사명, 기업코드, 주소), 주식 및 지분율, 취득시점을 포함해야 하며, 관계자가 다른 회사의 지분 혹은 주식을 단독 또는 공동으로 설정자본의 10% 이상을 보유한 경우에는 해당회사의 정보도 기재해야 한다.

이상의 책임위반을 포함하여, 관리자가 법률, 정관에 정해진 의무를 위반한 경우 사원은 본인 혹은 회사명의로 위반자에 대하여 민사소송을 제기할 수 있다.(기업법 72조)

03 지분

⬛ 지분의 양도 및 발행

2인 이상 유한책임회사의 사원은 자기 지분을 양도 혹은 증여 등으로 처분할 권리를 가진다. 단, 지분을 양도하기 위해서는 다른 사원이 우선매입권(지분비율에 따라서 양도 희망사원이 제시하는 조건과 동일 조건으로 양도대상의 지분을 우선적으로 매입할 수 있는 권리)을 보유하고 있으므로 기존 사원에게 먼저 지분 인수 기회를 주어야 한다.

또한 2인 이상 유한책임회사는 사원총회의 결의를 거쳐 기존의 사원이나 제3자에게 대하여 새롭게 지분을 발행하는 것도 가능하다.

⬛ 지분매수 청구

2인 이상 유한책임회사의 사원은 출자한 자본에 대하여 회사에 지분매수를 요청할 수 없으나, 아래의 사원총회 결정에 대하여 동의하지 않는 경우 회사에 지분매수 청구가 가능하다.

- 사원 또는 사원총회의 권리/의무에 관한 정관 규정의 변경 혹은 추가
- 회사의 조직재편, 형태 전환
- 정관으로 별도로 정해진 기타 사항

사원이 지분매수 청구권의 행사를 원하는 경우, 사원총회의 상기

내용 결의일로부터 15일 이내에 회사에 서면으로 통지해야 한다. 사원과 회사가 지분의 매수가격에 대하여 합의하지 못하는 경우에는 회사는 사원으로부터 청구서면을 수령한 날로부터 15일 이내에 시장가격 또는 정관에 정해진 방법에 따라 산정된 가격으로 해당 지분을 사들일 의무를 진다.(단, 지분매수 후 채무 및 재산상의 의무를 모두 이행할 수 있어야 함)

지분 매수청구를 요청받았음에도 회사가 매수하지 않는 경우 지분매수를 청구한 사원은 그 지분을 다른 사원이나 기타 제3자에게 자유롭게 양도할 수 있다.

❸ 감자

2인 이상 유한책임회사는 사원의 지분율에 따라 일부 지분의 환매 또는 기업법에 따라서 사원의 지분을 매입하는 형태로 감자를 진행할 수 있다.

감자는 사원총회의 보통결의 사항이지만 이는 동시에 정관기재사항인 자본금 변동을 가져오게 되며, 정관변경은 사원총회의 특별결의 사항이므로 결과적으로 사원총회의 보통결의(감자)에 의한 승인과 특별결의(정관변경)에 의한 승인을 모두 받아야 한다.

지분의 일부 환매와 지분 매입의 경우 회사가 회사등기일로부터 2년 이상 계속해서 사업활동을 하고 있으며, 감자 이후 채무나 기타 재산상의 의무를 모두 이행 가능한 경우에 한하여 지분의 환매가 인정된다.

회사가 재원규제를 위반하여 지분의 환매 등을 한 경우 배당의 경우와 같이 각 사원은 수령한 재산을 회사에 반환할 의무가 있으며, 각 사원이 수령한 재산을 회사에 반환할 때까지 감액된 자본금에 상당하는 회사의 채무에 대하여 연대책임을 지게 된다. 정관자본금의 변경이 있는 경우, 회사는 결정일로부터 7일 이내에 사업등록기관에 이 사실을 보고하여야 한다. 실무적으로 사업등록기관은 회사의 재무제표를 검토하여 감자 여부를 심사하게 되므로 감자는 쉽지 않다고 볼 수 있다.

04 결산과 배당

▌1▐ 결산

2인 이상 유한책임회사는 법령에 따라서 회사의 경영실적에 대하여 기한 내에 재무제표를 작성하여 보고하고, 회계자료를 보관해야 하는 의무를 가진다. 또한 법인장은 연차 재무제표를 사원총회에 제출하고 사원총회의 의결(보통결의)에 따라서 연차 재무제표가 승인된다.

▌2▐ 이익 배분

2인 이상 유한책임회사는 사원총회의 결의(보통결의)에 따라 각 사원에게 이익을 배분할 수 있다. 단, 사원에 대한 이익배분을 위해서는 회사가 흑자이면서, 납세의무 등 법령에 의거한 의무를 완료하였으며, 이익배분 후에 변제기가 도래하는 채무나 재산상의 의무를 이행할 수 있어야 한다.

05 회사구조의 변경

기업법상 조직재편 행위로서 소멸분할, 존속분할, 신설합자 및 흡수합자의 4종류의 형태가 인정되며, 2인 이상 유한책임회사는 모든 유형의 조직 재편을 행사할 수 있다.

유한책임회사는 사원총회의 특별결의에 따라서 주식회사의 형태로 전환할 수 있다. 회사는 전환 완료일자로부터 10일 이내에 기업등록기관에 회사 전환등기를 해야 하며, 기업등록기관은 전환서류를 수령한 날로부터 5 영업일 이내에 사업등록증을 재발행해야 한다.

PART 5
주식회사

01 주주

❶ 개념

주식회사는 3명 이상의 주주에 의해서 소유되는 회사이다. 주주는
주식회사가 발행하는 주식을 적어도 1주 이상 소유하는 개인이나 조
직을 가리키며 출자한 금액의 범위 내에서 회사의 부채 등에 대하여
책임을 진다. 주주의 수는 반드시 3명 이상이어야 하며 상한은 없다.

❷ 주주의 권리

주주는 회사경영에 참여하는 권리로서 주주총회 의결 참가권, 주
주총회 의사록의 열람, 복사권을 가지며, 회사에서 경제적 이익을
얻을 권리로서 배당 수령권, 잔여재산 분배 수령권 등을 가진다. 또
한 6개월 이상 계속해서 일정 비율 이상의 주식을 보유한 주주에게

는 소액주주권이 인정된다.

구체적으로는 6개월 이상 계속해서 보통주식 총수의 1% 이상을 보유한 주주는 이사 등의 책임추궁을 위한 대표소송 제기권을 가지며, 6개월 이상 계속해서 보통주식 총수의 10%(또는 회사 정관에 규정된 더 적은 비율도 가능) 이상을 가진 주주는 이사회나 감사위원회의 인사 추천권, 주주총회 소집 청구권 등이 인정된다. 또한 1년 이상 계속해서 주식을 보유한 주주는 법령, 정관 등에 반하는 이사회의 결의에 대하여 가처분 청구권, 사업보고서 등의 열람 청구권을 가진다.

또한 이상은 주식회사의 보통주식을 가진 주주(보통주주)의 권리이며, 주식회사는 보통주식과 별도로 우선주를 발행할 수 있다. 우선주를 소유하는 주주(우선주주)의 권리는 보통주주와 다소 차이가 있다. 우선주주의 권리의 상세한 내용은 우선주주 부분을 참조하면 된다.

02 주식

■ 주식의 양도

주주는 주식을 자유롭게 양도할 수 있으나 창립 주주는 3년간 소유한 주식의 양도에 제한을 받는다. 의결권 우선주의 양도는 일정 양도제한이 따른다. 이런 양도제한을 포함하여 주주에 의한 기발행 주식의 양도에 관한 절차, 규제의 경우 별도의 장에서 설명을 한다.

또한 주식회사는 공개회사와 비공개회사로 나눌 수 있으며, 공개

회사의 주식 취득은 기업법뿐만 아니라 증권법 등의 규제가 적용되며, 공개회사의 일정 비율 이상의 주식취득이 증권법상 공개매수 규제의 대상이 되는 등 증권법에 대한 이해가 필요하다.

❷ 주식의 발행

주식회사는 신규주식을 발행하여 자본금 증자가 가능하다. 주식회사에 의한 신규주식 발행 방법은 현재의 주주에 대한 주주할당발행(구주주배정), 주식일반공모 및 사모이다. 특정 3자에 대한 신규주식의 발행(제3자 배정)은 사모에 해당되며, M&A, 자금조달 등의 목적으로 가장 빈번하게 이용되는 방법이다.

자본금증자와 같이 공개회사의 주식발행은 기업법뿐만 아니라 증권법 등의 규제가 적용되며, 기업법에 의한 규제보다 엄격한 규정이 적용된다.

❸ 주식의 매입

- 자기주식의 매입
ㄱ. 개념

주식회사는 자기주식의 취득이 가능하다. 기업법에서는 회사가 자기주식의 대가를 지급 완료된 날로부터 10일 이내에 자본금의 감자 절차를 밟아야 하며, 자기주식의 처분(취득한 자기주식을 다시 주주나 3자에게 발행)은 인정되지 않으나, 공개회사의 경우 증권법의 규정에 따라 자기주식의 처분이 인정된다.

ㄴ. 절차

기업법상 주식회사는 발행된 보통주식 총수의 30% 이하의 자기주식의 취득이 가능하다. 자기주식 취득의 결정은 아래와 같이 결정하게 된다.

① 12개월 이내의 기간에 발행주식총수의 10% 이하의 주식을 취득하는 경우에는 이사회에서 결정한다.(의사정족수 : ¾ 이상 출석, 의결정족수 : 과반수 이상)

② 그 외의 경우(즉 12개월 내에 발행주식총수의 10%를 초과하는 주식을 취득하는 경우)에는 주주총회의 보통결의에 따른다.

자기주식 취득이 결정되면 이사회는 주식의 매입가격을 결정한다. 보통주식의 경우 매입가격은 주주 전원에게서 주식 보유비율에 따라서 매입하는 경우를 제외하고는 취득 시점의 "시장가격"을 초과할 수 없다.

자기주식 취득의 대가를 지불한 결과 회사의 회계장부에 기록된 자산의 총액이 10% 넘게 감소하는 경우 회사는 지불을 완료한 날로부터 15일 이내에 모든 채권자에 대하여 해당 내용을 통지해야 한다.

ㄷ. 재원 규제

회사는 대가의 지급이 가능하더라도 채무, 그 외의 재산상의 의무를 모두 이행 가능한 경우에만 자기주식 매입을 할 수 있다. 만약 회사가 재원 규제를 위반하여 자기주식을 매입한 경우 주식을 매각한 주주는 수령한 대가를 반환해야만 하며, 해당 주주가 반환을 하지 않는 경우에는 이사 전원이 해당 대가의 금액, 가치의 범위 내에서 회사의 부채나 기타 재산상의 의무에 대하여 연대책임을 져야 한다.

- 주식매입청구권

주식회사의 주주는 특정한 경우에 회사에 자기의 주식매입청구권한을 가지게 된다. 주주는 다음 사항에 관하여 주주총회가 개최되어 반대표를 던진 경우에는 회사에 대하여 자기의 주식을 매입할 것을 청구할 권리를 가진다.

- 회사의 조직재편 행위, 형태의 전환
- 정관에 정해진 주주의 권리 및 의무의 변경

주주는 주식매입 청구를 원하는 경우 주주총회의 의결일로부터 15일 이내에 회사에 주식매입 요청서를 제출하여야 하며, 회사는 "시장가격" 또는 정관에 정해진 방법에 의하여 산정된 가격으로 주식을 매입하여야 한다. 가격의 경우 당사간의 합의가 되지 않는 경우에는 전문 산정기관에 가치결정을 의뢰할 수 있다. 이 경우 산정기관을 선택하기 위하여 회사는 최저 3개의 전문 산정기관을 주주에게 후보로 제시하고, 주주가 선택한 전문 산정기관에 의뢰하게 된다.

주식매입청구에 따른 주식의 매입에도 재원규제가 있으며, 대가를 지불하더라도 채무나 이외의 재산상의 의무를 전부 이행할 수 있는 경우에만 주식의 매입이 인정되는 점은 자기주식 매입과 동일하다. 또한 회사가 재원규제를 위반한 경우의 주주나 이사의 책임도 자기주식 매입과 동일하다.

❹ 우선주

기업법에서 주식회사는 보통주와 우선주를 발행할 수 있다. 우선주의 종류는 의결권 우선주, 배당 우선주, 상환 우선주, 기타 정관에 정해진 우선주로 분류된다. 각종 우선주의 내용은 다음과 같다.

	의결권 우선주	배당 우선주	상환 우선주
우선 내용	보통주주보다 다수의 의결권을 가짐	보통주식의 배당보다 높은 금액 혹은 고정이율로 배당	주주의 청구 또는 주권에 기재된 조건에 따른 상환
보유자	정부의 위임을 받은 조직 및 창립 주주	제한 없음	제한 없음
양도제한	양도금지	제한 없음	제한 없음
제한사항	창립 주주의 의결권 우선주 권한은 3년으로 제한	의결권, 주주총회 출석권, 이사와 감사의 선임제안권 없음	의결권, 주주총회 출석권, 이사와 감사의 선임제안권 없음

- 의결권 우선주

의결권 우선주는 보통주식보다 많은 의결권을 가지는 주식이다. 1주의 의결권 우선주가 가지는 의결권한은 정관에서 결정한다. 의결권 우선주는 정부의 위임을 받은 조직이나 발기 주주만이 보유할 수 있다. 또한 3자에게 양도가 금지되어 있으므로, 정부의 위임을 받은 조직, 창립 주주 이외의 자가 소유할 수는 없다. 또한 창립 주주의 의결권 우선주는 회사가 기업등록증명서를 발급받은 날로부터 3년간만 유효하기 때문에 그 기간 이후에는 보통주식으로 전환된다.

- 배당 우선주

배당 우선주는 보통주식의 배당보다 많은 배당금이 지급되는 주식이다. 배당은 고정배당과 특별배당으로 나누어지며, 고정배당은 실적에 관계없이 일정금액을 지불한다. 배당 우선주는 의결권 우선주와 달리 발기 주주 이외의 자에게도 할당이 가능하다. 배당 우선주주는 회사가 해산할 경우 출자 비율에 따라서 잔여재산을 분배받을 수 있다. 한편 배당 우선주주는 의결권 및 주주총회 출석권이 없으며, 이사나 감사의 선임안을 주주총회에 제안할 권리도 없다.

- 상환 우선주

상환 우선주는 상환 우선주의 청구 또는 주권에 기재된 조건에 따라서 투자금이 상환되는 주식을 말한다. 상환 우선주도 배당 우선주와 같이 발기 주주 이외에 모든 주주를 대상으로 할당할 수 있다. 또한 배당 우선주와 같이 의결권 및 주주총회에 출석권이 없으며, 이사 및 감사의 선임안을 주주총회에 제안할 수 없다.

- 기타 우선주

주식회사는 정관에 정해진 내용에 따라서 위에 언급된 우선주들 이외에도 다른 내용의 우선주를 발행하는 것도 가능하다. 따라서 잔여재산 분배 우선주나 보통주 전환 우선주 등 다양한 내용의 우선주를 발행할 수도 있다.

03 조직

■ 조직구성

주식회사는 일반적으로 (1) 주주총회, 이사회, 법인장과 감사위원회 또는 (2) 주주총회, 이사회와 법인장의 구성 중 하나로 회사가 구성된다.

(1) 주주총회, 이사회, 법인장, 감사위원회로 구성되는 경우

감사위원회는 주주가 11인 미만이고 법인주주의 주식 보유비율이 50% 미만인 경우에는 설치하지 않아도 되며, 이외의 경우에는 감사위원회를 구성하여야 한다.

(2) 주주총회, 이사회, 그리고 법인장으로 구성되는 경우

이사회는 최소 20%의 사외이사를 임명하여야 하고, 이사회 산하의 내부 감사위원회를 두어야 한다. 이는 사외이사에게 회사 운영에 대한 관리 감독의 역할이 주어지기 때문이다.

또한 공개회사의 경우에는 증권법 등의 규정이 적용되어 사외이사를 임명하여야 하며, 비공개 회사보다 많은 수의 사외이사를 선임해야 하는 등의 제약이 있다.

또한 주식회사는 1명 이상의 법적 대표자를 임명하여야 하는데 이 중 적어도 1명은 베트남 거주자여야 한다.(베트남 국적 여부는 불문)

② 주주총회

– 권리와 의무

주주총회는 의결권을 가진 주주를 구성원으로 하는 주식회사의 최고 의사결정 기관이다. 주주총회의 의결사항은 법으로 정해져 있으며, 주주총회는 아래의 내용에 대하여 의결할 권리와 의무를 가진다.

보통결의 사항	특별결의 사항
의사정족수 : 의결권 주식의 51% 출석	
의결정족수 : 출석주주의 의결권 51% 이상 찬성	의결정족수 : 출석주주의 의결권 65% 이상 찬성
– 회사의 사업전략 결정 – 주식 종류별 배당액의 결정 – 이사 및 감사의 선/해임 – 정관의 변경/추가 – 연차 재무제표의 승인 – 주식 종류별 10%를 초과하는 자사주 매입 – 회사나 주주에게 손해를 입힌 이사 또는 감사의 위반행위에 관한 처분 결정 – 기타 기업법 및 정관에 정해진 의결사항	– 발행가능 주식의 종류, 수량 결정 – 경영분야, 업종 및 영역의 변경 – 회사의 조직 변경 – 최근 재무제표상 총자산의 35% 이상의 가치를 가지는 자산의 매각 또는 투자결정 – 조직재편 행위, 회사형태의 변경 – 해산 결정 – 기타 정관에 정해진 의결사항

주주총회는 매년 1회 개최되는 정기 주주총회와 필요에 따라 개최되는 임시 주주총회로 구분된다. 정기 주주총회에서는 다음 사항을 의결한다.

① 연차 사업계획

② 연차 재무제표

③ 이사회 및 이사 개인별 경영, 사업운영 결과에 관한 이사회의 보고

④ 회사의 경영결과, 이사회, 법인장의 사업운영 결과에 관한

　 감사위원회의 보고

⑤ 감사위원회, 감사위원 별 활동결과의 자기평가 보고

⑥ 주식 종류별 배당액

⑦ 기타 권한에 관련된 사항

- 소집

ㄱ. 소집시점과 장소

　주식회사는 사업연도 종료 후 4개월 이내에 정기 주주총회를 소집해야 한다. 한편 임시 주주총회는 시기에 관계없이 필요에 따라서 소집을 할 수 있다. 단, 다음의 경우에 이사회는 임시 주주총회를 반드시 개최해야 한다.

① 회사의 이익을 위하여 소집할 필요가 있다고 이사회가 판단한 경우

② 이사 또는 감사위원회의 멤버 수가 법정 최저 인수에 미달하는 경우

③ 주주가 주주총회의 소집청구권을 행사한 경우

④ 감사위원회의 청구가 있는 경우

⑤ 법령, 정관에 정해진 경우

　회의에 의한 주주총회를 개최하는 경우 회의장소는 베트남 국내

로 한정되지만 다음과 같이 주주는 의결권의 대리행사를 위임하거나 전자투표 등의 방법으로 투표를 하는 것도 가능하기 때문에 외국인 투자자가 반드시 주주총회를 위하여 베트남을 방문하지 않아도 된다.

ㄴ. 소집방법

주주총회는 이사회에 의하여 소집되며, 이사회는 주주총회의 안건 등을 준비하여 늦어도 개최일 10일 전(정관에 더 길게 정해진 경우 해당 일자)까지 각 주주에게 소집통지를 하여야 한다. 이 소집통지는 주주의 주소에 송부해야 하며, 정관에 정해져 있는 경우에는 회사의 웹사이트 및 일간신문에 게재한다. 소집통지에는 안건, 의결표 수, 의결권 행사를 위한 위임자 지정을 위한 위임장 양식을 첨부해야 하는데 회사가 웹사이트가 있는 경우에는 웹사이트상에서 서류를 게재하면 소집통지에 첨부할 필요는 없다. 또한 이사회는 소집통지를 발송하기 전 5일 이내에 주주총회의 출석권을 가진 주주의 명부를 작성해야 한다.

이사회와 별도로 6개월 이상 계속해서 보통주식 총수의 10%(정관에 더 적게 정해져 있는 경우 적은 수) 이상을 보유한 주주는 주식총회의 소집청구권과 주주총회의 안건제안권 등을 가지고 있으며, 개최일 3영업일 전까지는 서면으로 회사에 대한 주주총회의 안건을 제안할 수 있다. 이런 안건을 제안받은 경우 이사회는 제안이 기한 내에 제출되지 않았거나 내용이 불충분하거나 무관한 경우, 제안사항이 주주총회의 권리에 해당하지 않는 경우, 기타 정관에 정해진 경우에는 제안사항을 거절할 수 있으나, 그렇지 않을 경우에는 해당 안건을 추가해야 한다.

ㄷ. 의결

① 의사정족수

주주총회는 의결권 총수의 51%(정관에 다르게 정해져 있는 경우에는 해당 비율) 이상을 가진 주주가 출석한 경우에 개최된다. 첫 번째 주주총회가 정족수 미달로 개최가 안된 경우에는 30영업일 내에 다시 개최하며, 이 경우 정족수는 33%로 완화된다. 다시 정족수에 미달하면 20영업일 이내에 다시 개최하며 이때에는 정족수의 제한이 없다.

② 의결요건

– 회의에 의한 주주총회의 의결요건

보통주주는 보유한 보통주식 1주에 대하여 하나의 의결권을 가진다. 한편 의결권 우선주주는 정관에 정해진 비율의 의결권을 가지며, 배당 우선주주주와 상황 우선주주는 의결권을 가지지 않는다. 또한 주주총회의 의장은 이사회 의장이 담당하게 된다.

주주총회의 의결은 보통결의의 경우 주주총회에 출석한 주주의 의결권 총수의 51% 이상을 가진 주주의 찬성을 얻은 경우에 승인되며, 특별의결의 경우 주주총회에 출석한 주주의 의결권 총수의 65% 이상을 가진 주주의 찬성을 얻은 경우에 승인된다.

– 이익 충돌 거래에 관한 의결

이익 충돌 거래가 있는 경우, 2인 이상 유한책임회사와 같이 사전 승인을 받아야 한다. 회사와 다음의 특수 관계자 사이에 계약 혹은 거래가 발생하는 경우, 해당 계약과 거래의 가치가 최근 재무제표 상의 총자산의 35%(또는 정관에 의하여 더 낮은 비율로 정해진 경우에는 해당 비율) 미만의 경우에는 이사회의 승인을, 그 이상의 거래의 경우 주주 총회의 특별의결을 통한 승인을 받아야 하며 이때 특수관계의 주주 는 의결권을 행사할 수 없으며 의결권 총수에서 제외된다.

– 특수관계자의 범위

· 주식회사의 보통주식 총수의 10% 넘게 보유하는 주주, 주주의 위임대표자 또는 이들의 관계자

· 이사, 법인장 또는 이들의 관계자

· 이사, 감사, 법인장, 기타 관리층이 주식, 지분을 보유한 회사 또는 관리층의 관계자가 공동 또는 단독으로 수권자본의 10% 초과하는 주식/지분을 보유한 회사

– 서면의견 취합 방식

주주총회는 회의를 개최하여 의결을 하는 것뿐만 아니라 회의를 개최하지 않고 서면으로 주주의 의안에 대한 찬성/반대의 의견을 취 합하여 의결을 하는 것도 가능하다. 주주총회의 회의 개최를 생략하 면 절차를 간소화할 수 있는 장점이 있다. 서면의견 취합 방식의 의

결요건은 의결권 총수의 51% 이상의 주주 찬성이 있어야 한다. 단, 정관에 다른 결정사항이 없는 한 다음의 사항의 경우 서면의견 취합 방식이 인정되지 않고 회의에 의한 주주총회 방법으로 의결을 행해야만 한다.

· 정관 변경/추가
· 회사의 사업전략 결정
· 주식의 종류 및 종류별 주식 총수의 결정
· 이사, 감사 선/해임
· 최근 재무제표상 총자산 45%(또는 정관에 의하여 더 낮은 비율 혹은 가액) 이상의 가치를 가지는 자산의 매각 또는 투자결정
· 연차 재무제표 승인
· 조직 재편 행위, 회사형태의 변환의 결정
· 해산의 결정

서면의견 취합 방식으로 의결을 하는 경우, 정관에 다른 결정사항이 없는 한 이사회는 의견 취합 양식의 반송기한의 10일 전까지는 해당 방식에 의해 결정된 의견 취합 양식, 안건, 설명자료 등의 서류를 의결권을 가진 각 주주에게 송부해야 한다. 그 다음 이사회는 감사위원회의 입회하에 개표를 하여 완료일로부터 15일 이내에 개표보고서를 각 주주에게 발송해야 한다. 개표 보고서는 발송을 대신하여 회사의 웹사이트에 게재할 수 있다.

– 의결의 취소청구

기업법상 6개월 이상 계속해서 보통주식 총수의 10%(또는 정관에 의하여 더 낮은 비율로 정해진 경우에는 해당 비율) 이상을 보유하는 주주는 주주총회의 의결 내용 심사/취소를 법원이나 중재인에게 청구할 수 있는 권리가 있다. 위의 해당 요건을 충족시키는 주주는 다음과 같은 경우에 주주총회의 의사록 또는 개표 보고서를 수령한 날로부터 90일 이내에 의결취소청구권을 행사할 수 있다.

· 주주총회의 소집, 의결 절차가 기업법/정관에 위반되는 경우
  (단, 의결이 총 의결권 수의 100% 찬성에 의하여 성립된 경우는 제외)
· 의결 내용이 법령, 정관을 위반하는 경우

– 의사록

회의에 의한 주주총회 의결을 실시한 경우, 주식회사는 해당 주주총회의 의사록을 작성하여 본점에 보관을 해야만 한다. 의사록은 서면 뿐만 아니라 녹음이나 기타 전자적 형식으로 작성/보관할 수도 있다. 의사록에는 의결 사항, 찬성/반대의 표수, 의견의 요약 등을 기재하고, 주주총회의 폐회 전에 작성을 완료하여 승인을 받아야 한다. 주식회사는 의사록을 의결일로부터 15일 이내에 주주 전원에게 송부해야 하나 주식회사가 웹사이트를 운영하고 있는 경우에는 해당 웹사이트에 게재하면 별도 발송하지 않아도 된다.

– 의결의 효력

주주총회의 의결의 효력은 의결일 또는 해당 의결에 별도로 정해진 특정 효력 발생일부터 발생한다. 또한 의결에 대하여 주주총회의 취소청구권이 행사되었더라도 해당 의결은 법원, 중재인이 다르게 결정하기까지는 집행력이 유효하다.

❸ 이사와 이사회

– 이사회

ㄱ. 권리와 의무

이사회는 3명 이상 11명 이하의 이사를 구성원으로 하는 회사의 필수적 관리조직이다. 다음과 같은 사항을 결정하는 권리와 의무를 가진다.

- 회사의 중기 사업전략, 연차 사업계획의 결정
- 발행 가능 주식의 종류/수의 제안
- 발행 가능 주식 수의 범위 내에서 신주 발행 혹은 기타 자금 조달
  방법의 결정
- 발행할 주식 혹은 사채의 발행 가격의 결정
- 자기주식 매입의 결정(최근 1년 내에 각 종류의 발행 완료 주식
  총 수의 10% 이하의 주식을 매입하는 경우에 한정)
- 법령에 따른 투자계획의 결정
- 시장 확대, 마케팅, 기술에 관한 대책의 결정

- 최근 재무제표상의 총자산의 35%(또는 정관에 다른 비율이나 가치가 정해져 있는 경우에는 해당 비율, 가치) 이상의 가치를 가지는 매매, 차입, 대여 혹은 기타 계약의 결정
- 이사회 의장, 법인장 기타 정관에 정해진 중요한 관리직의 선임/해임 및 이들의 보수 혹은 기타 경제적 이익의 금액의 결정
- 기타 회사의 사원총회 혹은 주주총회에 출석할 위임 대표자의 선정 및 해당자의 보수 및 경제적 이익의 금액의 결정
- 일상적인 경영에 관한 법인장 혹은 기타 관리직의 감독/지도
- 사내의 조직 구성, 사규에 관한 결정
- 자회사, 지사, 영업장의 설립에 관한 결정
- 기타 회사의 주식/지분의 취득 결정
- 주주총회의 의안, 자료내용의 결정
- 주주총회의 소집, 서면의견 취합 방식에 의한 주주총회 개최 여부를 결정
- 주주총회에 연차 재무제표의 제출
- 배당률의 제안, 배당 지급일 및 지불 방법, 손실이 발생한 경우의 처리 방법 결정
- 조직 재편, 회사 형태의 전환, 해산 제안
- 파산 신청
- 기타 기업법이나 정관에 기재된 의결 사항

이사회가 위 사항에 대하여 의결을 하였으나 법령이나 정관을 위반하여 회사에 손해를 입힌 경우에는 해당 의결에 찬성한 이사는 연

대하여 개인적으로 책임을 지며, 회사에 대하여 손해를 배상해야
한다.

ㄴ. 소집

이사회는 이사회가 이사 중에서 선임하는 이사회 의장에 의하여
소집된다. 이사회 의장은 필요에 따라서 언제라도 이사회를 소집할
수 있으나 적어도 3개월에 1번은 개최를 해야 한다. 또한 이사회 의
장은 감사위원회나 독립 이사, 법인장 등에게서 요청을 받은 경우에
는 해당 요청을 받은 날로부터 7영업일 이내에 이사회를 소집해야만
한다.

이사회 의장은 정관에 별도의 규정이 없는 한, 이사회 개최일의 3
영업일 전까지 일시, 장소, 의안 등을 기재한 소집통지를 각 이사와
감사에게 동시에 발송해야 한다. 소집통지는 우편, 팩스, 전자메일
등의 방법으로 발송할 수 있다. 이사회의 개최 장소는 회사의 본사
가 아니어도 가능하다.

ㄷ. 의사 및 의결 정족수

이사회의 의사 정족수는 이사 총 수의 4분의 3 이상의 출석이지
만, 정족수에 미달하는 경우에는 7영업일 내에 다시 개최가 가능하
며, 이때 의사 정족수는 과반수의 출석이 된다. 이사회 출석 방법으
로 이사 또는 그 대리인에 의한 출석이 가능하며, 회의참석뿐만 아
니라, 온라인 회의, 전자투표 등에 의한 투표나 우편, 팩스, 전자메
일을 통한 투표를 하는 방법도 인정된다. 단, 이사가 이사회의 출석

을 대리인에게 위임하는 경우에는 이사의 과반수의 승인을 받아야
하는 점은 주주총회와 다른 점이다.

이사회에 있어 각 이사는 1인 1 의결권을 가지며, 의결요건은 정
관에 의하여 더 높은 비율로 정해진 경우를 제외하고는 이사회에 출
석한 이사의 과반수 찬성이며 표 수가 동수일 경우에는 이사회 의장
이 결정권을 가진다.

이사회는 주주총회와 같이 회의에 의한 방법뿐만 아니라 서면에
의한 의견을 취합하는 방법으로도 의결을 할 수 있다. 이 경우의 의
결요건은 이사의 과반수 찬성이다.

- 이사

ㄱ. 선임/해임

이사는 필수 조직인 이사회의 구성원이다. 이사는 3명 이상 11명
이하의 범위 내에 선임된다. 이사의 임기는 5년 이내에 회수 제한 없
이 재임이 가능하다.

이사의 선임과 해임은 주주총회의 의결사항이다. 이사가 법으로
규정된 자격과 조건을 충족시키지 못하는 경우, 6개월 이상 계속하
여 이사회 출석이 불가능한 경우, 또는 사임원을 제출한 경우에는
자동적으로 해임된다.

이사회는 이사의 수가 정관에 정해진 정원의 3분의 2 미만으로 감
소한 경우, 또는 독립 이사의 수가 법정 최저인수에 미달하는 경우
에는 이사를 추가로 선임하기 위한 주주총회를 60일 이내에 소집하
여야 한다.

ㄴ. 보수

이사의 보수 결정방법으로는 정관에 다른 규정이 없는 한 정기주
주총회에서 이사회의 보수총액을 결정하고 그 다음에 이사회가 전원
일치로 각 이사에 대한 개별 보수액을 결정하게 된다.

ㄷ. 이익충돌과 경업금지

기업법은 이사의 이익충돌과 경업금지에 의한 폐해를 방지하기
위해 이사에게 이해관계를 공개할 의무를 지게 하고 있으며, 회사는
그 정보를 주주 등에게 통지할 의무를 가진다.

우선 회사는 회사와 이사를 포함한 회사의 관계자간의 거래에 대
하여 각 거래의 리스트를 작성하여 계속해서 갱신을 해야 한다. 그
리고 이사는 다음과 같은 정보를 회사에 대하여 신고를 해야 한다.

① 이사 자신이 주식 혹은 지분을 보유한 회사의 명칭, 상장코드,
　　회사 소재지, 사업분야, 업종, 주식/지분율 및 취득시점
② 이사의 관계자가 공동 또는 단독으로 설정자본의 10%를 초과하는
　　주식 혹은 지분을 보유한 회사의 명칭, 상장코드, 회사 소재지,
　　사업분야, 업종

또한 주식회사의 이사는 자기명의 혹은 타인명의를 불문하고 어
떤 형태로든 해당 주식회사의 사업의 범위에 속하는 사업을 하고 있
는 경우에는 해당 사업의 내용 등을 이사회에 보고해야만 하며, 해
당 이사를 제외한 다른 이사의 과반수가 승인한 경우에 한하여 해당

업무를 수행하는 것이 가능하다. 만약 이사가 이사회에 보고를 하지 않거나 승인을 받지 않고 이와 같은 사업을 하는 경우 해당 사업에서 발생한 손실은 보상되어야 하며, 이익은 귀속되어야 한다.

- 법인장

법인장은 주식회사의 필수 직책이며, 회사의 일상적인 경영활동을 행하는 자로서 이사회에서 결정된 사항을 수행하는 한편 일상업무의 처리나 종업원의 고용 등의 권한과 의무를 가진다. 법인장의 임기는 5년 이내로 횟수 제한없이 재임이 가능하다.

법인장의 선임과 해임은 이사회의 의결사항이다. 이사회는 이사 중에서 1명을 법인장으로 선임하거나 외부인을 고용하여 선임하는 하는 것도 가능하다. 법인장은 이사회 의장을 겸임하는 것도 가능하다.

또한 법인장도 관리직으로서 책임을 지며, 법인장의 보수는 이사회에서 결정권을 가지지만, 이사의 보수와 달리 보수총액을 주주총회에서 의결하지 않는다.

- 감사위원회 혹은 감사

ㄱ. 감사위원회

① 설치 여부

감사위원회는 3명 이상 5명 이하의 감사로 구성되는 이사회 및 법인장이 하는 업무집행의 감사기관이다. 주식회사는 감사위원회를 설치해야만 하는데 예외적으로 주주의 수가 11명 미만이며, 법인주주가 합계로 회사의 주식총수의 50% 미만을 보유하고 있는 경우이거나 이사의 20% 이상이 외부이사이면서 이사회에 직속하는 내부 감사위원회를 설치한 경우에는 설치하지 않아도 된다.

② 권리와 의무

감사위원회는 경영의 감사기능을 수행하며 이사와 법인장의 업무집행을 감독, 사업운영의 합리성과 적정성의 심사, 재무제표 등의 각종 서류의 심사, 정기 주주총회에 감사 보고서 제출, 회사의 내부감사, 이사와 법인장의 관리자 의무의 위반이 발생한 경우에 위반사항에 대한 가처분 청구권, 주주총회/이사회에 출석의 권리와 의무가 있다. 또한 감사위원회는 감사의 실효성을 확보하기 위하여 일정의 정보를 취합할 권리와 정보 제공 청구권이 인정된다.

ㄴ. 감사

① 선임/해임

감사는 3명 이상 5명 이하의 범위 내에서 선임된다. 감사의 임기는 5년 이내로 횟수 제한 없이 재임도 가능하다.

감사에 선임되기 위해서는 다음의 요건을 만족시켜야 한다.

- 이사, 법인장 기타 관리직의 배우자, 부모, 양부모, 자녀, 양자 또는 형제자매가 아닐 것
- 회사의 관리직의 지위에 있지 않을 것

또한 감사의 과반수는 베트남에 상주하여야 한다. 감사는 이 중에서 다수결로 1명의 감사위원회의 회장을 선임하여야 하지만, 감사위원회의 회장은 정관에서 보다 높은 자격을 요구하지 않는다면 회계사 자격을 가지며 상근 감사 역할을 수행해야만 한다.

감사의 선임과 해임은 주주총회의 의결사항이다. 감사역을 선임하거나 해임하는 경우에는 서면의견 취합 방식으로는 불가능하며 회의에 의한 주주총회의 의결을 거쳐야만 한다.

② 책임, 보수, 이익충돌

감사는 관리직으로서 책임을 진다. 감사의 보수의 경우 주주총회가 감사의 보수, 연간 활동예산의 총액을 결정하게 된다. 감사는 이사, 법인장과 같이 이해관계를 공개할 의무가 있다.

- 법적 대표자

주식회사는 인원수의 제한이 없이 법적 대표자를 임명하여야 하는데 그중 적어도 1명은 베트남 거주자여야 한다. 법적 대표자가 1명인 경우 더불어 정관에 정해져 있지 않은 경우 이사회 의장이 법적 대표자가 된다. 또한 법적 대표자가 2명 이상의 경우에는 이사회 의장과 법인장이 자동적으로 법적 대표자가 된다.

04 각종 결산

■ 결산

이사회는 매 사업연도의 종료 후 사업운영 보고서, 재무제표, 사업운영 및 관리 평가 보고서를 작성하여 정관에 별도의 규정이 없는한 정기 주주총회의 개최일보다 30일 전에 감사위원회에 제출해야한다. 법령에 따라서 주식회사는 연차 재무제표에 대하여 주주총회에 제출하기 전에 회계감사를 받아야 한다. 감사위원회는 이사회에서 제출된 관련 자료들을 심사한 감사보고서를 정기 주주총회 개최최소 10일 이전에는 회사에 비치하고, 정기 주주총회에 제출해야 한다. 이후 주식회사는 정기 주주총회에서 서류와 보고서를 의결하고승인된 연차 재무제표를 관할 기관에 제출해야 한다.

■ 배당

주식회사는 이사회의 제안에 따라서 정기 주주총회의 의결(보통결의)을 거쳐서 각 주주에게 배당을 지급할 수 있다. 단, 배당의 실시에는 재원규제가 있어 다음의 조건을 충족하는 경우에만 주식회사는배당을 할 수 있다.

- 납세의무 및 법령으로 정해진 재무상의 의무를 전부 수행해야 함
- 법령, 정관의 규정에 따라서 정해진 각종 기금 적립 및 이전의 손실을

전부 보전해야 함

　－ 배당 후에 변제기가 돌아오는 채무 혹은 기타 재산상의 의무를 전액

　　이행 가능해야 함

　　회사가 재원규제를 위반하여 배당을 한 경우 각 주주는 수령한 금전 등의 재산을 회사에 반환해야만 하며, 각 주주가 회사에 반환하기까지 모든 이사가 배당에 의해 지급된 금전 등의 가치의 범위 내에서 회사의 채무 등에 대하여 연대책임을 지게 된다.

　　회사는 정기 주주총회의 종료일로부터 6개월 이내에 배당을 전액 지급해야만 하며, 이사회는 배당지급일부터 늦어도 30일 전까지 배당대상의 주주명부를 만들어서 늦어도 15일 전까지 배당지급 통지서를 송부해야만 한다. 또한 주주명부의 작성이 완료된 이후 배당의 지급일 사이에 주주의 주식양도가 이루어지는 경우 배당을 받을 권리는 양도인에게 있다.

❸ 감자

　　주식회사는 자기주식 매입이나 주식매입청구에 따른 주식의 매입 외에도 주주에 대하여 주식 보유비율에 따른 자기자본의 일부 반환을 통한 감자가 가능하다. 감자는 정관기재사항인 자본금의 변경을 동반하기 때문에 주주총회의 특별결의에 의한 승인을 받아야 한다. 감자의 경우 주식의 매입과 같이 재원규제가 있으며, 회사가 기업등기일로부터 2년 이상 계속해서 사업활동을 하고 자기자본의 반환을

하더라도 채무나 기타 재산상의 의무를 모두 이행할 수 있는 경우에
만 자기자본의 반환이 가능하다.

05 정보공개

주식회사는 다수의 이해 관계자가 존재하므로 유한책임회사와는
달리 일정 정보공개 의무가 있다. 주식회사는 웹사이트 있는 경우에
는 다음의 정보를 공개해야만 한다.

① 회사 정관
② 이사, 감사 및 법인장의 경력/학력/직업경험
④ 주주총회의 승인을 받은 연차 재무제표
⑤ 이사회, 감사위원회의 연차 활동결과 평가 보고서

상장회사가 아닌 주식회사는 외국인 투자자에 관한 정보(이름, 국
적, 보유주식 종류 및 수)의 변경이 생긴 경우에는 적어도 3일 이내에 회
사의 본점 소재지의 등기기관에 통지를 해야만 한다.
이상의 정보공개 의무는 비공개 회사에 부과된 의무이며, 공개회
사는 이해관계자가 보다 광범위하기 때문에 증권법 등의 규제에 따
라서 보다 엄격한 정보공개 의무가 부과된다.

PART 6
자주 묻는 질문

Q. 공장 설립 시 받아야 하는 허가 사항은 어떤 것이 있는지요?

Answer

베트남 공장 설립 후 받아야 할 인허가는 건설관련하여 건설허가, 소방허가, 전기사용허가, 준공허가, 소방안전검사 확인을 받아야 하며, 이는 건설업체를 통해서 받게 되므로 건설업체와 계약 시 포함해야 합니다. 또한 환경영향평가의 경우 성정부가 인정하는 환경처리 회사에서 진행하게 되며, 폐수처리 장치 등의 시공이 이루어져야 하므로, 건설진행시 환경에 문제가 없도록 사전 고려가 필요합니다.

Q. BCC나 PMO는 어떤 형태의 회사인지요?

Answer

BCC(Business Cooperation Contract)는 특정 사업활동을 위해서 외국 투

자자와 베트남 투자자 사이에 합의를 통하여 이루어지는 형태로 법인격이 없으므로 각 투자자는 채무에 대하여 무한책임을 지게 됩니다. 통신, 항공, 철도, 해운 등 BCC 형태로만 진출할 수 있는 특정분야의 프로젝트에 한정된 진출 형태로 일반적으로 많이 사용되지는 않습니다.

PMO(Project Management Office)는 주로 건설업종의 특정프로젝트를 위하여 이용되며, 베트남 진출 한국 건설사에서 PMO로 건설 하청계약을 체결하여 사업을 진행하고 있습니다. PMO는 해당 프로젝트가 종료되면 자동 청산됩니다.

이외에 수출가공기업(EPE, Export Processing Enterprise)은 수출가공구내 기업 또는 공업단지, 경제지역 내에서 활동하며 생산품 모두를 수출하는 기업(설립 시 사전허가)을 말하며 수출용 원재료에 대해 수입관세 및 부가세 면제 및 수출물품 수출관세가 면제됩니다.

Q. 한국 본사에서 차입하는 형태로 자금을 조달하려고 합니다.
어떤 점을 주의해야 하는지요?

Answer
베트남 자회사는 모회사로부터 장단기 차입이 모두 가능합니다. 다만 아래의 사항들을 주의하시기 바랍니다.

- 단기차입
베트남 중앙은행에 등록을 할 필요는 없으나 변제기간이 1년 이내여야 하며 사업운영에 관한 운전자금으로 사용하도록 용도가 제한됩니다.

- 장기차입

변제기간이 1년 이상인 차입은 반드시 베트남 중앙은행에 등록을 해야 합니다. 중앙은행에 차입 계약서의 등록, 변제계획서 작성, 변제 이행을 해야 합니다. 분기별로 장기 차입금 현황을 중앙은행에 보고해야 합니다. 차입금의 상한은 투자등록증명서상에 기재된 차입 범위(총 투자액 - 자본금)를 벗어날 수 없습니다.

참고로 이자지급 시 원천소득세는 5%이며, 베트남 내 납부한 원천소득세액은 한국법인의 법인세 납부액에서 공제될 수 있으며, 개인의 경우에는 종합소득세액에서 공제가 가능합니다.

Q. 외국투자자가 베트남 법인을 설립할 때 사업의 규모에 따라 추가로 허가를 받아야 하는 것은 없는지요?

Answer

투자법에는 투자의 규모에 따라 투자등록증명서의 취득에 앞서 국회, 수상, 성급 인민위원회로부터 사전에 투자허가를 취득해야 하는 분야를 규정하고 있습니다.

1) 국회 승인대상
- 환경에 중대한 영향을 미칠 가능성이 있는 프로젝트

(원자력 발전, 국립공원, 야생 생물 보호구역 관련 등)

- 500헥타르 이상의 경작지의 토지 사용목적을 변경하는 경우
- 국회의 결정을 필요로 하는 기타 안건

2) 수상 승인대상

- 5조 VND 이상의 프로젝트
- 공항, 항만의 건설, 운영
- 석유 조사, 개발
- 담배 생산, 카지노 경영
- 공업단지, 수출가공단지, 경제구역 내의 인프라 개발
- 해운업, 식목, 출판, 매스미디어, 네트워크 인프라를 필요로 하는 통신업

3) 성급 인민위원회 승인대상

- 경매, 입찰 및 양도에 의하지 않고 정부로부터 토지 사용권의 할당이나 임차가 이루어지는 안건
- 기술이전법에 의하여 이전이 제한된 기술을 사용하는 안건

Q. 법인 운영 중에 투자등록증명서에 기재된 경영활동 이외의 사업을 하고자 할 경우 투자등록증명서 내용을 변경해야 하는지요?

Answer

투자등록증명서에 허가된 경영분야, 업종을 변경하는 등 투자등록 증명서의 내용에 변경이 있는 경우에는 투자등록증명서의 수정이 필

요합니다. 이 경우에는 투자등록증명서의 발행기관에 신청서를 제출하고 허가를 받아야 합니다. 이때에 필요한 서류는 다음과 같습니다.

- 신청서
- 투자 프로젝트의 조정을 요청하는 시점의 투자 프로젝트 진척상황 보고서
- 투자등록증명서 수정에 관한 설명서
- 각종 변경 내용에 관련된 자료

법인 설립 후 투자등록증명서와 기업등록증명서를 변경하는 절차는 법인 설립 시의 절차와 유사하여 시간과 비용이 많이 발생하게 되므로 법인 설립 시 업종의 결정에 신중하여야 합니다.

Q. 기업등록증명서를 변경해야 하는 경우를 설명해 주시기 바랍니다.

Answer

1) 기업법에 따라 다음과 같은 내용의 변경이 있는 경우에는 기업등록기관에 등록을 해야 합니다.

- 경영분야, 업종의 변경
- 주식회사의 경우에는 발기 주주 및 외국투자자인 주주의 변경 (상장사 제외)
- 이외 기업등록 증명서의 내용 변경

2) 기업의 법적 대표자는 변경이 있은 날로부터 10일 이내에 기업등록증명서의 내용 변경을 신청하여야 합니다. 또한 기업등록기관은 내용변경에 관한 서류를 수령한 날로부터 3일 이내에 심사를 완료하고 신규 기업등록증명서를 발급해야 합니다. 기업등록증명서 발급을 거부하는 경우에는 기업에 이유, 수정 혹은 보충 등을 안내하는 통지를 해야만 합니다.

Q. 거래 베트남 회사의 정보를 조회하는 것이 가능한지요?

Answer
베트남 회사의 기본적인 정보는 아래의 사이트에서 조회가 가능합니다.

– 유료사이트
국가신용정보센터(CIC, cic.org.vn)를 통해 보다 세부적인 기업 정보를 제공받을 수 있으나 모든 회사의 정보를 가지고 있지는 않음.

– 무료사이트
기획투자부(dangkykinhdoanh.gov.vn)와 세무총국(http://tracuunnt.gdt.gov.vn/tcnnt/mstdn.jsp)에서 기본 자료(기업 상호, 주소, 업종, 사업 분야 및 업종 등)의 정보 조회가 가능

해외 창업 길라잡이 – 베트남편 ────────

성부장과 배과장은 아토즈 베트남 컨설팅의 도움으로 복잡한 베트남의 회사법을 하나씩 확인한 후 한국 본사에서 투자하는 1인 유한회사의 형태로 회사를 설립하기로 결정하였다.

성부장은 이전 근무 국가인 싱가포르에서는 영어를 사용하고 관련 제도가 단순하여 쉽게 적응하였지만, 베트남의 경우 언어와 제도를 이해하는 데 어려움을 겪고 있는데, 중국에서 근무한 경험이 있는 배과장의 경우 제도 측면에서는 중국과의 많은 유사성을 발견하여 중국에서의 경험이 많은 도움이 될 것으로 판단되었다. 성부장과 배과장은 합심하여 베트남 법인을 조기에 안정화시켜야겠다고 결심했다.

Chapter 3

베트남 회사 설립 후 할 일

우 여곡절 끝에 대한상사 하노이 법인을 설립하는데 성공한 성부장과 배과장은 은행계좌 개설, 세무등록, 직원채용, 비자신청 등의 업무를 아토즈 베트남 컨설팅의 도움을 받아서 하나씩 해결하기로 결정하였다.

계 획된 업무가 진행되며 점차 베트남 법인의 정착과 생활이 안정되어감을 느낄 수 있었다.

PART 1
회사 은행계좌 개설

베트남 회사 설립 후 영업활동을 하기 위하여 먼저 해야 할 일이 은행계좌 개설이다. 베트남의 은행은 한국계 은행의 베트남 법인, 베트남 현지 은행, 그리고 HSBC, ANZ 등의 글로벌 은행으로 구분할 수 있다. 각 은행 별로 장단점이 있으므로 사용목적, 향후 사업전략 등을 감안하여 계좌개설 은행을 선택하는 것이 좋다. 필요에 따라서는 복수의 은행에 계좌를 개설하고 사용 목적에 맞게 분리하여 사용하는 것도 좋다.

01 한국계 은행

한국계 은행은 KEB 하나은행, 신한은행, 우리은행, IBK기업은행 등이 베트남에 외국은행 지점으로 진출하여 운영되고 있어, 이 은행들에서 법인계좌를 개설할 수 있다. 한국계 은행은 한국인 직원들이 근무하고 있으며, 한국어가 가능한 베트남 직원들이 많아 언어의 문제가 없으며 업무처리가 빠르다는 장점이 있다.

　단점은 대부분 대도시 일부 지역에만 지점이 존재하여 베트남 법인이 소도시에 위치하거나 베트남에서 다수의 지방에 위치한 거래업체와의 거래가 많은 경우에는 다소 불편할 수 있다.

　또한 은행에 따라서 서비스가 제한적인 경우도 있으므로 사전에 확인이 필요하다.

02 베트남 현지 은행

　현재 베트남은 Vietcombank, BIDV, Vietinbank, Agribank의 4대 국영 상업은행이 베트남 은행시장을 과점하고 있다. 또한 최근 민간은행도 많은 성장을 하고 있는데 대표적인 은행은 Techcombank, VPBank, MB이다. 베트남 현지 은행의 경우 베트남 전역에 지점이 있으며, 베트남 현지 기업 등과의 거래, 베트남 정부, 공기업 등에 세금 및 대금 납부 등에 편리하며, 한국계 은행보다 수수료가 약간 저렴한 편이다. 베트남 내 소액거래가 많은 업종이거나 베트남 업체와 거래가 많은 업종의 경우에는 현지 은행에 계좌를 개설하는 것이 유리하다. 한국계 은행과 현지 은행에 각각 계좌를 개설하여 한국과 해외의 거래는 한국 본사에서 한국계 은행의 계좌 결제권한과 OTP를 관리하며, 베트남계 은행의 경우 주재원이 은행의 계좌의 결제권한과 OTP를 가지고 소액 결제 등에 이용하는 것도 한가지 운영 방법이다.

❶ Agribank(베트남 농협은행)

베트남 농업 및 농촌 개발은행으로 베트남에서 유일한 100% 국유 상업은행이다. 1988년에 설립되어 현재 베트남에서 가장 큰 금융기관 중 하나로 1,000만 명이 넘는 개인고객, 약 30,000개의 기업고객을 보유하고 있다. Agribank는 농촌 신용 분야에서의 경험과 명성으로 세계은행(WB), 아시아 개발은행(ADB), 유럽 투자은행(EIB) 등과 파트너 관계를 형성하고 WSBI(World Savings and Retail Banking Institute), APRACA(Asia-Pacific Rural and Agricultural Credit Association) 및 CICA(International Agricultural Credit Confederation)와 같은 국제협회 파트너 은행이다.

❷ BIDV

BIDV는 1957년 베트남 건설은행으로 설립되어 1990년 투자개발은행(BIDV)으로 은행명을 변경하고 2011년 12월 하노이 증시에 상장된 국영 상업은행이다. 베트남 중앙은행이 대주주이며, 베트남에서 기업금융 및 PF 분야 금융지원을 선도하는 개발금융기관 역할을 수행하고 있다. 현재 베트남 상업은행 중 가장 많은 1,283조 동의 총자산과 1,100만 명 이상의 개인과 기업 고객을 보유하고 있으며, 베트남 전국 63개 성·시에 1,000개 이상의 지점 및 대리점이 있고, 56,000대 이상의 ATM과 POS를 보유하고 있다.

❸ Vietcombank

베트남의 농업은행(Agribank), 공상은행(Vietinbank), 투자개발은행 (BIDV)과 함께 4대 국영 상업은행 중 하나로, 1963년 베트남의 무역 업에 특화되어 설립되었다. Vietcom은행은 국가중앙은행의 외환 업무 담당 부처로 시작해 이후 대외 무역 결제, 외환관리 등을 담당하는 개별은행으로 분리되었다. 외환 거래, 국제결제, 무역 등의 업무를 독점해왔고, 이를 바탕으로 현재 기업금융 및 무역금융 등에 강점을 가지고 있다.

03 글로벌 은행

현재 베트남에는 HSBC(홍콩), ANZ(호주), 스탠다드차타드(영국), CIMB, Public Bank Berhad(말레이시아), 시티뱅크(미국) 및 UOB(싱가포르) 등 외국계 은행의 현지법인이 진출해 있다. 또한 약 50개의 외국 은행 지점, 50개 이상의 외국 신용기관 대표 사무소와 100% 외국인 소유 금융회사가 있다.

외국계 은행들은 베트남 은행 현지화 전략을 통해 베트남 소비자들에게 차별화된 금융서비스를 제공하는 것에 목표를 두고 있다. 현지 은행, 한국계 은행이나 글로벌 은행에서 법인계좌를 개설할 시 각 은행의 특성을 고려하여 법인계좌 개설을 진행하는 것이 좋다.

04 회사계좌 개설을 위해 준비할 사항

❶ 역외계좌 개설(Offshore Account)

베트남 법인 설립을 진행하기 위해서는 입주 예정 공단계약이나 사무실 임대료 지급 등을 위하여 법인 설립 전 자금의 지출이 필요할 수 있으므로 이 경우 거래은행에 임시계좌로 역외계좌를 개설할 수 있다. 이 역외계좌는 법인 설립 후 자본금계좌를 개설한 후에는 역외계좌를 폐쇄하게 되며, 잔액이 있는 경우 세무당국의 확인 후 해외 재송금하거나 자본금으로 사용 가능하다. 또한 설립 전 사용 비용이 모두 자본금 및 비용 인정이 되는 것은 아니므로 관련 자문회사의 협의가 필요하며, 사용 비용에 대하여 정식 세금계산서를 받아 두어야 한다. 실무적으로 설립 전 사용 비용 중 자본금 인정이 되는 항목은 입주 예정 공단계약금, 사무실계약금(임대료) 정도이다.

- 역외계좌 개설 시 필요 서류
- 개인
· 여권 및 비자 혹은 거주증
- 법인
· 영문사업자등록증 : 한국세무서에서 발급, 외교부 영사 공증 후 베트남 영사 공증
· 법인인감증명서 : 영문번역 후 공증, 외교부 영사 공증 후 베트남 영사 공증

· 법인등기부등본 : 영문번역 후 공증, 외교부 영사 공증 후 베트남 영사 공증

· 대표자 여권 및 비자

❷ 자본금계좌(Capital Account)

베트남 법인 설립 후 자본금을 송금하거나, 베트남 회사의 인수대금의 수취를 위해서는 베트남 법인의 자본금계좌를 개설하여야 한다. 자본금계좌는 베트남 은행에 한 계좌만 개설할 수 있으며, 이를 통하지 않는 자금 송금은 자본금으로 인정받을 수 없다.

- 자본금계좌 개설 시 필요 서류
· 투자허가서(IRC, Investment registration certificate)
· 사업자등록증명서(ERC, Enterprise registration certificate)
· 영업허가서(BL, Business License) : 있는 경우
· 법인인감증명서와 법인인감
· 대표자가 외국인일 경우 : 여권 및 비자

※ 참고

자본금계좌로의 송금 시 송금자는 투자자이어야 하며, 송금 목적은 투자(Investment)로 기재하여야 하고, 사업자등록증명서(ERC) 발급 후 90일 이내에 자본금이 납입되어야 한다.

❸ 법인계좌

외국인투자 베트남 법인은 중앙은행이 인가한 은행에 달러계좌와
동화계좌를 모두 개설할 수 있다.

- 외국인 투자법인의 계좌 개설 시 필요 서류
- 투자허가서(IRC, Investment registration certificate)
- 사업자등록증명서(ERC, Enterprise registration certificate)
- 영업허가서(BL, Business License) : 있는 경우
- 대표자의 여권 및 비자
- 법인인감등록증 및 법인인감
- 투자등록증(IRC), 기업등록증(ERC) 또는 영업허가서(BL) 원본
- 법인대표자의 실명 확인증표(여권, ID카드) 및 대표자의 권한을 확인할
  수 있는 서류(아래 참조) 원본

※ 대표자 권한을 확인할 수 있는 서류
- 현지법인 대표의 경우 : 이사회의 임명 결의서
- 현지 대표사무소 소장의 경우 : 본사의 대표사무소 소장 임명장 등
  인사 관련 서류

❹ 대표처 계좌 개설

대표처는 법인격이 없으므로 해외 본사의 위임을 받아 계좌 개설

을 진행하게 된다. 따라서 계좌 개설을 위해서는 위의 역외계좌 개설 서류에 더하여 아래의 추가 서류를 준비하여야 한다.

- 위임장 : 영문번역 후 공증, 외교부 영사 확인 후 베트남 영사 공증
  (수임자는 베트남에서 설립된 대표처 대표자)
- 대표처 활동 허가서 : 베트남 정부에서 발급
- Notice Tax Identification No
- 베트남 대표처의 인감증명서
- 대표처 대표자의 여권 및 비자(혹은 거주증)

05 회사계좌 관리

법인계좌 개설 후 계좌의 유지에 주의하여야 한다. 특히 계좌와 관련하여 문제가 있다고 판단될 경우 은행은 전화나 이메일 뿐만 아니라 우편물로 고객사에 연락을 취하게 되는데 은행에서 연락을 받을 경우에는 반드시 답변해야 한다. 거래 은행마다 차이가 있지만, 은행에서 연락이 오는 경우에는 반드시 언제까지 회신을 달라는 기한을 명시하고 이를 지키지 않을 경우에는 계좌를 동결시키거나 계좌를 폐쇄하기도 한다. 따라서 계좌 유지를 위해서는 은행에서 오는 연락에 대하여 적극적으로 답변하는 것이 중요하다.

06 투자 자금의 조달

설립 초기에 필요한 자금은 투자자에게서 자본금의 형태로 조달하거나 관계 회사 혹은 은행 등의 금융기관으로부터 차입금의 형태로 조달할 수 있다.

1 자본금

베트남에서 자본금은 총투자자본금(Total Investment Capital), 정관자본금(Charter Capital), 차입자본금(Loan Capital)으로 나뉘며, 투자등록증(IRC)에는 총투자자본금이 기재되고 기업등록증(ERC)에는 정관자본금이 기재된다.

총투자자본금 = 정관자본금 + 차입자본금

총투자자본금은 정관자본금과 차입자본금을 합산한 금액을 말하며 정부의 재정 지원을 받는 등 기타 자본금이 있는 경우 예외적으로 포함되기도 한다. 이외 정관자본금은 회사의 정관에 기재하여야 하는 자본금이며, 투자자가 현금, 현물 등으로 직접 출자하는 것이다. 투자자는 기업등록증이 발급된 날로부터 90일 이내에 정관자본금을 완납할 의무가 있다. 베트남 법인은 일부 특수 업종을 제외하고 정해진 최소 자본금은 없어 자본금의 규모를 자유롭게 정할 수 있지만, 자본금이 현저히 낮은 경우, 투자승인이 거절될 수 있으므로 자본금 설정 시 자문회사와 협의가 필요하다. 또한 지역별, 업종별로 투자자가 일정 금액 이상을 법정 자본금으로 납입하도록 규정하기도 한다. 부동산사업의 경우 부동산사업법에 따라 200억 동(약 10억 원) 이상의 정관자본금을 설정하여야 한다.

❷ 차입자본금

관련 회사 혹은 개인에게서 대여금으로 차입하는 것은 자본금과 달리 향후 상환 능력이 있는 경우에 적합하다. 자본금으로 출자를 받을 경우에는 자금 상환과 이자 지급의 의무가 없으나, 대여금으로 조달하는 경우 돈을 빌려준 사람에게 자금 상환과 이자를 지불해야 하는 의무가 발생한다. 이자를 지불할 경우 적정이율 여부, 베트남에서의 원천징수 문제, 대여자의 이익 수입에 대한 과세 등을 사전에 검토해야 하며, 시장 상황에 따라서는 대여 조건의 조정이나 이자 지급 업무처리 등 업무 부담이 늘어날 수 있으므로 이러한 문제 등을 고려하여 대여금으로 처리할 것인지의 사전 검토가 필요하다. 지급이자율은 일반적으로 베트남 중앙은행 기준금리의 1.5배까지 비용으로 인정되며, 지급이자에 대하여 5%의 원천세를 납부하여야 한다.

베트남은 투자자가 차입자본금을 반드시 등록해야 하지는 않지만, 등록한 총 자본금에서 정관자본금을 차감한 금액(차입자본금)의 한도 내에서 1년 이상 중장기 차입이 가능하다. 또한 베트남 기업이 해외로부터 자금을 차입하는 경우, 차입금이 1,000만 달러 초과인 경우에는 하노이에 소재한 중앙은행 본점 외환관리국에 등록해야 하며, 1,000만 달러 이하인 경우 해당 기업 본점이 소재한 시·성의 중앙은행 지점에 등록해야 한다.

❸ 은행 차입

베트남에 설립된 지 얼마 되지 않은 신생 법인은 현지에서 신용이 없기 때문에 글로벌 은행에서의 차입은 현실적으로 어려우므로 주로 현지 베트남 은행이나 한국계 은행을 통하여 차입하는 경우가 많다. 일반적으로 한국의 본사나 주주가 보증하여 은행이 베트남 법인에 대출을 진행하기도 한다.

❹ 추가 자금의 필요시 자금 원천별 장단점 비교

구분	장점	단점
자본금(증자)	이익이 발생하는 경우에만 투자자에게 배당함	자본금 증자 시 IRC와 ERC를 변경해야 하는 번거로움이 있음
주주 및 관계자 대여금	- 대여금 변제 형식으로 자금을 환원할 수 있음 - 1년 이내의 단기 대여금의 경우, IRC와 ERC의 변경이 필요없음	계약서 작성 및 이자 지급 등의 절차가 필요
은행에서 차입	현지에서 현지통화로 조달 가능	현실적으로 담보와 제공이 전제됨

PART 2
해외직접투자 신고(FDI)

01 한국의 외환 관리법

한국의 외환 관리법상 한국거주자 개인 및 한국에 주된 사무소를 둔 법인은 해외에 투자, 대여, 지사 및 대표사무소를 설립하는 경우 반드시 사전 신고 및 승인을 받은 후 해외로 투자자금을 송금할 수 있으며, 투자 이후에도 변경 사항이 발생할 경우에는 변경 신고를 해야 한다. 사전 신고가 원칙이며 예외적인 상황에 한하여 사후 신고를 허용하고 있다. 이에 해외직접투자 신고에 대한 규정을 사전에 잘 이해하여 관련 규정의 미이행으로 발생할 수 있는 벌금 등을 피하는 것이 안전하다.

02 해외직접투자의 정의

1) 외국법령에 따라서 설립된 법인(설립 중 포함)의 경영에 참가하기

위하여 의결권이 있는 발행주식 총 수의 10% 이상의 지분을 취득하는 경우

2) 외국법령에 따라서 설립된 법인에 대하여 상환기한 1년 이상의 금전대여를 통하여 해당 법인과의 지속적인 경제관계를 맺기 위한 거래 또는 행위

3) 법인 형태가 아닌 지사 또는 대표사무소 설치, 확장, 운영

4) 해외 자원 개발사업 및 사회 간접 자본 개발 사업을 하기 위하여 자금을 지급하는 행위

5) 지분이 10% 미만이더라도 다음의 경우에는 해외직접투자에 해당함

- 임원을 파견하는 경우
- 계약기간 1년 이상인 원자재 또는 제품의 매매계약 체결
- 기술의 제공도입 또는 공동연구개발 계약의 체결
- 해외 건설 및 산업 설비 공사를 수주하는 계약의 체결

03 해외직접투자 신고 시 유의사항

■ 외국환 거래은행 지정

외국환 거래는 반드시 지정한 은행을 통해서만 거래가 이루어져야 한다.

– 법인 : 당해 기업의 주채권은행 혹은 여신 최다은행

– 개인 및 개인사업자 : 본인이 지정하고자 하는 은행

❷ 실제 투자 내용과 일치

투자의 형태(지분투자인지 대여인지), 투자 주체(명의 대여, 차용, 공동 여부), 투자 대상 기업 등이 반드시 신고 내역과 일치해야 한다.

❸ 취득가액의 적정성 확인

취득 예정인 외국법인의 주식 또는 지분이 액면가액과 취득가액이 다를 경우에는 차액의 적정성을 확인하기 위해서 전문 평가기관 등의 평가서나 의견서를 제출해야 한다.

❹ 해외직접투자 신고 시 제출 서류

해외직접투자 신고 시 제출하는 서류는 지정하는 은행에 따라 요구 자료가 다를 수 있으나 일반적으로 제출하는 서류는 다음과 같다.

– 해외직접투자 신고서

– 사업계획서

– 사업자등록증(법인, 개인 사업자), 주민등록등본(개인),
  납세증명서(공통)

– 금전 대차 계약서(상환기한 1년 이상의 대부의 경우)

– 합작 투자 계약서(외국 자본과 합작 진행시)

– 현물 투자 명세표(자본이 아닌 현물 출자 시)

– 기타 해당 은행 지정 서류

04 해외직접투자 변경 신고

신고 내용에 변경 사항이 발생할 경우 반드시 사전 신고를 해야
한다.

❶ 변경 신고 대상

– 외국 법인의 지분율 변경
– 자회사 혹은 손자회사의 설립
– 투자 금액의 변경
– 청산

❷ 거주자간의 양수도

거주자간에 지분의 양수도가 이루어질 경우 양도자가 해외직접
투자 신고를 했더라도 자동 승계가 되지 않으므로 양도인은 해외직
접투자 내용 변경 신고를 해야 하고, 양수인은 신규로 해외직접투자

신고를 해야 한다.

3 사전 신고 예외 대상

- 투자자의 상호, 대표자, 소재지 변경
- 해외법인의 상호, 소재지 변경
- 투자자의 합자 및 분할, 경영상의 급박한 사정으로 사전 신고가
  어려울 경우
※ 단, 추가 금액이 필요하지 않은 경우에 한함

4 제출 서류

- 해외직접투자 내용 변경 신고서(최초 신고서 포함)
- 해외직접투자 내용 변경 사유서
- 자회사 혹은 손자회사 설립에 관한 계약서 및 사업계획서
- 거주자간 양수도 계약서

05 해외직접투자 신고 후 송금 시 주의사항

1) 반드시 승인받은 지정 거래 외국환 은행을 통해서 송금이 이루
어져야 한다.
2) 송금은 유효기한(보통 1년) 이내에 이루어져야 하며, 경과 후에

는 실효되므로 재신고를 해야 한다.

3) 제출 서류는 다음과 같다.

– 투자금 송금

· 송금 보고서(송금 후 즉시), 납세 증명서, 개인신용정보 조회 동의서

– 현물 출자

· 현물투자명세표, 수출 신고 필증(현물 출자 후 즉시), 필요한 경우
  감정평가서

06 외화증권(채권) 취득 보고

1) 증권 취득 보고서는 투자금액(대여금액) 송금 후 6개월 내에 제
출해야 한다.

2) 증권 취득 보고서와 첨부 서류의 내용이 반드시 일치해야 한다.

3) 제출 서류는 다음과 같다.

– 외화증권(채권) 취득 보고서

– 해외법인의 등기부 등본 또는 공증서, 증권사본

– 대부 투자 시 : 상대방의 대부금 영수증명서

07 사업실적 보고

1) 사업실적 보고서는 투자금액에 따라서 해당하는 자료를 회계
기간 종료 후 5개월 내에 제출해야 한다.

2) 투자 업종이 부동산 관련 업종일 경우에는 투자금액에 관계없
이 연간 사업실적 보고서를 제출해야 한다.

3) 제출 서류는 다음과 같다.

- 투자 금액 미화 200만 불 초과 시
 · 연간 사업실적 보고서
 · 현지 공인회계사가 작성한 감사 보고서 또는 현지 세무사의
   세무 보고서
- 투자 금액 미화 100만 불 초과 200만 불 이하 시
 · 현지법인 투자현황표
- 투자 금액 미화 100만 불 이하 : 제출 면제

08 청산 보고

1) 청산 즉시 잔여재산 또는 원리금을 반드시 지정 거래 외국환
은행을 통해서 회수하고, 회수한 다음 즉시 신고기관에 청산보고를
해야 한다.

2) 비거주자에게 지분 전액을 매각했을 경우에는 청산에 준하여

보고해야 한다.

3) 청산 보고서와 첨부 서류의 내용은 반드시 일치해야 한다.

4) 청산 보고 시 제출 서류는 다음과 같다.

- 해외직접투자 사업 청산 및 대부채권 회수 보고서

- 등기부 등본 및 청산 종료를 입증할 수 있는 자료

- 청산 손익 계산서 및 잔여재산 분배 전의 대차 대조표

  현지 공인회계사가 작성한 감사 보고서

- 잔여 재산 회수에 대한 외국환 은행의 외화 매입 증명서 또는 현물

  회수의 경우 세관의 수입 신고 필증

5) 대부 채권 회수 시 제출 서류는 다음과 같다.

- 해외직접투자 사업 청산 및 대부채권 회수 보고서

- 외화 매입 또는 예치 증명서(송금처 명기)

09 주의사항

해외직접투자 신고는 법인 설립 과정에서 제일 많이 실수를 하는 부분이다. 해외직접투자 신고는 반드시 준수해야 하는 절차이므로 사전에 철저한 준비를 통하여 해당 규정을 준수하기를 제언드린다. 특히 최근 국제적인 조세협약 체결, 국제조세 공조 등으로 국가간 협력이 강화되고 있으므로 해외직접투자 신고를 하지 않고 운영하다

적발되는 경우가 발생할 것으로 예상된다.

만약 사후에 외환 관리법을 위반한 사항이 적발될 경우 다음과 같은 처벌을 받을 수 있다.

미신고금액	위반시점				
	2006년 3월 3일 이전	2006년 3월 3일 이후	2009년 2월 4일 이후	2011년 8월 1일 이후	2016년 6월 3일 이후
50억 원 초과	거래정지 (1년 이내) 형사 벌칙 동시 부과 가능	거래정지 (1년 이내) 형사 벌칙 동시 부과 가능	형사 벌칙 (1년 이하 징역 또는 1억 원 이하 벌금)	형사 벌칙 (1년 이하 징역 또는 1억 원 이하 벌금)	형사 벌칙 (1년 이하 징역 또는 1억 원 이하 벌금)
10억 원 초과 ~ 50억 원 이하				과태료 최고 100만 원 혹은 2%, 최저 50만 원 혹은 1%	
2만 달러 초과 ~ 10억 원 이하			과태료 최고 100만 원 혹은 2%, 최저 50만 원 혹은 1%		과태료 최고 100만 원 혹은 2%, 최저 50만 원 혹은 1%
2만 달러 이하	경고				

PART 3
사무실 임차

01 베트남 부동산 사정

베트남은 외국인이 토지를 소유할 수 없고 토지 사용권만을 갖게 된다. 2015년 주택법의 개정으로 외국인이 빌라, 아파트, 임차, 재임대를 허용하였으며, 외국인 투자 법인의 경우 부동산을 매수 시, 직원의 사택 용도 이외에 다른 용도로의 임대는 불가능하다. 베트남은 현재 국민소득에 비해 부동산 가격과 임대료가 상당히 비싸게 형성되어 있다.

베트남에서 계약은 철저한 이행을 전제로 하며 만일 계약의 위반이 있는 경우에는 법적인 조치와 금전적인 보상을 요구하게 된다. 한국에서 부동산 계약이라 할지라도 한쪽 상황에 따라 상호 합의하에 계약을 해지해 주는 등 상대의 상황을 이해해 주는 인간적인 면이 있는 것과는 상당한 차이가 있다. 이에 계약서 내용을 숙지하고 상대적으로 불리한 조항이 있다면 수정을 요구하여야 한다.

02 사무실 임대

1 장소 결정

사무실을 임대하기 위해서는 먼저 부동산 중개인을 결정해야 한다. 사무실 임대는 임대인이 중개 수수료를 지불하는 것이 일반적이며, 중개인에게 원하는 사무실의 위치나 가격 등의 조건들을 가능한 상세히 알려 주어야 시간과 수고를 줄일 수 있다. 베트남에 주로 진출하는 유형으로 일반 회사가 아닌 제조 회사는 공단에 입주할 것인지 공단 외 입주할 것인지 공단별 특성을 파악하여 입지를 선정하는 것이 좋다. 일반적으로 특정 업종이 지역별로 모여 있는 경우가 많으므로 지역별 특성을 고려하여 사무실 혹은 부지를 임대하는 것이 좋다. 또한 베트남의 경우, 낙후된 도로 사정 등으로 육상운송 기간과 비용이 많이 발생할 수 있으므로 원자재나 제품의 수출입이 많은 경우 항만 근처에 입지를 정하는 것도 고려해 볼 만하다.

- 주요 지역

· 하노이시

Gia Lam, Dong Anh, Soc Son, Thanh Tri, Tu Liem, Thuong Tin, Hoai Duc, Thach That, Quoc Oai 등

· 하이퐁시

Thuy Nguyen, An Duong, An Lao and Vinh Bao

· 호찌민시

Cu Chi, Hoc Mon, Binh Chanh, Nha Be

· 동나이성

Bien Hoa City and Nhon Trach, Long Thanh, Vinh Cuu, Trang Bom

· 빈즈엉성

Thuan An, Di An Towns, and Ben Cat, Tan Uyen

· 바리아 ~ 붕따우성

Vung Tau City

2 인터넷상에서 물건 확인

사무실의 경우 일반 주택에 비해 인터넷상에 공개된 물건이 적은 편이다. 우선 장소를 결정하는 과정에서 인터넷을 통하여 원하는 지역의 대략적인 가격대를 확인해 보는 것이 좋다. 사무실 임대는 사무실 임대인의 성향에 따라 임차인의 업종이나 자본금 규모와 같은 요구가 있을 수 있다.

https://batdongsan.com.vn/english(베트남 전역)

http://www.vnhouselink.com/(하노이 위주)

http://www.real-estate-vietnam.com/(호찌민 위주)

www.dotproperty.com.vn/en(베트남 전역)

❸ 사무실 빌딩 방문

인터넷으로 원하는 지역과 가격대를 조사한 다음 현지를 방문하여 주변 인프라, 건물의 노후도 등을 확인해야 한다. 부동산 중개인에게 사무실 및 주변 시설에 대한 안내를 받을 수 있으며, 대형 부동산 프랜차이즈 점포를 이용하는 경우 다른 지역의 계열 점을 통하여 원하는 물건의 소개도 가능하다. 베트남 부동산은 제곱미터(m^2) 단위를 사용하므로 사전에 단위에 대한 변환을 염두에 두어야 한다. $1m^2$는 0.3025평이며, 참고로 $100m^2$는 30평 정도, $150m^2$는 45평 정도에 해당한다.

❹ 부동산 계약

베트남에 법인을 설립하기 위해서는 회사의 주소지로 등록될 사무실을 임대하여야 한다. 외국인이 베트남에서 사무실을 임대하여 소재지로 등록하기 위해서 여러 제한 사항이 있기 때문에 임대사무실 혹은 임대공장 및 부지를 계약하기 전에 주의해야 한다. 특히 오피스텔 주상복합, 공동거주구역의 사무실은 대다수 주거용으로 등록된 경우가 많기 때문에 사전에 사무용으로 허가 및 등록되었는지 확인해야 한다.

또한 임대 대상이 공단토지인 경우 공단 사업자와 부동산 계약을 체결하게 되는데 이때 임대인 또는 공단 사업자가 합법적인 권리가 있는지 확인해야 한다. 임대업자는 기업등록증과 부동산 임대업의 영업허가서가 있어야 하고 가계약 혹은 계약 전 토지사용권 증서 (LURC : Land Use Right Certificate)의 보유 유무를 확인하여야 한다. 임대 계약과 보증금 지급 후 임대인의 문제로 투자승인이 이뤄지지 않거나 가계약 후 투자승인을 받은 뒤 정식 계약을 체결할 때 사전 협의한 내용과 다른 내용의 계약서를 받을 수도 있기 때문에 가계약 체결 시부터 전문가를 통하여 임대인 조건을 확인하고 계약서 조항을 면밀히 검토할 필요가 있다.

일반적으로 외국인만으로 구성된 회사이거나 신생 회사인 경우 임대인이 3개월의 보증금과 3~6개월분의 임대료를 선납하게 된다.

부동산 계약 시 중요한 부분은 계약 기간과 계약 해지 및 연장 조건이다. 만약 계약 기간 중 회사의 사정으로 계약을 해지하는 경우가 발생한다면 보증금을 돌려받지 못하는 것이 일반적이며, 경우에 따라서 계약 해지를 위해서 잔여기간의 월세를 전부 요구하는 경우도 있으니 사전에 계약서를 통해 계약 해지 조건과 방법 등을 명확하게 확인할 필요가 있다.

일반적인 계약서의 경우, 계약 종료 시에는 임대 시 넘겨받은 조건과 동일한 상태로 임대 물건을 반환해야 한다. 사무실 임대의 경우 아무것도 없는 텅 비어 있는 상태가 대부분이므로 계약 종료 시 설치된 인테리어와 사무실 가구와 집기들이 없는 상태로 임대인에게 반환해야 한다. 계약 종료 후 보증금은 임대인이 사무실 상태를 면밀히 확인한 다음 하자나 수리가 필요하지 않은 경우에 보증금 전부를 돌려받을 수 있으며, 만약 임대인의 요구가 있다면 임차인은 임대인이 원하는 상태로 수리하거나 해당 수리비용을 보증금에서 차감한 금액을 돌려받게 된다. 보통 보증금 반환은 1~3개월이 소요되므로 초기 계약서 작성 시 보증금 반환에 관한 내용도 명확히 확인해야 하며, 입주 시 사무실의 상태를 동영상이나 사진들을 찍어 보관하여 퇴거 시 분쟁의 소지를 없애는 것이 좋다.

03 인테리어 및 설비

■ 인테리어 전 알아야 할 사항

임대 시 사무실 용도의 인테리어가 되어 있는 사무실도 있으나 일반적으로 인테리어가 되어 있지 않은 빈 공간을 임차하게 되므로 임차인이 자비로 인테리어를 진행하게 된다. 임대 계약 갱신 시 임대료의 인상으로 사무실 이전을 고려할 때는 인테리어 철거 비용, 이사 비용, 신규 인테리어 비용 등을 감안하여 신중한 의사 결정을 해야 한다. 특히 베트남에서 공장을 신규로 건설하는 경우가 많은데 이때 건설사와 인테리어를 어느 정도까지 진행할 것인지 여부를 계약 진행 시 명확하게 해야 한다.

■ 인테리어

인테리어를 진행하는 경우 베트남 업체를 이용하는 방법과 베트남에 있는 한국계 인테리어 업체를 이용하는 방법이 있다.

인테리어를 시작하기 전, 임대한 사무실의 관리사무소가 요구하는 규정들이 있으므로 규정들을 미리 확인하고 준수해야만 한다. 인테리어 시작 전 인테리어 계획서와 인테리어 일정 등을 관리사무소나 관련 당국에 제출하여 승인을 받아야 한다. 사무실 디자인 설계가 완료되었더라도 관리사무소의 확인과 서류 절차가 필요하므로 실제 진행 속도는 한국에 비해 상당히 느린 편이며, 인테리어 중 일정 변경이나 추가 요구 사항이 발생하면 추가 비용이 청구될 수도 있다. 따라서 디자인 단계나 공사 진행 전 단계부터 인테리어 업체에게 정확한 요구사항들을 전달하여 견적에 반영하거나 공사 일정에 반영을 시켜야 한다.

❸ 유틸리티 신청

사무실 관리비는 일반적으로 계약서상의 임대료에 포함되어 있으므로 임대인이 지불하게 된다. 임대인이 무료 사용 기간을 제공하는 경우에는 임대료는 무료이더라도 유틸리티 비용은 임차인이 부담하게 된다. 가능하면 무료 임대기간에 발생하는 비용의 부담 주체를 사전에 임대인과 협의하는 것이 좋다.

인터넷은 회사명의로 기업용 서비스를 별도로 가입해야 한다. 일반적으로 유선전화, 인터넷을 기업용 패키지로 사용할 수 있다. 일반적인 약정 기간은 1년이지만, 계약 기간을 회사 사정에 맞게 계약할수 있으며, 계약 해지 시에는 위약금을 지불하게 된다. 계약 전 여러업체의 가격, 계약 조건, 서비스 등 면밀히 확인하는 것이 좋다.

※ 베트남 통신회사

Vietel : http://viettel.com.vn

VNPT: http://www.vnpt.vn/english

4 집기 구입

　회사 사무가구의 준비는 인테리어 업체가 구매 대행하여 주는 방법과 인테리어 완료 후 회사에서 직접 원하는 가구와 집기를 구입하는 방법이 있다. 직접 구매하는 경우 새로운 사무가구는 시내의 가구점을 방문하여 일부 샘플과 카탈로그를 통하여 주문하게 되고, 중고 사무가구의 경우 전시장이 외곽에 위치하는 경우가 많아 방문 시 불편함이 있으므로 일차적으로는 인터넷을 통하여 중고 가구업체의 홈페이지를 방문하여 사무실에 적합한 가구를 확인한 다음 방문하여 제품의 상태나 수량을 확인하고 일괄 구매하는 방식을 추천한다. 또한 제품의 품질, 베트남 업체와 한국 업체 간 가격 차이가 많으므로 다양한 업체를 통해 견적을 진행하는 것이 좋다.

　- 신규 사무용 가구 검색어
office furniture(Nội thất văn phòng)
　- 중고 사무용 가구 검색어
used office furniture(nội thất văn phòng đã qua sử dụng),
second hand furniture(Nội thất đã qua sử dụng)

– 베트남 유명 가구 업체

http://www.hoaphat.net.vn

5 IT 기기 구입

소규모 사무실의 경우에는 일반적으로 복합기를 구매하여 사용하며, 사용량이 많은 경우에는 리스를 고려하는 것이 일반적이다. CANON, RICOH, FUJIXEROX 등 복사기 메이커들이 리스 서비스를 제공하고 있다. 일반적으로 1년 이상 장기 계약을 요구하고 있으며, 계약 만료 시에는 기기의 소유권을 이전해 주기도 한다. 계약 기간 만료 전에 계약을 해지하고자 할 경우에는 잔여기간의 리스료를 위약금으로 청구하는 경우도 있으므로 사전에 계약서의 내용을 정확히 확인해야 한다.

사무실 내의 서버실 설치나 Fiber Optics(광랜)를 설치해야 하는 경우 사전에 인테리어 단계에서 디자인에 반영하고 도어락, 서버, 전문 전자장비를 설치해야 하는 경우 전문업체와의 계약 및 관리사무소의 승인 등을 진행해야 한다. 특히 공장을 건축하는 경우는 건설사 혹은 전문 업체와 상호 간 확인을 진행하여 건축설계도에 포함하여 진행하는 것을 추천한다.

6 우편물 배송 업체 계약

베트남 내 우편물 배송 업체는 베트남 사설 업체, 베트남 우체국

과 해외 문서 발송 업체인 DHL, FEDEX 등이 있으며 한국과 같은
퀵서비스는 없지만, 한국계 물류 배송 업체가 많이 진출해 있다.

업체별로 차이는 있지만, 베트남 업체는 우편물 배송 확인 서비스
등 시스템이 미흡한 곳이 많으며, 상대적으로 이용료가 저렴하다.
해외 배송 업체나 한국계 업체는 빠르고 편리한 서비스를 이용할 수
있지만, 이용료가 상대적으로 비싼 단점이 있다.

PART 4
비자 신청

01 노동허가증 취득의무

베트남에서 일하는 외국인 근로자는 취업허가를 취득할 의무가 있다. 단, 아래의 근로자는 취업허가 취득의무가 면제된다.

- 전문가, 관리자, 대표이사 법인장, 또는 기술을 가진 근로자로 입국하여 연속 30일 미만, 연간 합계 90일 이내의 기간으로 취업하는 외국인
- 유한책임회사의 주주
- 주식회사의 이사회 구성원
- 국제기구 또는 NGO 대표 사무소 또는 프로젝트의 대표자
- 판매활동을 위해 3개월 미만 체재하는 자
- 기업의 생산, 영업활동에 영향을 미칠 수 있는 기술적 문제를 기존 베트남 주재 외국인 근로자 혹은 베트남 근로자가 해결하지 못하여 해결을 위해서 초청하는 외국인(3개월 미만)

- 베트남 당국으로부터 필요한 라이선스를 취득한 변호사
- 베트남이 가입한 국제조약의 규정에 의거한 자
- 베트남에서 취학 또는 연수 중인 학생
- 기타 정부가 정하는 경우(WTO 협정에 의거한 11개 서비스 분야에 속하는 기업 내 이동, 보도관계자, 자원봉사자 등)

노동허가를 면제받을 수 있는 경우에도 회사는 해당 직원의 근무 시작일 전 최소 7영업일 이전에 근무지역 노동보훈사회국에 노동허가서 면제 대상자 신청을 하여야 한다. 단, ① 전문가, 관리자, 대표이사 법인장, 또는 기술을 가진 근로자로 입국하여 연속 30일 미만, 연간 합계 90일 이내 기간 취업하는 외국인, ② 판매활동을 위해 3개월 미만 체재하는 자, ③ 긴급수선작업(3개월 미만)은 면제신청을 하지 않아도 된다.

02 노동허가증 발행 조건

노동허가증 발행의 주된 조건은 ① 범죄이력이 없고, ② 해당직무 수행에 지장이 없도록 건강 문제가 없어야 함, 그리고 ③ 관리감독자, 전문가, 또는 기술근로자의 어느 하나에 해당되어야 한다.

위 ③의 관리감독자는 기업법에 의거 기업을 관리하는 자(회장, 법인장, 이사 등) 또는 기관·조직의 장 또는 그 대행자를 지칭한다. 전문가는 대학졸업 이상의 졸업증명서와 전문실무경험 5년 이상을 증명

하는 경력증명서를 보유하여야 하며, 기술근로자(사무 계통 포함)의 경우, 직무와 부합하는 기술 훈련 1년 이상 수료증명서와 해당 직종 3년 이상 근무한 경력증명서를 제출하여야 한다. 참고로 국가 기술자격증 소지자, K-Move 스쿨수료자, 공공 알선기관을 통해 취업한 경우에는 한국산업인력공단이 발급한 "전문가인정서"로 상기 전문가와 기술근로자에게 요구하는 서류를 대체할 수 있다.

03 노동허가증 발행 절차

사용자는 해당 근로자를 위하여 노동허가서 발급을 신청하여야 하며, 소요 기간은 약 5~6주 정도이다. 노동허가 기간은 2년이며, 노동허가증 갱신은 허용되지 않아 재발행 신청을 하게 된다. 제출 서류는 여권, 졸업증명서, 경력증명서, 범죄경력증명서, 건강진단서, 근로계약서, 칼라 사진 2매(3×4센티)이다.

04 취업비자 신청 및 취득

노동허가증이나 면제 확인서를 발급받은 후 외국인 근로자는 본국베트남 대사관에서 취업비자를 발급받아 베트남에 입국하거나, 베트남 "임시거주증"을 발급받아 베트남에서 생활이 가능하다. 임시거주증은 약 2주 정도가 소요된다. 취업비자의 경우 유효기간이 2년

이며, 임시거주증의 경우 다른 비자의 취득 없이 1~2년 동안 자유로이 입출국이 가능하다.

비자 신청 시에 필요한 자료는 다음과 같다.

- 채용 예정인 베트남 회사의 보증서
- 채용 예정인 베트남 회사의 ERC 공증사본
- 비자 신청인 여권 공증사본
- 노동허가증 혹은 면제 확인서의 공증사본

05 유의 사항

취업 목적이 아닌 다른 비자로 입국한 다음 노동허가증을 발급받은 후 취업비자나 임시거주증을 취득하는 경우도 있으나 이는 법적으로 인정된 절차가 아니므로 지역, 시점에 따라서 불가능할 수도 있다.

노동허가증의 발급은 여러가지 조건(회사의 재정, 신청자의 학력 및 경력, 현지인 고용 등)을 복합적으로 고려하여 허가 여부를 결정하며 신청 지역의 노동보훈사회국에 따라서 요구하는 서류가 상이할 수 있으므로 사전에 필요자료 및 조건에 대하여 충분히 숙지한 다음 신청을 하거나 전문업체의 도움을 받는 것이 좋다.

PART 5
인사 및 노무

01 개요

■ 노동환경

베트남의 싸고 근면한 노동력은 외국 투자자들에게 중요한 투자 메리트 중의 하나이다. 베트남의 노사환경은 대체로 양호하지만 부당해고 등을 다투는 노사분쟁이 적지 않고 노동법상 정식 절차를 통하지 않고 불법 파업의 형태로 임금과 기타 근로조건을 개선해달라고 요구하는 경우도 적지 않다.

노동 관련 법규의 특징은 아래에서 다시 설명하겠지만 잔업에 대한 규제, 해고에 대한 규제가 엄격하며, 베트남 유일의 노총인 베트남노동총연맹(VGCL, 베트남노총)의 위원장은 공산당 중앙위원이며 노동조합은 중앙 정치조직체제 지휘하에 있다.

2 관련 법령 행정당국

베트남의 노동 관련 주요 법령은 노동법이며, 분야별로 정령, 통달 및 결정 레벨로 상세하게 규정되어 있으므로 그것들의 내용 확인도 필요하다.

베트남의 공통된 특징이긴 하지만 노동법 분야의 법개정이 빈번하게 이뤄지고 있어 항상 최신 법령을 확인해 보아야 한다. 현재 노동법은 2012년 공표되어 2014년부터 시행되고 있으며, 2019년 공표된 수정 노동법이 2021년 1월 1일부터 시행될 예정이다. 이번 개정에서는 근로시간, 정년연령 등 중요한 내용을 많이 포함하므로 Part 5(p.156)의 마지막에서 따로 안내하도록 하겠다. 노동 관련 업무는 노동보훈사회부(Ministry Of Labour, Invalids and Social Affairs) (통칭 "MOLISA") 및 그 아래 성(省)급의 노동보훈사회국(Department Of Labour, Invalids and Social Affairs) (통칭 "DOLISA")이 담당하고 있다.

02 근로계약

1 계약 형태

노동법상 근로계약은 그 기간에 따라 ① 기간이 정해져 있지 않은 계약(무기한 근로계약), ② 1년 이상 3년 이하의 기간이 정해져 있는 계약(유기한 근로계약), ③ 계절적 또는 특정 근로를 대상으로 한 12개월 미만인 계약(특정기간 근로계약)의 3종류로 나눌 수 있다.

이 중 유기한 근로계약은 한 번의 갱신만이 허용되며, 1차 근로계약 기간 만료 후 30일 이내에 갱신하지 않을 경우 유기한 근로계약은 무기한 근로계약으로, 특정기간 근로계약은 24개월 유기한 근로계약으로 각각 자동적으로 전환되므로 1차 근로계약 기간 만료 후 형식적이라도 연장합의서를 작성하는 것이 좋다. 현재 갱신 횟수를 1회로 제한한다. 그래서 유기근로계약의 사용상 편의를 저해한다는 이유로 반대 의견이 상당히 많아 향후 법개정에 따라서 철폐 등 완화될 가능성이 있다.

– 시용근로

시용근로는 노동법상 고급의 전문기술근로자는 60일간, 중급 정도의 기술근로자 · 전문인력은 30일간, 그 밖의 경우는 6일간으로 각각 최대 시용기간이 제한되고 있다. 또한 시용기간은 1회에 한정한다. 시용기간 중의 급여는 그 직종에 대해 지급되어야 하는 임금의 85% 이상이어야 한다.

시용기간 후 시용기간 중의 업무가 만족스러운 경우, 사용자는 그 근로자를 정식으로 고용할 의무를 지게 되고, 대상자의 업무수행이 당초에 합의한 요건을 충족하지 못한 경우, 사용자는 사전통지 및 보상의 의무 없이 시용계약을 해지할 수 있다. 시용 결과에 대하여 고도의 전문기술근로자 및 중급 정도의 기술근로자 · 직업자격자의 경우 시용기간 종료일 3일 전까지, 그 밖의 사용근로자의 경우 시용기간 종료일 당일까지 통지하여야 한다.

- 파트타임 근로자

노동법상 파트타임 근로자는 노동법, 취업규칙 등에서 정하는 표준근로시간에 비해 일별 또는 주별 근로시간이 짧은 근로자로 정의되고 있다. 노동법상 파트타임 근로자는 풀타임 근로자와 동등한 임금 및 기타 권리를 가지며 차별되어서는 안 된다고 규정하고 있다.

- 근로계약서 작성 의무

사용자는 근로자와 서면으로 근로계약을 체결하여야 한다. 예외적으로 3개월 미만의 1차적인 근로의 경우 구두상의 근로계약이 허용되고 있다.

근로계약서에는 주로 아래 사항을 기재해야 한다.

ㄱ. 업무내용과 취업장소

ㄴ. 계약기간

ㄷ. 근로시간 및 휴식시간

ㄹ. 급여

ㅁ. 승급제도

ㅂ. 근로자 보호를 위한 설비

ㅅ. 사회보험

ㅇ. 직업훈련

03 취업규칙 · 근로협약

1 취업규칙

10인 이상의 근로자를 고용하는 사용자는 취업규칙을 작성할 의무가 있다. 취업규칙에는 다음과 관련된 사항을 정해야 한다.

- 근로시간 · 휴식시간
- 직장 내 질서
- 근로안전위생
- 고용자의 자산 · 비밀 · 지적재산권 보호
- 근로규율 위반행위 · 근로규율 처분의 방식 · 물적배상책임

실무에서는 위에서 기재한 것과 함께 근로내용, 인사이동, 임금구성과 지급방법, 위반행위의 분류 · 상세(감급부터 징계해고까지의 각 징계사유에 대응하는 사유) 등도 규정되는 경우가 많다.

사용자는 취업규칙 작성 후 10일 이내에 노동조합의 의견서와 함께 성급 노동보훈사회국에 등록하여야 하며, 취업규칙은 당국으로부터 등록신청이 수리된 15일 후에 발효된다. 따라서 취업규칙 작성 시에는 노동조합 집행위원회의 의견을 청취하여야 하며, 노동조합이 없을 경우 상부 노동단체의 집행위원회가 대행하여 취업규칙에 대한 노동단체의 의견서를 작성하여야 한다.

이후 사용자는 근로자에게 취업규칙의 내용을 통지하고 직장 내

중요사항을 게시할 의무가 있다. 취업규칙은 반드시 원하는 기준을 명확하게 정해놓아야 하며, 근로자를 고용한 후에 취업규칙을 만들려고 하면 근로자들의 동의를 구하기 어려울 수 있으므로 고용 전 취업규칙을 작성하는 것이 중요하다.

❷ 근로단체협약

근로협약은 노사간에 단체교섭한 노동조건에 관한 노사합의를 정한 것으로 기업별 집단노동협약 외에 산업별 집단노동협약이 있다. 단체협약의 내용은 법령상 규정보다 근로자에게 유리하게 체결되는 것이 일반적이다.

04 근로시간 및 휴일·휴가

❶ 근로시간

노동법상 근로시간은 1일 8시간, 주 48시간을 초과할 수 없으며, 또한 사용자는 근무시간을 시간 단위, 일 단위 또는 주 단위로 정할 권리를 가지고 있으며, 이때 주 단위의 경우, 1일 10시간을 초과할 수 없고, 한 주에 48시간을 초과할 수 없다.

잔업(시간 외 근무)은 국방·안전보장상 등의 특별한 이유가 없는 한 대상 근로자의 동의가 필요하다.(노동법 106조 2항 a)

그리고 총 잔업시간의 경우 1일 통상업무시간과 합하여 12시간 이내, 월 30시간 및 연간 200시간까지 가능하다. 단, 연간 상한의 경우 일정 업무에 한해서 당국에 서면으로 통지함으로써 연간 300시간까지 연장하는 것이 가능하다.

❷ 휴식시간

사용자는 연속 8시간 근무의 경우 최소 30분(심야근무일인 경우 45분)의 휴식시간(유급)을 부여해야 한다. 그리고 교대제로 일하는 근로자의 야간근무의 경우 다음 근무시간에 들어가기 전에 최소 12시간의 휴식시간이 부여된다. 또한 여성근로자의 경우, 12개월 미만의 아이를 육아하는 여성근로자에게 1일 60분(유급)의 휴식, 그리고 생리중인 여성근로자에게 1일 30분의 휴식(유급)이 부여된다.

❸ 휴일

베트남의 노동법에서는 1주에 최소 1일(연속된 24시간)의 휴일을 제공하도록 규정하고 있으며(노동법 110조) 제도적으로는 주 1일의 휴일을 규정하고 있으나 최근 주 5일 근무를 제공하는 기업도 늘어나고 있는 상황이다.

노동법으로 규정하고 있는 국경일은 아래와 같다.(총 10일)

명칭	일자
신정	1월 1일
구정	음력 1월 1일 및 전후 2일, 총 5일
Hung왕 기일	음력 3월 10일
남부 해방기념일	4월 30일
노동절	5월 1일
국경일	9월 2일

❹ 시간 외 근로 수당 등

사용자는 시간 외 근로에 대하여 아래의 할증임금을 의무적으로 지불해야 한다.

구분	임금 할증율
통상 노동일	150% 이상
주휴일	200% 이상
공휴일 또는 유급 휴가일	300% 이상(월급) 또는 400% 이상(일용직)

그리고 심야근로(오후 10시부터 오전 6시까지의 근로)의 경우 위 임금에 더해 추가로 30%에 상당하는 수당이 지불되며, 또 시간 외 심야근로의 경우 추가로 20%의 수당이 지불되어야 한다. 구체적인 계산방법은 노동보훈사회부 시행령 23호(2015. 06. 23)에 의해 아래와 같이 적용된다.

구분	수당합계
통상 근로일의 시간 외이며 심야일인 경우 수당	150%+30%+(150%×20%)=210%
주휴일의 시간 외이며 심야일인 경우 수당	200%+30%+(200%×20%)=270%
공휴일, 유급휴일의 시간 외이며 심야일인 경우 수당	300%+30%+(300%×20%)=390%

⑤ 휴가

– 연차유급휴가

근로자가 계속해서 12개월 이상 근무한 경우, 최소 연간 12일의 연차유급휴가를 취득할 권리가 있으며, 이 연차유급휴가는 근속 5년마다 1일씩 증가한다. 사용자에게는 미사용 유급휴가를 보상할 의무가 있다.

– 출산휴가

여성 근로자는 출산 전후 6개월의 출산휴가를 가지며, 출산 전 휴가는 2개월을 초과할 수 없고, 또한 쌍둥이 이상의 경우 1인당 1개월의 휴가가 가산된다. 출산휴가 시에는 사회보험사에서 기본급의 75%가 지급되며, 조기 복귀를 희망하는 여성 근로자는 최소 4개월의 출산휴가 경과 후 의사의 진단서를 받은 경우에 한해서 조기 복귀가 가능하다. 이때 여성근로자는 사용자로부터 일반급여와 사회보험사로부터 기본금의 75%의 급여를 지급받을 수 있게 된다.

– 부성휴가

사회보험료를 납부하는 남성 근로자는 자녀 출산일로부터 30일 이내에 자연 분만 시 5일(근무일 기준)의 휴가를 가지게 되며, 제왕절개 분만 및 조산(32주 미만)의 경우 7일, 쌍둥이 출산의 경우 10일(세쌍둥이 출산의 경우 추가 3일), 제왕절개 분만 및 쌍둥이 출산의 경우 14일의 부성 휴가를 사용할 수 있다.

– 경조 등 휴가

근로자는 다음의 경우에 유급 또는 무급으로 경조 휴가를 사용할
수 있다.

구분	휴가일수
본인의 결혼	3일간(유급)
자식의 결혼	1일간(유급)
부모, 배우자, 자식의 사망	3일간(유급)
조부모, 형제자매의 사망, 부모 또는 형제자매의 결혼	1일(무급)

05 임금 등

1 임금

사용자는 고용계약, 취업규칙 또는 노동협약을 통해 각종 법정 수
당을 포함한 임금에 대하여 규정하여야 한다.

2 임금 테이블

베트남 노동법의 특징적인 제도로 사용자는 "임금 테이블" 작성이
의무화되어 있다. 임금 테이블이란 기업별로 작성하는 직위별 임금
등급으로(임금 테이블의 각 레벨 간에는 적어도 5%의 차이를 두어야 함) 사회
보험의 기준이 되기도 한다. 임금 테이블을 책정할 때에는 노동조합
대표(노동조합이 없다면 관할 노동단체의 집행위원회)의 의견을 구하여 노동

보훈사회국에 등록해야 한다.

사용자는 이 임금 테이블을 작성하는 경우 매년 변동되는 최저임금을 고려해야 하며 경기 동향에 따른 물가 변동도 반영하여 임금 테이블을 매년 변경해야 하므로 그 작성이 큰 부담이 되고 있다. 또한 베트남 노동법은 법인 설립 30일 이내에 고용상태를 노동관서에 보고하고 또 변경사항을 6개월마다 보고를 의무화하고 있다. 실질적으로는 보고의무를 준수하는 회사는 많지 않고 보고를 하지 않더라도 별도의 벌금이나 제재를 받는 경우도 보기 힘든 상황이지만, 그러나 만약 노동쟁의나 기타 노동과 관련하여 이슈가 발생되면 문제가 될 소지는 있다. 이에 대기업과 같은 규모가 있는 회사들은 대부분 법규를 준수하고 있다.

❸ 최저임금

최저임금은 노동보훈사회부, 베트남 노동총연맹 및 중앙의 고용자대표조직의 대표자로 구성된 국가임금평의회에 의해 공표된다. (노동법 91조)

지금까지 최저임금(월액)은 다음과 같이 거의 매년 1회 개정되고 있다. 이전과 비교해 상승폭이 안정되고 있기는 하나 그래도 여전히 매년 5%를 넘는 인상률을 보이고 있어 연초 무렵에 결정되는 최저임금 책정에 대해 관심이 집중된다.

지역구분	2015년	2016년	2017년	2018년	2019년	2020년
1지역	3,100,000	3,500,000	3,750,000	3,980,000	4,180,000	4,420,000
2지역	2,750,000	3,100,000	3,320,000	3,530,000	3,710,000	3,920,000
3지역	2,400,000	2,700,000	2,900,000	3,090,000	3,250,000	3,430,000
4지역	2,150,000	2,400,000	2,580,000	2,760,000	2,920,000	3,070,000

- 1지역

호찌민, 하노이, 하이퐁, 빈증, 붕따우

- 2지역

다낭, 껀터, 나쨩, 닌빈, 하이즈엉, 흥옌, 박닌, 타이응웬 등

- 3지역

떠이닌성 일부, 벤쩨성 일부, 짜빈성 일부, 박닌성 일부, 타이응웬성 일부 등

- 4지역

1, 2, 3지역 이외의 지역

※ **참고**

직업훈련을 받은 근로자의 경우에는 상기 최저임금에 7%를 더한 금액이 적용됨.

4 상여금

노동법상 상여금의 지급은 의무가 아니지만 1년에 적어도 한 달치 임금을 상여로 지급하는 것이 일반적이다. 상여 제도를 도입한 기업에서는 상여규정을 직장에 공개하여야 한다.

06 노동조합 · 파업

1 노동조합

- 기본적 성격

베트남의 노동조합은 노동자의 중앙조직인 동시에 행정기관과 협력하여 노동자를 사회적 · 정치적으로 감독하는 조직이다. 노동조합법상에서도 "노동조합은 직원과 노동자층의 커다란 정치 · 사회조직으로서 자주성의 원칙하에 설립되어 베트남 사회주의공화국의 정치체제의 일원이 된다."고 규정하고 있으며, 모든 노동조합은 베트남 노동총연맹(Vietnam General Confederation of Labour) (통칭 "VGCL")에 소속된다.

베트남 노동조합법 제6조는 "노동조합은 자발성에 기초하여 설립된다."라고 규정하므로 그 설립을 강제하는 것은 아니며, 각 기업에 노동조합이 설립되지 않은 경우, 상급 노동조합이 해당 회사의 노동조합의 역할을 수행하게 된다.

이와 같이 베트남의 기업 내 노동조합은 독립된 조직이 아니라 중앙조직인 VGCL의 하부 노동자단체라는 성격을 가진다. 이에 입법개정을 통해 VGCL에 속하지 않는 독립된 기업 내 노동조합을 인정해야 한다는 요구가 많으므로 향후 입법화될 가능성이 있다.

- 노동조합의 권리

노동조합의 권한은 노동협약에 관한 협상, 취업규칙 · 임금표에 관한 의견참가, 노사분쟁 시 노동자 측의 진정, 소송 등 제기 · 참가, 파업지도, 노동규율 위반의 징계처분 심리에 대한 노동자단체 대표자 자격의 출석 등이다. 앞에서 언급된 바와 같이 사업장에 조합이 없는 경우 해당지역 관할 노동단체의 집행위원회가 이를 대신 수행한다.

– 노동조합의 재정

노동조합의 재정을 위해 모든 기업은 사회보험의 기초가 되는 급여의 2%를 노동조합지원금으로 납부하며, 근로자의 급여에서 1%를 조합비로 원천징수한다. 이 회사의 노동조합지원금은 노동조합이 존재하지 않더라도 납부하여야 한다. 그러나 근로자가 노동조합에 가입하지 않는 경우 조합비를 납부할 의무는 없다.

❷ 파업

노동법상의 파업은 파업의 요구 대상을 제한하고 있다. 다시 말해 적법한 파업이란 이익에 관한 집단적 노동분쟁(임금인상 요구 등 새로운 근로조건 변경에 관한 분쟁)의 경우에 한해서 인정되며, 권리에 관한 집단적 노동분쟁(임금미지불 등 합의사항에 대한 위반과 관련된 분쟁)의 경우에는 현행 노동법에서 인정하지 않는다. 다음으로 절차요건으로는 ① 노동조합의 집행위원회 및 생산부문의 장 등으로부터 의견청취를 실시하여, ② 해당 의견청취 결과, 근로자의 50% 이상의 동의를 얻어야 하며, 또한 ③ 적어도 파업을 실시하는 5영업일 전까지 사용자에게 파업의 결정 내용을 사전 통지하여야 한다.

합법적인 파업에 대하여, 사용자는 참가 근로자의 고용계약 해지, 차별적 취급 등의 보복조치가 금지된다. 파업이 국민경제 및 공공의 이익을 심각하게 저해할 우려가 있는 경우, 성급 인민위원회 위원장의 결정에 따라 파업 연기 · 중지명령을 내릴 수 있다.

위와 같이 노동법상의 파업의 요건이 엄격하여, 베트남에서는 매년 수백 건 정도 파업이 발생하고 있으나 그 대부분은 노동법상의 절차요건을 충족하지 않는 불법 파업이라고 할 수 있다.

위의 노동법상 요건을 위반한 파업의 경우 성급 인민위원회 위원장이 해당 파업이 불법임을 선언하고 현급 인민위원회에 통지하여 현급 인민위원회는 통지 수령 후 12시간 내에 노동국, 노동조합 등과 협조하여 고용자, 기업 내 노동조합의 집행위원회 등과 직접 면담하여 사태 해결을 위한 조정을 진행하게 된다. 파업의 합법성의 경우 인민재판소가 합법성의 심사 · 판단 권한을 갖는다.

❸ 직장내 대화

노동법상 사용자는 최소 3개월(2021년 1월 1일부터 6개월로 변경) 1회 또는 사용자 혹은 근로자로부터 요청이 있는 경우에 수시로, 회사의 실적 상황, 고용계약 · 취업규칙 · 노동협약의 내용 주지, 직장 환경, 근로자 측의 요청, 사용자 측의 요청 등에 대하여 대화의 기회를 마련해야 한다. 사업계획의 실시상황 등의 경우 근로자 측에 감독권이 있다. 구체적인 대화 방식은 사용자와 노동조합 집행위원회 또는 근로자 대표자와의 협의라는 형태로 규정되어 있다.

또한 10명 이상의 근로자가 있는 회사에서는 위의 대화와 별도로 12개월에 한 번 근로자회의를 개최해야 하며, 100명 미만의 기업의 경우에는 모든 근로자가 참가해야 하고, 또 100명 이상의 기업인 경우에는 근로자 대표자가 참가하는 회의 형식으로 실시해야 한다.

07 퇴직 · 해고

1 근로계약 종료 사유

노동법상 근로계약 종료 사유는 아래와 같이 한정되어 있다.

- 근로계약기간 종료
- 근로계약에 정해진 업무 종료
- 고용주와 근로자 쌍방 합의
- 사회보험을 수령하기 위하여 필요한 보험가입기간(20년)을 충족하여
  연금수령연령(남자 만 60세, 여자 만 55세)에 도달한 경우
- 근로자에게 자유형(징역 등)이 선고된 경우 등
- 근로자의 사망 또는 실종
- 법인인 사용자가 사업을 폐업한 경우
- 징계해고인 경우
- 근로자 또는 사용자로부터 근로계약이 일방적으로 해지된 경우

- 사용자가 조직변경 · 기술적 이유 · 경제적 이유로 인하여 해고 또는 기업의 합자 · 분할로 인해 해고하는 경우(정리해고)

위 내용 중 특히 중요한 징계해고, 사용자의 일방적 해지 및 정리해고에 대하여 아래에서 상세하게 서술하겠다.

❷ 징계절차

노동법상 인정되는 징계처분의 종류는 처분의 정도가 가벼운 순서대로 경고, 6개월을 한도로 하는 임금인상정지, 강등 및 징계해고로 구분된다. 가장 무거운 징계해고 처분은 다음의 경우에 한해서만 실시할 수 있다.

- 절도, 횡령, 도박, 상해, 약물사용, 영업 또는 기술 또는 지적재산상의 비밀누설, 기타 회사의 자산 또는 이익에 중대한 손해를 끼친 경우 또는 특히 중대한 손해를 끼칠 우려가 있는 행위를 한 경우
- 임금인상 정지 처분 기간 중 또는 강등 처분 후 3년 이내에 다시 동일한 사유에 대해 위반행위를 한 경우
- 정당한 이유 없이 1개월에 합계 5일 또는 1년에 합계 20일 결근한 경우
- 상기 징계해고 사유(특히 첫 번째 항목)를 "회사에 XXX VND 이상의 손해를 끼친 경우" 등 구체적이고 명확한 내용을 취업규칙에 기재하는 것이 좋다.

또한 징계처분의 절차요건으로 규율위반행위에 대하여 행위 발생일로부터 6개월 이내(사용자의 재무, 재산, 영업·기술상의 비밀과 직접 관련해서 위반한 경우에는 12개월 이내)에 처분을 실시하여야 한다.

징계처분을 실시하는 경우 사용자, 근로자, 노동조합 집행위원회의 대리인이 출석한 상태에서 심사를 하고 사용자가 근로자의 규율위반행위에 대하여 입증책임을 지며 근로자는 관련 내용의 변명을할 기회를 가진다.

❸ 사용자에 의한 일방적인 근로계약 해지

사용자에 의한 일방적 해지는 다음과 같은 경우에 인정된다.

- 노동계약상의 의무에 대하여 불이행을 반복할 경우
- 장기간 요양을 요하여 근무가 불가능한 경우
- 천재지변 등 불가항력에 의하여 고용축소가 필요한 경우
- 근로계약의 정지기간 (병역 등) 종료 후 15일 이내에 사업장에
  나타나지 아니한 경우

상기 "노동계약상의 의무 불이행"에 대하여 사용자는 내규를 통해업무 완성도의 판단 기준을 명확하게 규정하고 사전에 노동조합 대표자의 의견을 받은 다음 사내에 공표해야 한다.

사용자가 일방적인 해지를 실시할 때에는 해지 사유와 대상자의근로계약 종류에 따라 다음과 같이 사전통지를 하여야 한다.

구분	무기계약	12~36개월 유기계약	12개월 미만의 유기계약
의무불이행의 반복	45일	30일	3일
장기간 요양에 의한 근무 불가능	3일	3일	3일
불가항력에 의한 고용축소	45일	30일	3일
정지기간 종료 후 미출근	45일	30일	3일

사용자에 의한 해지가 불법하게 이뤄진 경우, ① 대상 근로자가 복직을 희망할 경우에는 사용자가 근로자를 원래 직장에 복귀시키고 근로자가 근로하지 못했던 기간의 임금과 함께 배상으로 최소 두 달치 임금 상당액을 지불하여야 하며(노동법 42조 1항), ② 근로자가 복직을 희망하지 않는 경우에는 근로자를 해고한 다음 ①과 같이 지불하고 뒤에 설명하는 퇴직수당을 지불하여야 한다.

4 정리해고

정리해고는 아래와 같은 경우에 인정된다.

– 조직개편 또는 기술적 변경으로 인해 근로자의 고용유지에 어려움이 발생한 경우
– 경제적 이유로 인해 근로자의 고용유지에 어려움이 발생한 경우
– 기업의 합자 · 분할 등 기업의 재편에 따라서 승계기업이 기존 근로자 전원을 계속 고용하지 못하는 경우

위 첫 번째 항목의 "조직 변경" 또는 "기술적 변경"이란 노동조직 구조 변경 또는 노동의 재편성, 제품 혹은 제품 구조 변경, 또는 프로세스, 기술, 기계, 제조기기 혹은 제품에 따른 사업의 변경을 지칭한다. 위 두 번째 항목의 "경제적 이유"란 국내외 경제적 위기나 경기둔화 혹은 국가경제 기반 재구축 정책 실시와 국제적 약정 실시를 이유로 하는 것을 지칭한다.

위 첫 번째 혹은 세 번째의 경우에는 사용자는 근로자 사용계획을 작성해야 하고 대상 근로자에 대해 후술하는 이직수당을 지불하여야 한다. 그리고 위 가운데 첫 번째 또는 두 번째의 정리해고를 하기 위해서는 노동조합과 사전 협의를 하여야 하며, 노동당국에 30일 전까지 통지하여야 한다. 근로자 사용계획에는 고용을 계속하는 근로자 및 고용 계속을 위해 연수를 실시하는 근로자 리스트 및 인원수, 퇴직하는 근로자 리스트 및 인원수, 파트타임으로 전환하는 근로자 리스트 및 인원수, 해고되는 근로자의 리스트 및 인원수, 계획을 실시하기 위한 방법 및 재원을 규정하여야 하며 계획 수립 시에는 근로자 대표를 협의에 참가시켜야 한다.

⑤ 퇴직 수당 등

위에서 살펴본 근로계약 종료 시에는 그 사유에 따라 사용자는 대상 근로자에 대하여 퇴직수당 · 이직수당 · 배상금의 지불의무를 가지게 된다.

퇴직수당은 근로계약 일반종료에 대해 적용이 되고 사용자는 12

개월 이상 상근 근로자의 근로계약을 해지할 경우, 근속 1년마다 1 개월치 임금의 50% 상당액을 지불해야 한다. 단, 정년퇴직 또는 징계해고 시에는 퇴직수당의 지불 의무는 없다.

한편 이직수당은 정리해고 대상 근로자에 대해 지불하는 것으로 12개월 이상 상근한 근로자를 정리해고할 경우, 근속 1년마다 1개월치 임금의 100% 상당액(단, 최소 월급 2개월치 이상)을 지불하여야 한다.

퇴직수당 및 이직수당을 계산할 때 실업보험이 적용되는 고용기간은 제외되므로 실업보험이 도입된 2009년 1월 1일 이전의 고용기간, 또는 그 이후라도 실업보험이 적용되지 않는 고용기간만 퇴직수당 및 이직수당의 산정 기초기간으로 산입된다.

마지막으로 사용자가 고용계약을 일방적으로 부적절하게 종료시킨 경우, 노동법상의 배상금(최소 2개월치 급여)을 지불할 의무가 있다.

08 노동분쟁의 해결 방법

노동분쟁은 개별적 노동분쟁(근로자 개인과 사용자의 분쟁) 및 집단적 노동분쟁(근로자 집단과 사용자의 분쟁)으로 구별되며, 집단적 노동분쟁은 권리에 관한 분쟁(합의사항에 대한 위반에 관한 분쟁을 의미하고 예를 들면 임금 미지급이 이에 해당된다) 및 이익에 관한 분쟁(새로운 근로조건 형성에 관한 분쟁을 의미하고 예를 들면 임금인상이 이에 해당된다)으로 구별할 수 있다.

개별적 노동분쟁의 경우, 법원에 대한 불복신청을 하기 전에 우선 노동조정관의 조정절차를 거쳐야 한다. 노동조정관을 통하여 조정이 이루어지지 않은 경우, 각 당사자가 노동중재위원회 또는 법원을 통한 해결을 진행할 수 있다. 근로자는 권리침해를 알게 된 날로부터 6개월 이내에 노동조정을 신청하여야 하며, 법원제소의 경우 1년 이내에 그 해결을 요청할 수 있다.

한편 집단적 노동분쟁 가운데 권리에 관한 분쟁이 발생한 후에 노동조정관의 조정이 성립되지 않은 경우에는 현급 인민위원회 위원장이 조정을 실시하고, 현급 인민위원회 위원장에 의한 조정도 성립되지 않은 분쟁에 한해서만 법원에 제소할 수 있게 된다.

그리고 이익에 관한 분쟁이 일어난 후에 노동조정관의 조정이 성립되지 않으면 노동중재위원회(성급 인민위원회가 설립)에 조정이 위탁되고, 해당 조정에서도 해결되지 않은 경우에는 노동조합이 파업을 실시할 수 있게 된다.

09 공적보험

베트남의 노동 관련 공적보험에는 ① 질병수당 · 임신출산수당 · 산재 · 직업장애수당 · 퇴직연금 · 유족 위로금을 내용으로 하는 사회보험, ② 실업보험 및 ③ 건강보험이 있다.

위 내용의 경우 최근 법령 개정이 빈번한 분야이므로 항상 최신 법령을 확인하여야 한다. 최근 크게 개정된 점은 ①의 협의의 사회보험에 대해 고용기간 1개월 이상 3개월 미만의 계약으로 일하는 베트남인 노동자 및 취업허가증을 보유하여 베트남에서 일하는 외국인 근로자도 가입을 강제하는 법 개정이 이뤄져 2018년 1월 1일부터 시행되고 있다.

②의 실업보험은 실업 원인을 불문하고 실업자(실업 전 24개월간 12개월분 실업보험료를 납부 완료하는 것이 조건)에게 실업 전 최근 6개월간의 평균 급여의 60% 상당액(단, 지역별 최저임금의 5배를 초과하지 않는다)을 가입기간에 따라 3개월에서 12개월 사이에서 지급한다.

※ 베트남 직원의 3대 공적보험 정리

보험구분		보험료	
		회사부담	개인부담
사회보험	퇴직연금 및 유족급여	14%	8%
	질병 및 출산급여	3%	
	산업재해급여	0.5%	
실업보험		1%	1%
의료보험		3%	1.5%
합계		21.50%	0.5%

※ 외국인 직원의 사회보험 납부 일정

보험구분		2018/12/1~2021/12/31		2022-01-01	
		회사부담	외국인	회사부담	외국인
사회보험	퇴직연금 및 유족급여	-	-	14%	8%
	질병 및 출산급여	3%	-	3%	
	산업재해급여	0.5%	-	0.5%	
실업보험		1%	1%	1%	1%
의료보험		3%	1.5%	3%	1.5%
합계		7.5%	2.5%	21.5%	11%

10 개정 노동법 2019 내용(2021년 1월 1일 실행 예정)

현재 노동법 2012와 비교하여 개정 노동법 2019의 변경 내용은 다음과 같다.

구분	현 노동법 2012	개정 노동법 2019
수습기간	고급전문기술근로자 최대 60일	고급전문기술근로자 최대 180일 한달미만 근로자 수습기간 없음
근로계약서	무기한근로계약, 유기한근로계약 (1년~3년) 특정기간근로계약(1년 미만)	전자근로계약서 인정 유한계약의 연장삭제, 특정기간근로계약 형태삭제
	고령, 외국인근로자 연장계약 최대 2회	고령, 외국인근로자 다회 유한계약 가능
초과근무 시간	월최대 근무시간 30시간 년최대 근무시간 200시간	월최대 근무시간 최대 40시간 년최대 근무시간 최대 300시간
공휴일	9월 2일 독립기념일 당일만	9월 2일 독립기념일 전후로 1일 추가
최대급여 지급지연	최대 30일 이후 지연 이자	최대 15일 이후 지연 이자
근로계약 해지		추가)근로자의 거짓정보제공과 5일 이상 무단 결근 시 가능
정년	남자 60세, 여자 55세	2035년까지 남자 62세, 여자 60세로 점진적 상향

PART 6
공증

외국인 혹은 외국 기업이 베트남에 법인을 설립하는 경우에 투자자에 대한 서류를 요청받거나 한국의 은행, 회사, 거래선 등에서 베트남 회사와 관련된 서류의 제출을 요청받는 경우가 있다. 이러한 경우 제출 서류의 진위를 확인하기 위해서 공증 혹은 아포스티유를 발급받아야 한다.

01 공증이란?

공증이란 특정한 사실 또는 법률관계의 존재를 공적으로 증명하는 행정 행위이다. 일반적으로 공증 권한을 가진 공증인(일반적으로 변호사)이 진행한다. 일반적으로 원본대조필(Certified True Copy)은 공증인이 문서의 진위여부를 책임지지 않고, 원본과 사본이 동일하다는 것만을 증명하며, 공증 의뢰인이 직접 공증인 앞에서 계약서나 위임장 등을 작성 및 서명을 하는 경우에는 해당 문서는 법률적으로 유효성을 인정받게 된다.

02 아포스티유(Apostille)란?

한 국가에서 발행된 문서가 다른 국가에서 인정을 받기 위해서는 발행국에서 문서의 국외사용을 위한 법적 확인(legalization)이 필요하다. 우리나라는 2007년 문서발행국가의 권한 있는 당국이 자국 문서를 확인하고 협약 가입국이 이를 인정하는 내용을 골자로 한 외국 문서에 대한 인증의 요구를 폐지하는 협약(일명 아포스티유 협약)에 가입하여 한국 정부에서 아포스티유 인증이 가능하다. 그러나 베트남은 아포스티유 조약에 가입하지 않았으므로 베트남 외교부 혹은 지정된 베트남 공증인 사무소에서 공증받은 후 해당 서류를 제출 국가의 대사관에서 영사공증을 받아야 한다. 한국에 제출하는 서류의 경우에는 주 베트남 한국대사관에서 영사확인을 받아서 사용하게 된다.

03 영사확인 대상 문서

- 베트남 공무원이 공증한 공문서 : 결혼증명서, 출생증명서,
  공립학교 졸업증명서 등
- 베트남 공증인이 공증한 사문서 : 개인 또는 회사에서 발행하는 사문서

04 공증 및 영사확인 절차

– 베트남 발행 문서의 베트남 영사확인 방법

· 사문서의 경우에는 베트남 공증인에게 공증을 받아야 한다.

  베트남 공증기관에서 문서공증 후 주 베트남 한국대사관에서

  영사확인을 받는다.

· 공문서의 경우에는 베트남 외교부 영사국의 공증을 받은 후 주 베트남

  한국대사관의 영사확인을 받아야 하는데 최대 2일의 시간이 소요된다.

– 한국 발행 문서의 베트남 영사확인 방법

· 사문서의 경우에는 한국 내 법률사무소 공증(베트남 제출 시 번역을

  요하는 서류의 경우 번역 공증 필요)을 받은 후 한국 내 외교부

  영사확인 후 주한 베트남대사관 영사확인(인증)을 받은 다음에

  베트남 관계기관에 제출하면 된다.

· 공문서의 경우는 한국 내 외교부 영사확인(베트남 제출 시 번역을 요할

  경우 한국 내 법률사무소 번역 공증 후) 받고 주한 베트남대사관

  영사확인(인증) 후 베트남 관계기관에 제출하면 된다.

05 공증 및 영사확인 주의사항

1) 사전에 제출처와 사용 용도를 확인하여야 한다.

공증의 내용에 따라 진행절차가 달라질 수 있으므로 사전 확인이

필요하다.

2) 공증인의 공증 확인서는 발행 전 반드시 제출처에 사전 확인을 받는 것이 좋다.

절차 진행 중 공증인이 공증 확인서의 초안을 제공할 경우에는 사전에 제출처에 제출하여 제출처에서 원하는 내용이 반영되어 있는지를 확인하는 것이 좋다. 공증과 영사확인까지는 비용과 시간이 많이 소요되므로 다시 발행하는 일이 발생하지 않도록 주의하여야 한다.

3) 모든 국가에서 아포스티유가 가능한 것은 아니다.

베트남의 경우 아포스티유 조약에 가입하지 않아 베트남에서 발행되는 사문서의 경우에는 한국대사관의 영사확인 절차를 통하여 확인을 받은 문서를 한국에 제출하게 된다. 경우에 따라 문서를 제출할 관공서, 은행 등에서 이런 절차의 차이를 모르고 아포스티유만을 고집하는 경우도 있으므로 사전에 확인과 협의를 하는 것이 좋다.

PART 7
자주 묻는 질문

Q. 법인 설립 후 은행계좌 개설은 언제까지 하여야 하는지요?

Answer

법인 설립 후 은행계좌 개설의 기한은 없습니다. 다만 ERC 발급 후 90일 이내에 자본금이 납입되어야 하므로 자본금계좌는 자본금 납입을 위하여 자본금 납입 전 개설되어야 합니다.

Q. 은행계좌 개설까지 시간이 얼마나 걸리며 계좌 개설 후 어떤 것들을 받게 되나요?

Answer

일반적으로 계좌 개설은 1~3일 정도 소요되며 은행에 따라 기간은 차이가 날 수 있습니다. 일반적으로 자본금계좌와 일반계좌(동화 및 달러 계좌)를 개설하게 되며, 인터넷 뱅킹용 OTP 등을 받게 됩니다.

Q. 해외직접투자 신고는 꼭 해야 하는지요?

Answer

한국거주자 혹은 한국의 회사가 해외에 직접투자를 하는 경우에는 반드시 해외직접투자 신고를 하여야 합니다. 한국과 외국 국가 간 조세 협약 체결, 세계적인 탈세 방지 움직임 등을 감안하면 해외직접투자 신고는 반드시 하실 것을 권해드리고 있습니다.

Q. 해외직접투자 신고 시 주의할 점은 없는지요?

Answer

해외직접투자 신고는 한국의 외국환 거래 은행에서 진행하게 되고 회사의 투자정보를 신고하고, 향후 변경신고, 연례 보고에 대하여 이해해야 합니다. 실제 신고 시 작은 은행 지점의 경우, 해외직접투자 신고를 진행해 본 경험이 없을 수도 있으므로 가급적이면 해외직접투자 경험이 있는 주변의 큰 지점에서 신고를 진행하는 것이 좋습니다.

Q. 직원을 고용하는 경우 고용주가 주의해야 할 점을 알려주시기 바랍니다.

Answer

고용주가 주의해야 하는 것은 아래와 같습니다.

1) 근로자와 반드시 고용계약을 체결해야 합니다.

2) 고용주는 사업을 시작한 날로부터 30일 이내에 관할 성, 시의 인민위원회 위원장 앞으로 고용에 관한 계획서를 작성하여 제출을 해야 합니다.

3) 노동법, 사회보험법, 의료보험법 등에 정해진 규정을 반드시 준수해야 합니다.

4) 10명 이상의 근로자를 고용하는 고용주는 문서로 작성된 취업규칙을 근로자 집단조직과 협의완료 후 10일 이내에 시, 성급 국가노동관서에 등록해야 합니다.

5) 근로자로부터 노동조합 설립에 관한 요청이 있는 경우에는 이를 지원해야 합니다.

6) 고용주는 직급별, 등급별로 임금표를 작성해야 합니다. 이때 근로자의 급여는 정부에서 지정하는 최저임금을 초과하여야 합니다. 특히 최저임금은 지역에 따라서 다르며, 매년 변경되므로 고용주는 주의를 기울여야 합니다.

Q. 베트남은 한국과 같은 퇴직금 제도가 있는지요?

Answer

베트남은 한국과 동일하게 12개월 이상 근무한 근로자의 근로계약이 종료되는 경우 지급하면 됩니다. 퇴직금은 "근무기간(연수)×퇴직 직전 6개월 월평균임금×1/2"의 산식에 따라 산정됩니다. 단, 기간 산정은 2009년 1월 1일 실시된 실업보험 이전의 기간이므로 현실적으로 적용되는 직원은 드뭅니다.

Q. 베트남에도 정년퇴직 제도가 있는지요?

Answer

베트남에도 정년퇴직 제도가 있습니다. 남자는 60세, 여자는 55세에 정년퇴직을 하게 됩니다. 노동법 제187조에 의하면 사회보험을 20년 이상 납부한 근로자의 경우 남자는 60세, 여자는 55세부터 퇴직연금을 수령할 수 있습니다. 또한 2035년까지 남자 62세, 여자 60세로 점진적 상향조정할 예정입니다.

Q. 새로 설립된 법인입니다. 한국에서 직원을 파견할 계획인데 어떤 비자를 신청하면 될까요?

Answer

단기간 출장일 경우는 1개월 혹은 3개월 상용비자를 발급받으면 됩니다. 장기간 파견일 경우 노동허가서(Work Permit)와 임시거주증을 발급받아야 하며, 해당 비자를 발급받을 경우 최장 2년까지 베트남에 거주할 수 있고, 개인소득세를 납부해야 합니다.

Q. 노동허가서와 임시거주증 발급 기간이 얼마나 걸리나요?

Answer

우선 노동허가서와 임시거주증을 발급받기 전에 일반적으로 상용 비자로 베트남에 입국하여 근로하게 됩니다. 이때 베트남에 입국 전 비자발급에 필요한 여권 사본, 범죄경력조회서, 경력증명서, 졸업증명서를 한국에서 번역공증 및 영사/대사관 인증 확인을 받아 와야 합니다. 해당 서류가 모두 구비된 후 신청하면 노동허가서와 임시거주증 발급까지 2~3개월이 소요됩니다.

Q. 베트남은 명절과 국경일 연휴 기간에는 공공기관은 업무를 하나요?

Answer

베트남의 공공기관은 주 5일제 근무를 하고 있습니다. 일반 기업의 경우, 노동법상 주당 최대 근무시간은 48시간 이내이므로 주 6일 근무가 가능하므로 근로계약 시 협의하여 결정하면 됩니다. 최근 주 5일 제를 채택하는 회사들이 늘어나고 있는 상황입니다.

Q. 베트남에서 보세창고를 이용한 중계무역을 진행하려고 합니다. 가능할런지요?

Answer

보세창고를 이용한 중계무역은 가능합니다. 이때 관세와 부과세는 발생하지 않으며, 수입/수출신고는 필요하지 않습니다. 실제 창고료 등에 대해서는 물류업체나 창고업체와 협의해야 합니다.

보세창고의 경우, 중계무역 뿐만 아니라 베트남에 수출하려는 제품을 보세창고에 보관하고 베트남 내 주문에 빠르게 대응하거나, 관세 부가세를 유보할 수 있으므로 금융비용의 절감, 구매처를 찾지 못하는 경우에 반송수출을 하는 경우에 이용될 수 있습니다.

Q. 베트남에서 원산지증명서(C/O, Country of Origin)는 어떻게
발급받는지요?

Answer

베트남 원산지증명서는 베트남 세관의 사이트를 통하여 신청하고 실물은 방문하여 수령하면 됩니다. 보통 2~3일 이내 발급됩니다.(http://www.ecosys.gov.vn/Homepage/HomePage.aspx)
보통 물류회사나 컨설팅회사에서 대행하고 있습니다.

Q. 기업과 개인 간 용역계약이 가능한지요? 또한 근로계약 대신
'단기 용역계약'의 체결도 가능한지요?

Answer

예, 가능합니다. 단, 근로계약을 통한 고용인의 의무를 회피하려는 목적이라면, 피고용인의 권리를 제한하는 것으로 노동법에 위반됩니다.

Q. 수습기간에도 사회보험료를 납부해야 하는지요?

Answer

수습기간에는 사회보험료 납부의 의무가 없습니다. 이를 수습계약서에 명기하는 것이 좋습니다.

Q. 베트남 노동법은 회사는 임신 중이거나 12개월 미만의 아이를 양육하는 직원을 일방적으로 해고할 수 없습니다.
이 경우 해당 직원의 직무를 변경하는 것은 가능한지요?

Answer

회사와 직원이 합의하는 경우에는 가능합니다. 단, 새로운 직무의 급여가 전보다 낮은 경우, 피고용인은 근무일 기준 30일 간의 전 봉급을 받을 수 있습니다. 새로운 직무의 봉급은 반드시 전 봉급의 85% 이상이어야 합니다.

Q. 근로계약 기간 중 직원이 일방적으로 그만둔 경우, 근로계약을 어떻게 처리해야 하는지요?

Answer

만일 직원이 근로계약을 일방적으로 파기하였다면, 회사는 직원에게 월급의 50%의 배상금을 청구할 수 있습니다. 직원은 7일 이내에 배상하여야 합니다.

Q. 유한회사의 투자자가 회사인 경우, 회사의 법적 대표자 등을 고용할 때는 근로계약서에 누가 서명을 할 수 있는지요?

Answer

회사를 대표하여 법적 대표자가 서명을 할 수 없으므로, 이사회의 의결만으로 충분하여 회사 대표의 서명을 하지 않아도 가능합니다. 만일 법적 대표자가 서명을 요구한다면, 이사회가 서명할 사람을 의결하여, 서명하게 하면 됩니다.

Q. 직원이 일을 잘 못합니다. 이 직원을 해고하고 싶은데, 직원이 동의하지 않습니다. 이 경우에는 어떻게 하여야 하는지요?

Answer

아쉽지만, 일을 잘 하지 못한다는 객관적인 기준이 없으므로 직원이 동의하지 않는다면, 직원과의 근로계약을 계약기간 도래 전 해지하기 어렵습니다. 가능한 한 근로계약서 작성 시 해고 사유를 자세히 기재하는 것을 제안드립니다.

Q. 회사가 직원의 직업훈련을 시켜주며, 교육 후 몇 년 동안은 반드시 근무해야 한다는 계약을 하였습니다. 그런데 직원이 현재 그 기간 도래 전 퇴사하겠다고 합니다.
이 경우 훈련비를 회사에서 보상받을 수 있는지요?

Answer

예, 가능합니다. 이 경우 직업훈련 전에 직업교육계약서를 작성하고 계약서에는 교육 대상이 된 업무, 교육 장소 및 기간, 교육 비용, 교육 후 고용인을 위해 근무를 약속한 시간, 교육비 환급, 책임,고용인의 책임을 명시하여야 하며, 직원 교육을 위해 해외로 파견된 경우, 교육비는 해외 체류 기간 동안의 여행 경비와 생활비도 포함됩니다.

Q. 베트남의 한국인 직원도 사회보험을 납부하여야 하는지요?

Answer

베트남의 외국인 직원도 사회보험을 납부하도록 규정하고 있습니다. 외국인 직원의 사회보험 납부 일정은 아래와 같습니다.

기간	구분	외국인근로자	고용주
2018년 12월 1일 ~2021년 12월 31일	질병 및 출산	-	3
	산업재해 및 직업병	-	1
	질병 · 사망	-	-
	합계	-	4
2022년 1월 1일 이후	질병 및 출산	-	3
	산업재해 및 직업병	-	1
	질병 · 사망	8	14
	합계	8	18

성부장과 배과장은 아토즈 베트남 컨설팅의 도움을 받아서 비자를 발급받고, 계좌 개설을 완료하였다. 현지 직원들을 고용하면서 아토즈 베트남 컨설팅에서 한국의 노무관리와 비교하여 차이점과 주의점에 대하여 면밀하게 안내를 받았다.

역시 양국의 관습이 다르므로 조심해서 노무관리를 해야 한다는 것을 느꼈다. 이로써 모든 준비가 갖춰졌고 본격적으로 베트남 법인을 운영할 수 있다는 자신감이 생겼다.

Chapter 4

베트남 법률 준수(Compliance)

성부장과 배과장은 업무를 진행하면서 기본적인 HR 업무, 영업 업무에 대하여 어느 정도 자리를 잡았다고 생각하여 회사를 내부적으로 안정화시키는 일에 대하여 관심을 가지기 시작했다.

특히 최근에 한국 본사에서도 컴플라이언스에 대한 중요성을 강조하면서 베트남 법인도 문제가 없는지를 본격적으로 들여다보게 되었다. 매출과 이익 뿐만 아니라 회사 관련자, 시민단체 등도 중요한 사업 파트너이므로 사전에 문제가 발생하지 않도록 관리할 필요성을 느꼈다.

PART 1
법률 준수(Compliance)

베트남을 포함한 동남아시아 각국에 진출하는 한국기업이 고민하는 문제 가운데 하나가 법률 준수 문제이다. 그중에서도 많은 베트남 진출 기업들이 겪게 되는 문제 중 하나로 뇌물공여/수수 문제를 들 수 있다. 베트남인과 한국인의 법률 준수 의식 차이와 문화 차이, 현지법인의 인적 자원의 한계 등으로 인해 문제가 발생하면 그 해결이 쉽지 않아 뇌물공여를 통한 해결을 시도하는 경우도 많지만, 2018년 시행된 신(新) 형법하에서는 민간기업 직원에 대한 뇌물공여 행위에 대하여도 뇌물공여죄가 성립될 수 있기 때문에 각별한 주의가 요구되고 있다.

01 뇌물공여/수수에 관한 규제

1 베트남의 실정

실제 업무상 투자등록증(IRC)을 신청할 때 혹은 부가세 환급신청 시에 관할 행정당국으로부터 금전의 제공을 요구받거나, 또 일상생활에서도 교통위반 등으로 경찰에 적발된 경우 위반 사실을 묻지 않는 대가로 얼마간의 금전 지급을 요구받는 등의 일이 발생하고 있는 상황이며, 최근에는 외국 투자자가 관련된 뇌물공여/수수 범죄가 적발되어 처벌을 받는 경우가 드물지 않게 발생하고 있다.

2 뇌물공여/수수 규제의 개요

베트남에서 공무원에 대한 뇌물공여를 단속하는 기본적인 법률은 형법 364조 및 2005년 55호 독직방지법이다. 독직방지법은 공무원 등에게 적용되고 공무원의 뇌물수수행위에 관한 규제를 규정하고 있다. 형법 364조는 뇌물수수 쪽뿐만 아니라 뇌물공여 쪽에도 적용되고 뇌물공여 및 수수행위에 관한 형벌을 정하고 있다.

3 공무원 뇌물공여/수수 행위의 요건

베트남에서 공무원 뇌물공여죄는 형법 364조에서 정하고 있으며 그 내용은 아래와 같다.

- 대상(뇌물받는 쪽)

형법 364조에서는 '직무, 권한을 가진 자와 그 밖의 자 또는 그 밖의 조직'에 대하여 뇌물공여 행위를 하는 것이 금지되어 있으나 이것만 보면 그 구체적인 내용이 명확하지는 않다. 또한 공무원 뇌물공여죄는 형법 제23장 '직무에 관한 범죄'의 주체를 '임명, 선거, 계약 또는 그 밖의 방법을 통해 급여 유무를 불문하고 일정 공무수행을 위탁받고 또 해당 공무수행에 관하여 일정 권한을 가진 자'로 규정하고 있다.

다른 한편으로는 독직방지법에서는 뇌물수수의 주체로 '지위 및/또는 권력을 가진 자'로 정의한 다음 아래의 사람을 예시로 들고 있는 점에서 형법상으로도 공무원 뇌물공여죄의 대상은 아래의 사람으로 해석할 수 있다.

ㄱ. 공무원

ㄴ. 베트남 인민군의 기관 또는 군대의 공무원, 하사관, 직업군인 또는 방위업무에 종사하는 자 또는 베트남 인민경찰의 기관 또는 군대의 관리, 하사관 또는 직업기술관

ㄷ. 국유기업의 이사 또는 경영자(managers) 또는 국가가 출자한 기업의 대표자인 이사 또는 경영자

ㄹ. 임무 또는 공무를 할당받고, 또 해당 임무 또는 공무 수행에 관한 권력을 가진 자

– 주관적 요건

형법상 '뇌물공여자의 이익을 위해서 또는 그 요청에 응해서 직무, 권한을 가진 자가 무언가 행위를 하거나 또는 하지 않는 것'을 의도하여 뇌물공여를 하는 것으로 규정되어 있는 점에서 뇌물수수 측의 지위 또는 권한 내에서 뇌물공여 측의 이익으로 연결되는 행위를 하거나, 행위를 하지 않도록 하는 목적인 주관적 요건('독직의 의도' 등)을 가질 필요가 있다. 따라서 위 주관적 요건을 충족시키지 않는 한 베트남법상 공무원 뇌물공여죄는 성립되지 않는다고 이해되고 있다.

– 뇌물공여

형법상 200만 동 이상의 가치가 있는 뇌물을 공여하는 것이 공무원 뇌물공여죄의 성립 요건이다. 다만 뇌물공여의 가치가 200만 동 미만이더라도 조직적으로 이뤄진 경우, 사기수단을 이용한 경우, 국가재산을 이용한 경우, 직무/권한을 이용한 경우 또는 2회 이상 이뤄진 경우 중 어느 하나에 해당하는 경우 공무원 뇌물공여죄는 성립된다.

또한 200만 동이라는 수치기준 외에 '비재산적 이익'이라는 기준이 마련되어 있어 수치로 환산할 수 없는 경우이거나 실질적으로 200만 동 미만으로 보이는 뇌물이더라도 비재산적 이익으로 판단될 가능성도 있다. '비재산적 이익'의 해석은 아직 확립된 것이 없으므로 향후 실무동향에 유의할 필요가 있다.

❹ 공무원 뇌물공여 행위 적용이 제외되는 경우

형법상 공무원 뇌물공여죄에 관한 적용제외 규정이 있어 뇌물공여를 받은 자가 당국이 탐지하기 전에 자발적으로 이 사실을 보고한 경우에는 공무원 뇌물공여죄가 적용되지 않는다.

그런데 앞에서 서술한 바와 같이 뇌물수수 측의 지위 또는 권한 내에서 어떠한 행위 또는 불행위를 유발할 목적이 없다고 평가할 수 있는 경우에는 일정 지불에 대해 주관적 요건을 충족하지 않는다고 판단되어 공무원 뇌물공여죄가 성립하지 않는다고 해석될 수 있다. (다만 베트남법상 명확한 규정은 없고 광범위한 관계당국의 재량에 따르게 된다는 점에 유의해야 한다.)

또 이것 외에도 독직방지법 및 그 하위규범인 공무원에 대한 증답품에 관한 결정에서 아래 요건하에서 공무원이 소액의 증답품/접대를 받는 것이 인정된다.(동 결정12조 4항) 또한 독직방지법은 공무원 측을 규율하는 규정이므로 뇌물공여자는 처벌 대상이 아니다. 따라서 뇌물공여자는 50만 동을 초과하는 증답품을 제공하더라도 형법상 공무원 뇌물공여죄의 요건인 200만 동 미만이라면 처벌받지 않는다.

- 증답품/접대와 관련된 비용이 50만 동을 초과하지 않을 것
- 증답품/접대가 공휴일, 생일, 또는 결혼식과 같은 적법한 행사와 관련되어 이뤄질 것
- 공무원이 그 지위 또는 권한 내의 특정 의무 이행 또는 불이행의 결과로 증답품/접대를 받지 않을 것

5 민간기업의 임직원에 대한 뇌물/리베이트 공여

1999년에 공포된 구(舊) 형법하에서는 베트남의 공무원 뇌물공여죄는 법령에서 정하는 일정 공적 지위를 가진 자에 대한 뇌물공여 행위만을 대상으로 하고 있었기 때문에 민간기업 임직원에 대한 뇌물공여 등에는 적용되지 않았다. 그러나 2012년에 민간 은행의 임원이 고객 대출편의를 줄 목적으로 해당 고객으로부터 수수료를 개인적으로 수령한 것에 대해 '뇌물수수죄'로 유죄판결이 내려진 사례가 발생하는 등 법령과 실무 간에 괴리가 있고 민간기업 임직원에 대한 뇌물공여죄 성립 여부가 불명확한 상황이었다.

이런 상황에서 2018년 1월 1일 시행된 현 형법에서는 '외국공무원, 공공국제조직의 공무원, 국유기업 외 기업, 조직에 직무를 가진 자에게 뇌물을 공여하거나 공여하려고 한 자도 본 조 규정에 입각하여 처리된다'고 규정하고 있다. 이로써 민간기업 임직원 간의 뇌물 제공에 대한 뇌물공여죄가 성립되었다. 이에 민간기업에서도 민간 리베이트 제공에 대하여 회사 내 규정을 만드는 것이 좋겠다.

02 경쟁법

1 베트남의 실정

베트남에는 도이머이 정책에 따라 시장경제 도입이 시작되어

2007년 WTO 가입을 위한 국내법 정비가 진행되었고, 그 과정에서 2005년에 경쟁법이 제정/시행되었다. 이로 인해 카르텔 등 경쟁제한 행위 및 사업자의 시장지배력 남용행위가 금지되어 기업결합에 관한 사전신고제도도 마련되었다. 그러나 실제 그 운용과 집행은 지금까지 저조했다고 할 수 있다.

신경쟁법이 2019년 7월 1일 시행되었으며, 그로 인한 주요한 변화는 첫 번째, 경제집중 신고요건 기준에 대해 현행법 기준인 시장점유율에서 경제집중을 행하는 사업자의 매출액으로 변경할 것, 두 번째, 자진신고제도의 도입, 세 번째, 경쟁제한적 협정 금지에 관한 합계 시장점유율 요건의 삭제 등이 있다. 위와 같이 현재 베트남에서 경쟁법이 엄격하게 운용되고 있다고는 말하기 힘들지만 개정법 시행에 따라 동법의 운용이 엄격해질 것이 예상되므로 향후 동향을 예의 주시할 필요가 있다.

❷ 경쟁법 규제의 개요

– 관련 법령

베트남에는 위 2005년 경쟁법과 함께 동법의 하위규범인 경쟁법에 관한 시행령, 경쟁법 분야의 위반 행위에 관한 시행령, 경쟁법의 행정절차에 관한 시행령 등이 경쟁법 관련 규정이다. 또한 일정 경쟁법 위반행위의 경우 2018년 1월 1일부터 시행되고 있는 형법에도 규제가 포함되어 형사법의 대상이 된다는 점에도 유의할 필요가 있다.

경쟁법은 주로 카르텔 및 수직적 거래제한, 시장지배적 지위의 남용, 불공정한 경쟁, 기업결합을 규제 대상으로 하고 있다.

– 집행기관

경쟁법의 집행기관은 상공성의 관할하에 있는 베트남경쟁관리국(Vietnam Competition Authority : VCA) 및 베트남경쟁위원회(Vietnam Competition Council : VCC)이다. 베트남경쟁위원회는 독립된 기관이며, 경쟁위원회의 조직구성에 관한 시행령, 상공성의 제안에 입각하여 수상이 지명한 11명에서 15명의 멤버로 구성된다.

– 절차

베트남경쟁관리국은 위반행위와 관련된 서류를 수리한 경우, 또는 위반행위를 발견한 경우, 30일 이내에 예비심사를 실시하고 정식심사를 실시할 것인지 여부를 결정한다. 정식심사 기간은 90일 이내이며 최장 60일간의 기간 연장을 2회까지 실시할 수 있다. 경쟁관리국은 정식심사 후, 심사보고서를 경쟁위원회에 송부한다.

경쟁위원회는 사건처리위원회를 설치하여 30일 이내에 심사를 실시할지 여부를 결정한다. 심사를 하기로 결정한 경우, 경쟁위원회는 해당 결정으로부터 15일 이내에 심판을 개시해야 하며, 해당 심판에서는 공판심리가 열리고 변호인도 입회할 수 있다. 또한 공판심리는 공개이지만 국가기밀이나 상업비밀과 관련된 경우에는 비공개로 이뤄진다.

그리고 해당 사건처리위원회 결정에 불복할 경우에는 사건처리위원회에 불복신청서를 송부함으로써 경쟁위원회에 대해 불복신청을 할 수 있다. 사건처리위원회가 불복신청서를 수리한 경우, 해당 사건처리위원회는 경쟁위원회에 의견서를 송부해야 하고 경쟁위원회는 불복신청서 수령 후 30일 이내에(최장 30일 연장 가능) 심리를 개시해야 한다. 또 해당 불복신청 결과에 대해 이의가 있는 경우, 행정소송을 제기할 수 있다.

– 벌칙

경쟁위원회는 위 절차에 의거하여 심판을 실시하고 위반한 기업 또는 개인에 대하여 경고 또는 제재금을 부과할 수 있다. 또 위반이 중대한 경우에는 라이선스 취소나 위반행위에 관여된 설비 등의 압수도 실시할 수 있다.

이 밖에 경쟁위원회는 시장지배적 지위를 남용한 기업의 재편성, 합자한 기업의 분할 또는 인수한 기업의 매각, 제품회수 등의 시정조치, 계약 및 거래에 있어 위법조항 삭제, 기타 경쟁 제한을 시정하기 위해 필요한 조치를 취할 수도 있다.

또 위 행정법 이외에 2018년 1월 1일부터 시행된 형법에서는 아래와 같이 경쟁법상의 카르텔 및 수직적 거래제한(경쟁제한적 행위)에 대하여 형사처벌이 가능하게 되었으므로 주의가 필요하다.

❸ 담합 행위(경쟁제한적 행위)

베트남의 경쟁법은 담합 행위(경쟁제한적 행위)로 다음의 8가지를 규정하고 있다.

담합의 종류	시장 점유
상품 또는 서비스의 가격담합	참가 사업자의 시장 점유율이 30% 이상의 경우
상품 또는 서비스의 판매시장, 유통망 분할하는 담합	
상품의 생산량, 구입량, 판매량, 서비스의 공급량을 제한하는 담합	
기술개발, 투자를 제한하는 담합	
거래 상대방에 대하여 신규 매매계약에 대하여 조건을 지정하거나 계약사항에 직접 관계 없는 의무를 강요하는 담합	
다른 사업자의 신규 참여나 사업의 확대를 제한	시장점유율을 따지지 않음
담합에 참가하지 않는 사업자를 시장에서 배제	
입찰 조작을 공모하는 담합	

위와 같이 일정 경쟁제한적 담합에 대해 현행법에서는 담합을 체결하는 사업자가 차지하는 관련시장에서의 시장점유율 합계가 일정 수준 이상일 경우에 한해 담합 체결이 금지되어 있다.

4 시장지배적 지위 및 독점적 지위남용 행위

경쟁법은 다음 표와 같이 지배적 지위와 독점적 지위를 나눈 다음 각각 금지되는 행위 유형을 규정하고 있다.

유형	요건	금지행위
지배적 지위	한 회사의 시장점유율이 30% 이상일 경우, 또는 경쟁의 제한능력을 가진 경우 두 회사의 시장점유율이 50% 이상 세 회사의 시장점유율이 65% 이상	- 경쟁자를 배제할 목적으로 원가 이하로 상품판매 또는 용역을 제공하는 행위 - 부당한 판매가격이나 최저 재판매 가격을 결정하여 고객에게 손해를 야기한 경우 - 상품 또는 서비스의 생산이나 유통의 제한, 시장의 제한 또는 기술개발의 방해로 고객에게 손해를 야기한 경우

	네 회사의 시장점유율이 75% 이상 (상당한 시장지배력을 가진 기업)	- 경쟁상 불평등을 가져올 목적으로 동종의 거래에 있어 다른 거래조건을 적용하는 행위 - 상품이나 서비스의 구입 또는 판매계약 시 거래상대방에게 조건을 부과하거나 해당 계약사항에 직접관계 없는 의무를 상대방에 강요행위 - 신규 경쟁자의 시장 참여를 막는 행위
독점적 지위	시장에 경쟁상대가 될 수 있는 다른 기업이 없는 경우	- 상기 행위 전부 - 고객에 불이익 조건을 부과 - 독점적 지위를 남용하여 합리적인 이유가 없음에도 불구하고 일방적으로 계약을 변경하거나 파기

5 불공정 경쟁

경쟁법은 불공정 경쟁행위를 사업윤리 기준에 반하는 행위로 국가, 기업, 소비자의 이익에 손해를 끼치는 행위로 정의하며, 다음의 행위가 금지된다.

유형	금지행위
불공정 경쟁	- 부정확한 정보 제공 - 경영상의 비밀 침해 - 사업자에 대한 강요행위 - 타 사업자에 대한 허위정보 유포행위 - 타 사업자의 영업행위를 방해하는 행위 - 불공정한 경쟁을 목적으로 하는 광고활동 - 불공정한 경쟁을 목적으로 하는 판촉활동 - 사업자 조합에 의한 차별적 행위 - 불법적인 다단계판매행위 - 기타 위 정의 규정에 따라 정부에서 정하는 불공정경쟁행위

⑥ 자진신고자감면제(Leniency Policy)

베트남국회에서 가결되어 2019년 7월 1일부터 시행된 신경쟁법(Law on Competition 2018)에 의거하여 자발적으로 국가경쟁위원회(National Competition Committee)에 신고한 경우, ① 국가경쟁위원회에 의한 조사결정이 이뤄지기 전일 것, ② 국가경쟁위원회에 대해 최초로 신고하는 기업일 것 등의 일정 조건을 충족하면 벌칙 적용 면제를 받을 수 있다고 규정하고 있다.

⑦ 경쟁법 집행상황

경쟁관리국이 공표한 연간 운영보고서에 따르면 경쟁법 집행상황이 저조한 수준이 이어지고 있지만 위와 같이 2019년 경쟁법 개정안의 시행으로 동법의 운용이 엄격해질 것도 예상되므로 향후 동향을 주시할 필요가 있다.

03 개인정보 보호

베트남에서는 아직 개인정보 보호에 대한 의식이 일반적으로 낮고 개별법으로 개인정보보호법이 존재하지 않는다. 하지만 민법, 소비자권리보호법, 전자상거래법 등 법령 안에 개인정보에 관한 규정이 있고 이것 외에도 2016년 사이버정보법이 정비되는 등 법 정비도 활발하게 이루어지고 있어 향후에는 정보관리에 관한 법제도가 엄격해질 것으로 예상된다. 따라서 관련 동향을 파악하는 것이 향후 베트남의 법률 준수 관점에서 중요해질 것이라고 생각된다.

민법에서는 '개인의 사적생활, 비밀, 가족의 비밀은 불가침이며 법령에 의해 보호된다.'고 규정한 다음, '개인의 사적생활, 비밀과 관련이 있는 정보의 수집, 보유, 사용, 공개는 그 자의 동의를 얻어야 한다.'고 하고 있고, 프라이버시와 관련된 개인정보 보호를 규정하고 있는 것 외에도 '계약체결 과정에서 상대방 당사자가 비밀로 했던 정보를 득한 일방 당사자는 그 정보의 비밀 유지 책임을 가지며 자기의 개인적 목적 또는 기타 불법적인 목적을 위해서 그 정보를 사용해서는 안 된다.'고 하고 계약 체결 과정에서 득한 개인정보를 포함하여 정보 보호를 규정하고 있다.

그리고 기업과 개인의 역학관계 차이를 전제로 한 개인정보 보호에 관한 법규범으로는 소비자권리보호법도 중요하다. 동법은 기업측이 강력한 정보 수집력을 가진다는 것을 전제로 하고 ① 소비자 정보의 수집/사용 목적을 사전에 소비자에게 명확히 통지한다. ② 소비자의 승인을 득한 다음에 통지한 목적에 따라서 소비자 정보를 사용한다. ③ 소비자 정보를 수집/사용/양도할 때, 안정성/정확성을 충분히 확보한다. ④ 정보의 부정을 발견한 경우, 스스로 또는 소비자가 그 정보를 업데이트/수정할 수 있는 방법을 강구한다. ⑤ 소비자의 승인이 없는 한 소비자 정보를 제3자에게 양도해서는 안 된다고 규정하고 있다.

인터넷상의 개인정보를 관리한다는 관점에서는 전자상거래법에 관한 시행령이 중요하다. 동 시행령에서는 전자상거래 웹사이트를 통해 개인정보를 수집/사용하는 자는 개인정보에 관한 정책을 웹상에서 공개해야 하며, 수집/관리한 개인정보의 안전성을 보장하고 해킹, 불법 접속, 불법 이용 및 불법 변경 또는 파괴를 방지하기 위한 조치를 취해야 한다고 규정하고 있다. 또 2016년 7월 1일에 시행된 사이버정보보호법에도 개인정보를 취급하는 기업 또는 개인은 수집/관리한 개인정보를 보호하기 위해서 적절한 관리 및 기술적 조치를 취하도록 요구하고 있으며 기술상의 문제 또는 어떤 위험이 발생한 경우에는 신속하게 개선 또는 저지하기 위한 조치를 취해야 한다고 규정하고 있다.

이상과 같이 베트남에서는 개인정보보호법에 관한 하나의 개별법은 없지만 개인정보 보호와 관련된 규정이 각종 법령에서 규정되어 있는 상황이다. 앞으로도 개인정보 관리에 관한 법제도가 점점 더 엄격해질 것으로 예상됨에 따라 베트남에 진출하는 기업은 이들 법령을 준수하도록 주의해야 할 필요가 있다.

04 인권 ────────────

최근 기업활동이 점점 국제화되고 있는 가운데 선진국 기업의 국경을 초월한 비즈니스 활동이 베트남과 같은 신흥국가에서 근로자 등의 인권에 대해 악영향을 미치는 사례가 증가하고 있어, 이러한 기업활동에 대한 국제사회의 감시가 강화되고 있다.

예를 들어, 베트남에서 유명한 사례는 다소 오래됐지만, 1990년대 나이키 위탁공장에서 일어난 노동문제를 고전적인 사례로 들 수 있다. 해당 사례에서는 베트남의 나이키 위탁공장에 대해 미국의 인권 NGO가 아동노동과 저임금노동 등의 노동문제를 지적한 것이 계기가 되어 파업과 나이키상품 불매운동 등으로 발전했다. 또 최근 한국기업도 베트남과 같은 신흥국가의 자회사 공장이나 위탁기업 공장 등에서 발생한 인권침해 문제가 NGO의 지적을 받아 언론에 보도되는 등의 사태가 발생하기 시작했다.

위의 사례에서도 알 수 있듯이 최근에는 사업의 주체인 기업 자신뿐만 아니라 그 위탁업체 등 거래기업의 인권에 대하여도 책임을 묻는 분위기이다. 나아가 최근에는 선진국 투자자와 금융기관 등이 자신의 투자대상 기업에 대하여 인권에 대한 배려를 요구하는 등, 각 기업의 국제적인 사업전개 전반에 영향을 미치는 일도 나타나고 있다.

베트남이 아직 이러한 '비즈니스와 인권'을 둘러싼 문제에 대해 특정 입법 등이 이뤄지는 상황은 아니지만 국제적으로는 각종 노력이 진행되고 있다. 이와 관련하여 중요한 것 중 하나가 2011년 UN인권이사회가 채택한 '비즈니스와 인권에 관한 지도원칙'을 들 수 있다. 지도원칙에서는 기업이 인권을 존중해야 하는 책임을 명확히 하고 그 책임은 국내법 및 규칙의 준수를 초월하는 것으로서 각 기업이 국경을 초월한 사업에서 인권을 존중할 것을 요구하고 있다.

기업 스스로의 활동을 통해 발생한 인권침해뿐만 아니라 거래관계에 있는 기업의 사업, 제품 또는 서비스와 직접적으로 연결되어 있는 인권에 대한 부정적인 영향에 대하여도 방지 또는 경감하도록 노력할 것을 요구하고 있다. 따라서 기업은 예를 들어 제조 위탁업체 같은 거래관계에 있는 기업의 인권침해에 대하여도 그것의 방지 또는 경감조치를 취할 필요가 있다. 기업이 취해야 하는 구체적인 행동으로서 인권존중책임을 다한다는 방침에 따른 노력, 인권 보호에 관한 실제 확인 실시, 기업이 원인을 제공한 인권에 대한 악영향에 대한 구제절차 정비가 필요한 상황이다.

해외 창업 길라잡이 - 베트남편

성부장과 배과장은 법률 준수 관련 문제에 대하여 아토즈 베트남 컨설팅으로부터 안내를 받으면서 베트남이 현재 발전 과정에 있으면서 불합리한 부분이 아직 존재하고는 있지만 빠른 속도로 개선을 해 나가고 있다는 것을 느꼈다.

이번 확인을 계기로 베트남 내에서 대한상사는 관련한 문제가 없는지를 점검하고 한국과 베트남의 관습의 차이로 문제가 생길 가능성은 없는지 점검하였다. 높은 법률 준수 기준에 맞춰서 대한상사의 이름에 손해를 끼치는 일이 없도록 하고자 다짐하였다.

*C*hapter 5

베트남 회계 및 감사

성부장은 회사가 본격적으로 운영되어 매입, 매출, 비용이 발생하기 시작하면서 점차 회계 등 세무 관련 내용 등을 정리를 하고 넘어갈 필요성을 느꼈다.

싱가포르에서도 아토즈의 도움을 받아서 회계에 대한 기본 개념을 잡았으나 베트남에는 베트남만의 회계 특징이 있는 것으로 판단되어 불안한 느낌이 들기 시작했다. 때마침 한국 본사 관리부서의 지시에 따라 베트남 회계에 관한 기본적인 내용을 정리하게 되었다.

PART 1
회계제도

01 회계 개요

베트남의 회계제도는 2003년에 제정된 회계법으로 규정되어 있다. 베트남에서 사업을 하는 법인은 회계법에 입각하여 베트남 회계시스템(Vietnamese Accounting System), 베트남 회계기준(Vietnamese Standards on Accounting)을 따라야 한다.

베트남 회계제도의 큰 특징은 1995년부터 베트남 회계시스템이 정해졌다는 것이다. 이것은 통일된 계정과목 코드를 모든 회사에게 의무화하고 재무제표 양식의 통일, 회계장부, 증빙서류 분류방법 등, 세부사항까지 규정되어 있어 기업에서 작성하는 경리매뉴얼 같은 것이다.

예전의 베트남기업에서는 국제회계기준 등 일반적으로 공정 타당하다고 인정되는 회계기준을 각각 선택하여 재무부(MOF : Ministry of Finance)로부터 인가를 받아 채용했으며, 일반기업에서도 복식부기 방식으로 회계처리를 한다는 관습이 확립되어 있지 않았으므로 재무

제표 간의 비교가능성 확보와 세무상 공정성을 확보하는 것이 과제
였다. 이에 재무부는 국제회계기준에 입각한 회계기준 정비와 함께
계정과목 체계와 재무제표 양식, 증빙 관리방법까지 정한 경리 매뉴
얼 같은 것을 베트남 회계시스템으로 정리하고 회계업무 수준 향상
을 도모했다.

이 규정이 현재도 유효하며, 베트남에서 사업을 하는 기업은 반드
시 이 규정에 따라야 한다.

02 회계 관련 법규

2003년의 회계법에서는 베트남 회계기준에 준거한 회계처리를 할
것, 그리고 베트남 회계시스템에 따라 경리업무를 할 것을 규정하고
있다.

법규	내용
회계법	회계에 관한 가장 기본이 되는 법률. 모든 사업체를 대상으로 함
베트남 회계기준	IFRS를 기반으로 작성. 베트남에서 사업을 하는 사람은 당 기준에 따라서 회계처리를 함
베트남 회계시스템	계정과목 체계나 재무제표의 양식, 분류 방법, 증빙의 분류 등까지 규정하는 경리 매뉴얼과 같은 것. 외국기업이라도 당 시스템에 따라야 함
증권법	공개기업의 경우 위의 조건에 추가하여 증권법 및 세부규칙에 따라야 할 필요가 있음.
증권거래소 규정	상장기업의 경우 위의 조건에 추가로 상장한 거래소의 규정에 따라서 공개해야 할 필요가 있음.

03 회계기간

베트남의 회계기간은 1월 1일부터 12월 31일까지의 역년(曆年)으로 한다. 다만 사전에 세무당국의 승인을 받으면 결산일의 변경이 가능하다. 실무적인 관점에서는 한국 모기업의 회계기간과 맞추기 위해 12월 말 결산을 선택하는 것이 일반적이다.

회계기간을 변경하는 경우에도 회계감사 및 연차 법인소득세 신고기한은 결산일로부터 90일 이내로 동일하다. 다만 회계기간을 변경한 경우에도 개인소득세 확정신고 기간은 1월 1일부터 3월 31일까지이며, 이전 년도 1월부터 12월까지의 소득의 신고한다.

현행 베트남기업 대부분은 12월 말 결산이고 회계감사 및 법인소득세 신고기한은 3월 말이다. 베트남은 현재 회계법인의 수가 부족한 상황에서 한정된 기간에 감사업무가 집중되므로 회계법인의 감사가 기한 내에 완료되지 못하는 경우가 발생하기도 한다. 12월 말을 피해서 결산일을 설정함으로써 이러한 리스크를 회피하는 방법도 있다.

또 회계기간은 12개월로 정해져 있지만 설립 후 첫해 년도에 한해서는 최대 15개월을 회계연도로 할 수 있다. 예를 들어서 2017년 11월에 설립이 완료된 기업은 2017년도 회계감사 및 연차 법인소득세 신고가 필요 없고 2018년도분과 합산하여 회계감사 및 법인소득세 신고를 하게 된다.

04 회계장부

회계법에 의하면 베트남 기업은 회계장부를 작성하고 보존해야 하는 의무가 있다. 회계장부는 분개장, 총계정원장 등으로 구성되며, 장부는 베트남어로 표기해야 한다. 또 작성된 회계장부는 회계연도 말부터 10년 동안, 회계처리의 근거가 되는 청구서와 납품서, 영수증 등 증빙서류와 함께 보존해야 한다. 보존기간에 위반이 있는 경우나 허위기재가 있는 경우에는 2,000만 동 이하의 과태료가 부과된다.

회계서류에는 외부기업과의 거래에 관한 의무적 서류와 내부 거래에 관한 임의서류 2종류가 있다.

05 증빙서류

베트남 회계시스템에는 증빙서류 작성절차와 관리방법, 파일링 방법에 관한 사항에 이르기까지 세부사항별로 규정되어 있다.

증빙은 크게 ① 현금 및 예금에 관한 것, ② 매출에 관한 것, ③ 재고자산에 관한 것, ④ 고정자산에 관한 것, ⑤ 임금에 관한 것의 5 가지로 분류된다.

증빙의 작성과 보존에 관하여 2011년에 제정된 시행령에 의해 벌칙이 정해져 있고, 증빙의 내용이 일부 불충분한 경우에는 벌금 20 만~200만 동, 증빙의 서명이 부적절하거나 또는 세금계산서의 송부

누락 등이 있는 경우에는 벌금 200만 동~1,000만 동, 증빙에 위조가 있는 경우나 증빙을 파기해버린 경우 등에는 벌금 1,000만 동~3,000만 동이 부과되므로 증빙 관리를 잘하여야 한다.

베트남 증빙 중에서 특히 주의해야 할 것은 기업이 물품이나 서비스를 제공하고 발행하는 부가세 세금계산서이다. 거래 시 부가세 세금계산서를 수령하지 못하는 경우 매입부가세분을 매출부가세와 상계할 수 없게 된다. 베트남 로컬기업과의 거래에서 금액이 크지 않은 경우, 상대기업이 부가세 세금계산서를 발행할 수 없다는 경우가 발생한다. 또 로컬기업이 발행하는 부가세 세금계산서는 대개 기재 누락 또는 오기가 많으며, 만일 중요사항의 기재누락 및 오기에 대하여 세무조사시 지적을 받게 되면 이 비용에 대한 손금산입이 인정되지 않을 가능성이 있으므로 부가세 세금계산서를 수령할 때에는 세심한 주의를 기울여야 한다.

부가세 세금계산서를 사용할 경우 관할 세무서에 등록을 해야 하며, 매입부가세 및 매출부가세 정보를 분기별로 관할 세무서에 보고해야 하는 의무도 있다. 분실, 내용의 수정과 관련하여 절차가 법정화되어 있어 취급 시 신중해야 한다.

또 부가가치세액의 계산 및 법인소득세 손금 계산 시에도 부가세 세금계산서 및 기타 세금계산서가 매우 중요한 증빙자료이다.

세금계산서는 크게 다음의 3가지로 구분된다.

- 수출상품, 서비스 수출용 세금계산서

- 국내의 통상적인 부가세 세금계산서
- 외국계약자 세금의 간주과세 방식으로 직접 부가가치세를 부담하는 회사가 국내에서 공급하는 상품 · 서비스에 대해 사용하는 판매용 세금계산서

현재 종이세금계산서와 전자세금계산서가 함께 사용되고 있으나 2020년 11월 1일부터는 전자세금계산서만 인정된다.

06 기장통화

기장통화는 베트남 동화이다. 다만 수출가공형 기업 및 외국과 거래가 많은 기업의 경우, 관할 세무서에 통지를 함으로써 외화로 기장하는 것도 인정된다. 이 경우 회사의 설립 직후에 관할 세무서에 통지해야 하며, 외화로 기장을 한 경우에는 결산일의 베트남중앙은행 환율 기준으로 하여 베트남 동으로 재무제표를 작성해야 한다.

07 기장언어

기장언어는 베트남어로 기장하여야 하며, 영어, 한국어 등 베트남어 이외의 언어를 병기하는 것이 인정된다.
또 연차결산서 및 감사보고서 등 회계 관련 서류는 물론 세무신고

서류 및 행정절차와 관련된 서류는 모두 베트남어로 작성해야 한다. 따라서 한국인 주재원 또는 한국의 모기업의 이해를 위해 관련 서류를 번역해야 하는 부담이 있다.

08 계정 코드표

베트남에는 회계법에 의해 기업의 기장 시에 사용되는 계정과목이 지정되어 있다. 재무부 지정 계정 코드표(Chart of Account)라 불리는 것이다. 베트남에서는 전업종에서 통일된 계정과목을 사용해야 한다. 이것은 동일한 계정 코드표를 통해 업종이 다른 기업 간 비교를 용이하게 하려는 것이 목적이다. 계정 코드표의 계정과목은 총 8개의 코드로 구성되어 있으며, 앞의 4자리는 변경이 불가한 자산, 부채, 자본, 수익, 비용의 고유코드이지만, 나머지 4자리는 회사의 내부 규모 및 성격에 따라 추가하여 사용할 수 있다. 예를 들면, 현금은 111이며 세분화하면 베트남 동에 의한 소액현금은 1111이 되고 외국통화에 의한 소액현금은 1112이다.(※부록. 계정 코드표 참조)

실무상에서도 계정과목명이 아니라 계정과목에 매겨진 번호로 과목을 부르는 것이 일반적이다. 예를 들어서 회계 담당자가 회계사무소에 회계처리 방식에 대해 질문하는 경우, "이런 경우 142(선급비용)와 242(장기선급비용) 중 어느 쪽으로 기장할까요?"와 같이 대화가 이뤄진다.

09 경리장(Chief Accountant)

회계법에 따르면 모든 외국기업은 경리장이라 불리는 자격을 보유한 자를 고용하여야 한다. 다만 회사 설립 1년차에 한해서는 경리장을 임명하는 대신에 회계 책임자를 지명할 수 있다. 이 경리장은 직접 고용하는 것뿐 아니라 회계사무소에 위탁도 가능하다.

경리장은 기업의 회계와 관련된 책임을 지며 기업의 회계 부문 매니지먼트를 담당한다. 예를 들면 지불의 승인을 하거나 회계부문 직원교육, 결산서류 작성 및 관리 감독을 담당한다. 또 회계장부, 결산서, 수표, 은행계좌 개설 시 등의 필요서류에는 경리장의 서명이 필요하다.

자격취득을 위해서는 회계 관련 대학 졸업 후 2년 이상의 실무경험과 재무부의 6개월 과정의 경리장 교육을 수료 후 경리장 시험에 합격하여야 한다. 경리장 시험은 6개월에 한 번씩 있으며 합격율은 10% 정도이다.

베트남의 한국기업도 경리장을 임명할 필요가 있는데 외국기업이 계속해서 증가함에 따라 채용이 어려워지고 있다. 특히 5, 6년 이상의 실무경험을 가진 인재가 매우 부족한 상황이다.

이에 규모가 큰 기업의 경우 직접 경리장을 고용하고 있지만 규모가 작은 진출 기업에서는 경리장을 채용하지 않고, 경험이 적은 경리 직원을 고용 후 교육하여 회계 관련 관리직으로 육성하고 경리장의 업무의 경우 회계사무소에 위탁하는 경우가 많다.

10 베트남 회계 프로그램

베트남에서 사용하는 대표적인 회계 소프트웨어에는 FAST, MISA, Keyman 등이 있다. 베트남에서는 다른 나라에 보급되어 있는 SAP, Tally 또는 퀵북 등은 거의 사용되지 않는다. 기장언어를 베트남어를 사용해야 하는 것이 독자적인 회계 프로그램이 보급된 원인으로 생각된다. 또한 베트남에서는 회계 소프트웨어를 사용하여 세무신고 서류를 작성할 수 없다. 재무부가 배포한 세무신고 소프트웨어를 사용하여 각종 신고서 작성을 하게 된다.

PART 2
회계기준

01 베트남 회계기준의 주요 특징

회계법에 의하면 베트남에서 사업을 하는 법인은 베트남 회계기준에 따라야 한다고 규정하고 있다. 이 가운데서 특징적인 회계 처리는 다음과 같다.

1 토지

베트남에서는 토지가 국가소유라고 인식되고 있어 토지 사용권을 획득한 경우에도 장기 선급비용으로 계상한 다음 최장 50년간에 걸쳐서 비용화하게 된다.

2 환차손익

환차손익은 통상 발생한 기(期)에서 손익처리를 해야 한다. 하지만 공사건설과 관련된 채권채무에서 발생하는 환차이고 영업개시 전에 발생한 환차손익의 경우 재무상태표의 순자산에 계상하여 영업을 개시한 시점으로부터 최대 5년 동안 상각처리할 수 있다.

❸ 회사 설립비, 개업비

영업 개시 전까지 발생한 설립비/개업비는 영업 시작 후 3년 동안 상각처리가 가능하다. 설립비/개업비의 예로는 법인설립 비용, 영업 개시 전 외부교육훈련비, 광고비 등이 포함되며, 실제 비용 인정을 받기 위해서는 정식세금계산서 등 관련 증빙을 보관하여야 한다.

진출 직후에 이익을 전망할 수 없는 경우, 이연상각 처리를 선택함으로써 매출과 비용을 대응시킬 수 있다.

02 베트남 회계기준 및 국제 회계기준의 차이

현재 베트남은 2020년까지 현재 회계기준인 베트남회계시스템(VAS, Vietnamese Accounting Standards)을 대신하여 국제 회계기준(IFRS)의 도입을 준비하고 있다. 현재 베트남회계시스템(VAS) 기준하의 현행 회계기준은 기업의 자산과 부채를 정확하게 반영하지 못하고, 감손회계, 자산제거 채무와 관련된 규정, 퇴직금 관련 회계, 금융상품 관련 회계기준 등이 발효되지 않은 점과 국제 회계기준에 대응하는 베트남의 회계기준이라 하더라도 완전하게 일치되지 않는 경우도 있다. 하나의 예로 베트남 회계기준에서는 여전히 취득원가주의를 채용하고 있어 국제 회계기준의 공정가치나 시장가치에 관한 기준은 아직 적용되지 않고 있다.

따라서 베트남의 자회사가 연결대상이 될 경우, 베트남 회계기준에 따라 작성된 재무제표를 기초로 하여 국제 회계기준에 입각한 재무제표로 변경한 후 연결재무제표를 작성하게 된다.

베트남 회계기준과 국제 회계기준의 주된 차이점은 다음과 같다.

항목	베트남 회계기준	국제 회계기준
재무제표의 표시	규정된 양식 이용	회사별로 상황에 맞춰 정할 수 있음
재고자산의 평가	후입선출법도 가능	후입선출법 불가
토지	장기선급비용으로서 계상하고 비용화	유형고정자산으로 토지를 계상
개업 전 비용의 이연자산 인정	3년 이내에 이연상각 가능	이연자산으로 인정하지 않음
감손회계	미도입	도입 완료
이연법인세 회계	이연법인세 자산/부채는 예상 실현 시기에 따라 유동 혹은 비유동, 고정/부채로 표시	이연법인세 자산/부채는 비유동 자산/부채에 계상

- 베트남 회계기준 내용

기준번호	회계기준명
기준 01	일반기준
기준 02	재고자산
기준 03	유형고정자산

기준 04	무형자산
기준 05	부동산
기준 06	리스 회계
기준 07	관계회사 투자
기준 08	합자회사의 자본 출처에 관한 재무정보
기준 10	환율변동효과
기준 11	기업결합
기준 14	수익 및 기타 수익
기준 15	공사계약
기준 16	차입원가
기준 17	법인세
기준 18	우발채무
기준 19	보험계약
기준 21	재무 보고서
기준 22	은행 등의 재무제표에 관한 표시
기준 23	보고기간 후 사건
기준 24	현금흐름표
기준 25	연결재무제표 및 자회사 투자
기준 26	관련 당사자에 관한 정보
기준 27	중간 재무제표
기준 28	영업부문
기준 29	회계 방침의 변경, 표시 방법의 변경
기준 30	주당 이익

PART 3
회계정보 공개제도

01 공개 내용

　비공개주식회사와 공개주식회사 모두 재무제표인 재무상태표, 손익계산서, 현금흐름표, 부속 명세표의 공개가 요구된다. 공개회사는 ① 주식공모를 하고 ② 주식이 증권거래소에 상장되어 있고 ③ 주식을 100명 이상의 투자자가 소유하고 또 납입된 설립자본금이 100억 동 이상인 주식회사를 말하고, 비공개회사는 위에 해당하지 않는 주식회사를 말한다. 상장기업이 되면 연차 재무제표와 함께 분기별 재무제표 공개가 필요하다. 그리고 통화단위는 베트남 동으로 표기된다. 언어도 베트남어로 표기가 요구되지만 영어 또는 기타 언어를 병기하는 것은 인정된다.

　그리고 베트남의 회계기준에는 재무제표 표시항목까지 규정되어 있다. 손익계산서 구분은 재무활동에 의한 손익이 판매비 및 판매관리비보다 상위에 위치하는 것이 특징적이다. 다시 말해서 베트남에서 영업이익이라 하면 이자소득 및 비용 등도 포함되는 점이 다르므로 주의가 필요하다.

- **손익계산서 표시 구분**

1. 매출액

2. 매출원가

3. 매출총이익

4. 재무활동에 의한 수익

5. 재무활동에 의한 비용

6. 판매비

7. 일반 관리비

8. 기타 수익

9. 기타 비용

10. 영업이익

11. 법인세

12. 세후이익(손실)

02 결산 일정과 재무제표 공개 의무

유한회사, 비공개주식회사와 공개주식회사의 결산 일정은 아래와 같다. 기업은 회계법에 따라 결산일 후 90일 이내에 시 통계국(하노이의 경우, cục thống kê hà nội)에 감사를 완료한 재무제표를 제출해야 한다. 또한 결산일 후 90일 이내에 세무당국(하노이의 경우, cục thuế hà nội)에 법인세 신고를 하여야 하므로 결산일 후 90일 이내에는 결산과 감사를 완료하여야 한다. 추가로 비공개주식회사의 경우, 결산일 후 4개월 이내에 정기주주총회를 개최해야 하며, 주주총회 전 10일 전까지는 주주들에게 재무제표를 공개해야 한다.

공개회사와 주식회사의 경우 회계법과 함께 증권법에 따라 재무제표를 공개할 의무가 있다. 해당 법에 의하면 결산일 후 90일 이내에 감사를 완료하고 감사 종료일 후 10일 이내에 결산내용을 공개해야 한다. 따라서 결산일 후 100일 이내에 재무제표를 공개해야 할 의무가 있는 것이다. 그리고 상장기업인 경우 증권거래소 규정에 따라 분기별 재무제표 공개가 요구된다.

분기별 재무제표는 분기 결산일 후 20일 이내에 공개해야 한다.

03 재무제표 관련 작성 시 위반에 벌칙

2011년에 공표된 시행령 No. 39/2011/ND-CP에 따라 회계정보 공개와 관련하여 아래와 같은 위반사항이 있는 경우에는 최대 3,000만 동의 벌금이 부과되므로 주의가 필요하다.

- 결산서 제출기한으로부터 3개월 이상 지연된 경우
- 회계장부상 정보 및 증빙에 적합하지 않은 결산보고서를 작성한 경우
- 결산서에 위조가 있는 경우

－ 감사대상기업이 감사보고서를 첨부하지 않고 결산보고서만을

  제출한 경우

PART 4
감사제도

01 감사 대상 회사

베트남의 회계감사 대상은 외국기업, 신용기관, 은행, 금융기관, 보험회사, 개발원조를 실시하는 투자신탁회사, 국영기업, 특정 투자 프로젝트이며, 회계감사법의 시행령(Decree No. 105/2004/ND-CP)에 의해 규정되어 있다.

여기서 말하는 외국기업은 1%라도 외국인 개인 혹은 외국 법인이 출자를 한 회사로 해석되기 때문에 한국계 기업은 규모와 관계없이 감사를 받아야 한다. 또한 위의 대상과 함께 베트남의 상장기업 및 상장기업 외 공개회사의 경우 증권법의 규정에 따라 외부감사를 받는 것이 의무사항이다.

베트남 정부는 베트남의 모든 기업 및 조직은 회계감사를 받아야 한다고 권장하고 있지만 회계법인의 수를 감안할 때 현실적으로 어렵다고 할 수 있다.

02 감사 대상 기간

외국기업은 1년에 1번 독립된 회계감사인에 의한 회계감사를 실시해야 한다. 예외적으로 첫해 대상 기간이 3개월 미만이고 익년도의 12개월과 합계하여 15개월 이내인 경우, 첫해와 익년도를 합산하여 최장 15개월로 감사를 받을 수 있다.

이 경우에는 사전에 첫해의 회계기간을 재무부에 신고하여야 한다. 이것은 회사 설립 직후에는 공장 건설 등의 설립 준비 등으로 최초 3개월은 사업활동이 실질적으로 이뤄지지 않는다고 생각되어 익년도와 합산하더라도 큰 차이가 없다는 취지라고 볼 수 있다.

03 감사 내용

감사보고서는 베트남어로 기재하는 것이 필수이지만 감사계약서에 명기함으로써 베트남어 감사보고서와 함께 기타 언어에 의한 감사보고서도 작성 가능하다.

감사인은 감사 결과를 바탕으로 다음 4종류 의견 중 하나를 감사보고서에 첨부한다.

1. 적정 의견(Unqualified Opinion, ý kiến chấp nhận toàn phần)

적정의견은 감사 결과 작성된 재무제표가 베트남 회계기준에 준거하여 적정하게 작성되었다고 감사인이 판단하였을 때 표명하는 의견이다.

2. 한정 의견(Qualified Opinion, ý kiến ngoại trừ)

감사 결과 적정의견을 표명할 수는 없지만 문제되는 요소가 기업의 계속성 또는 재무제표의 신뢰성에 영향을 줄 정도는 아니므로 한정적으로 재무제표가 적정하다는 것을 표명하는 의견이다.

3. 의견 거절(Disclaimer of Opinion, từ chối đưa ra ý kiến)

의견 거절은 감사 결과 의견을 표명하기 위한 충분한 정보를 득하지 못했으므로 의견을 표명할 수가 없는 경우에 제시하는 의견이다.

4. 부적정 의견(Adverse Opinion, ý kiến không chấp nhận)

감사 결과 재무제표가 베트남 회계기준에 준거했다고 말하기 힘들고 공개하는 것이 부적당하다고 판단될 때 제시하는 의견이다.

베트남 회계감사기준(VSAs, Vietnamese Standards on Auditing)의 내용은 아래와 같으며, 국제 회계감사기준을 바탕으로 부분적인 변경을 하여 적용하고 있다.

- 베트남 회계감사기준(VSAs)과 국제 감사기준(ISA)

기준번호	베트남 감사기준 내용	국제 감사기준 내용
200	재무제표 감사의 목표 및 기본원칙	독립된 감사인의 전반목적 및 감사기준에 따른 감사의 수행

210	감사계약	감사업무 조건의 합의
220	감사업무의 품질 관리	재무제표감사의 품질 관리
230	감사문서	감사문서
240	부정과 오류	재무제표감사에서의 부정에 관한 감사인의 책임
250	재무제표감사에서의 법률과 규정의 고려	재무제표감사에서의 법률과 규정의 고려
260	지배기구와의 커뮤니케이션	지배기구와의 커뮤니케이션
265		내부통제 미비점에 대한 지배기구와 경영진과의 커뮤니케이션
300	재무제표감사의 계획수립	재무제표감사의 계획수립
310	사업의 이해	
315		기업과 기업환경에 대한 이해를 통한 중요한 왜곡표시 위험의 식별과 평가
320	감사 중요성	감사의 계획수립과 수행에 있어서의 중요성
330	평가된 위험에 대한 감사인의 대응	평가된 위험에 대한 감사인의 대응
400	리스크 평가 및 내부감사	
401	IT환경하에서 감사순서	
402	서비스조직을 이용하는 기업에 관한 감사 고려사항	서비스조직을 이용하는 기업에 관한 감사 고려사항
450		감사중 식별된 왜곡표시의 평가
500	감사증거	감사증거
501	감사증거 - 특정 항목에 대한 구체적인 고려사항	감사증거 - 특정 항목에 대한 구체적인 고려사항
505	외부확인	외부확인
510	초도감사 - 기초잔액	초도감사 - 기초잔액
520	분석적 절차	분석적 절차
530	표본감사	표본감사
540	회계 추정치의 감사	공정가치 등 회계추정치와 관련 공시에 대한 감사

545	합리적 가치의 계산과 표시에 관한 감사	
550	특수관계자	특수관계자
560	후속사건	후속사건
570	계속기업	계속기업
580	경영자의 확인서	서면진술
600	다른 감사인이 수행한 업무의 이용	그룹재무제표 감사 – 부문 감사인이 수행한 업무 등 특별 고려사항
610	내부 감사인이 수행한 업무의 이용	내부 감사인이 수행한 업무의 활용
620	전문가가 수행한 업무의 이용	감사인측 전문가가 수행한 업무의 활용
700	재무제표에 대한 감사보고	재무제표에 대한 의견 형성과 보고
705		감사의견의 변형
706		감사보고서의 강조사항 문단과 기타사항 문단
710	비교 데이터의 사용	비교 정보 – 대응수치 및 비교 재무제표
720	감사받은 재무제표를 포함하고 있는 기타 정보	감사받은 재무제표를 포함하고 있는 문서 내의 기타 정보와 관련된 감사인의 책임
800	특수목적을 위한 감사보고서	
910	재무제표를 리뷰하기 위한 계약	
920	사전에 합의된 재무 데이타의 감사	
930	감사 데이터 취합	
1000	건설계약의 결산보고 감사	
	총 37개 감사기준서	**총 33개 감사기준서**

04 관계 회사의 연결 결산

일반적으로 베트남 법인의 경우 감사보고서가 세무보고 이외의 다른 목적으로 이용되는 경우가 적으나 한국 본사(모회사)의 재무제표의 경우, 주가, 은행이자율 등의 다른 목적으로 이용될 수 있으므로 한국 본사가 연결재무제표 작성 대상인 경우 베트남 법인의 감사의견이 한국 본사의 감사에 영향을 줄 수 있으므로 베트남 법인장은 베트남 자회사가 적정의견을 받을 수 있도록 노력하여야 한다.

또한 한국 본사의 결산 이전 베트남 자회사의 결산이 이루어져야 하므로 베트남 자회사의 결산이 본사 결산 일정에 영향을 주지 않도록 베트남 회계법인과 결산시한에 대한 협조를 구해야 한다. 특히 베트남 자회사가 한국 본사의 감사에 중요한 비중을 차지하여 한국 본사의 감사인이 연결패키지감사를 원할 경우, 본사 감사인의 감사지시서(Audit Instruction)에 따라 작성하여 기한 내에 본사 감사인에게 제출하여야 하므로 이 경우에는 베트남 자회사가 감사인과의 감사계약 체결 시 관련 내용을 추가하여야 한다.

성부장은 베트남 특유의 회계기준이나 제도에 대하여 아토
즈 베트남의 설명을 듣고서 서둘러서 경리장을 고용하였
다. 그리고 한국 본사에 보고를 위한 업무도 자신의 업무 중 큰
비중을 차지하므로 업무 효율화를 위하여 어떻게 회계업무를 진
행할지는 배과장, 경리장과 협의하여 베트남 법인의 내부회계
처리 규정을 확립하였다.

또한 한국의 회계 담당부서와 협의하여 향후 한국 본사와
연결회계 작성을 위한 스케줄도 정리하였다.

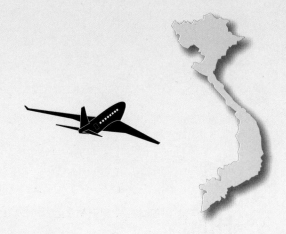

Chapter 6

베트남 세무

베트남 비즈니스가 본격적으로 돌아가고 매출이 발생하면서 계획보다 빠르게 이익이 발생할 것으로 예상되어 성부장과 배과장은 기분이 들뜨기 시작했다. 그러나 또 한편으로는 베트남 세무에 대한 이해가 필요하게 되었다.

한국과 다른 점은 없는지 주의해야 할 점은 없는지 궁금한 점들을 정리하여 아토즈 베트남 컨설팅과 미팅을 하고 향후 세무와 관련하여 내부적으로 문제는 없는지 진단을 받고자 계획을 세우기 시작하였다. 한국에서 복잡한 세무 문제는 언어가 다른 베트남에서는 더욱 어렵게 다가오고 있었다.

PART 1
베트남 진출 시 고려할 세무규정

베트남에 진출하여 사업을 진행하거나 베트남 기업과 비즈니스를 하는 경우에 베트남과 한국의 세무에 대한 이해가 동시에 필요하다. 거래에 따라 부담해야 하는 세금의 내용과 베트남의 특수한 과세제도를 이해하여 생각지도 않았던 세무상 리스크에 노출되지 않도록 주의하여야 한다.

한국에서 베트남으로 수출판매나 베트남의 판매 대리점을 통한 활동 등 한국기업이 베트남에 고정 사업장(PE : Permanent Establishment) 을 두지 않고 비즈니스를 하는 경우에는 외국인계약자세를 유의하여야 한다. 또 베트남에 거점을 두고 비즈니스를 하는 경우에는 진출 형태별로 관련 세무규정이 다르므로 어떤 규정이 적용되는지 주의해야 하고 베트남에서 창출한 이익을 어떻게 해외송금할 것인지가 논점이 될 수 있다.

01 고정 사업장을 두지 않고 비즈니스를 하는 경우

한베 조세조약에 따르면 베트남 국내에 고정 사업장이 없는 사업이윤은 거주지국에서만 과세하도록 하고 있지만 베트남에서는 외국법인이 베트남 기업과 계약하여 베트남 국내에 서비스를 제공하는 경우에는 국내 고정 사업장의 유무와 관계 없이 외국인계약자세가 원천징수되고 있다. 이 경우 한국 법인의 경우에는 한국에서의 외국납부세액 공제 혜택을 받을 수 있는지의 여부가 중요하다.

현재 한국의 세무당국은 베트남에 고정 사업장이 있고, 해당 고정 사업장에 귀속된 소득이어야만 외국납부세액 공제 대상을 판단하고 있으며, 외국인계약자세의 경우, 상기 조건을 충족하기 어려우므로 한국 법인은 외국납부세액 공제를 받기 어려운 상황이다.

02 고정 사업장을 설치하여 비즈니스를 하는 경우

베트남 투자 형태 중 고정 사업장을 운영하는 현지법인 설립과 대표사무소의 설립 시에 발생하는 세무규정에 대하여 정리하였다.

■ 현지법인을 설립하는 경우

베트남에서 현지법인을 설립하는 경우, 베트남기업과 같이 법인소득세법의 적용을 받게 된다. 2016년부터 적용된 현행 법인소득세율은 20%이다. 2020년 적용을 목표로 현재 법인세율 인하를 위한 논의가 국회에서 진행 중이다.

베트남 현지법인 및 한국의 모회사 사이에 모회사-자회사 간 거래가 발생할 경우에는 조세조약, 원천징수, 이전가격세제 등의 규정이 적용되며, 한국법인의 경우 해외직접투자신고, 조세조약, 원천징수, 이전가격세제, 주재원의 비용부담에 대한 세무문제에 주의하여야 한다.

❷ 대표사무소를 설치하는 경우

베트남에 대표사무소를 설치할 경우, 대표사무소의 활동내용은 시장조사 또는 정보수집만으로 제한되며, 영업활동은 불가능므로 세무상 리스크가 매우 한정적이라고 할 수 있다. 다시 말해 정상적으로 운영되는 대표사무소는 법인소득세의 대상이 되지 않고 과세의무의 경우 일반적으로 주재원의 개인 소득세뿐이므로 세무상 리스크는 현지법인과 비교하면 상대적으로 낮다고 볼 수 있다. 다만 대표사무소에서 소득이 발생한다고 베트남 세무당국이 판단한 경우에는 대표사무소에 대하여 베트남 법인소득세를 부과할 위험이 있으므로 영업활동을 하지 않도록 운영에 주의해야 한다.

베트남 대표사무소 운영에 사용되는 비용은 한국 본사의 비용으로 계산하여 한국쪽에서 법인세 계산 시에 반영하게 된다.

03 이익금 회수 방법

외국기업이 베트남에 진출하여 베트남에서 이익이 발생한 경우, 이 이익을 그대로 베트남 회사에 유보할지 아니면 모회사로 회수할지는 충분한 검토가 필요하다.

이익을 재투자하는 경우에는 특별히 문제는 발생하지 않지만 모회사로 회수하는 경우에는 베트남의 세법과 한국의 세법 양자를 모두 감안하여 처리해야 한다.

베트남 회사에서 발생한 이익을 한국의 모회사로 회수하는 방법은 다음과 같은 방법이 있다.

- 배당을 통하여 이익을 모회사로 회수
- 모회사와의 거래를 통하여 이익을 모회사로 회수
① 모회사와 자회사간 대여계약을 체결하여 이자로 회수
② 로열티 등을 모회사에 지급

배당의 형태로 이익을 회수하는 경우 베트남의 자회사에 이월결손금이 없고 세후이익이 발생한 경우에 한하여 모회사로 배당금을 지급할 수 있다. 주주가 법인일 경우에는 배당금 지급 시 원천징수가 없으므로 다른 국가에 비해서 장점이 된다. (참고, 개인이 주주일 경우에는 5%의 원천징수가 발생함)

모회사에 대한 이익회수 방법 중 하나로 모회사와 자회사 사이 대여계약을 체결하여 자금을 이동시키고 이에 대한 차입 이자 지불의 형태로 이익을 이전시킬 수 있다. 누적손실이 계상되어 있는 경우에는 배당이 불가능하지만 대여금에 대한 이자 지급은 누적손실이 있는 경우에도 가능한 점이 장점이라 할 수 있다. 다만 해당 이자의 경우 외국인계약자세 적용을 받아 이자액에 대해 5% 법인세가 부과된다. 이자를 수령한 한국법인의 경우, 지급받은 이자소득은 원천징수액과 합산하여 법인세 과세표준에 포함되며 원천징수액은 외국납부세액으로 공제혜택을 받는다. 또한 베트남의 경우 이자를 수취하지 않거나 정상보다 과소 수취하는 경우 세무 문제가 발생할 수 있으며, 한국 모회사의 경우 국제조세조정에 관한 법률에 의해 정상이자율을 계산하여 소득금에게 가산해야 하며, 이러한 해외 특수관계 회사에 대한 자금대여는 추후 국세청 조사 시 세금 추징이 될 수 있으므로 주의하여야 한다.

로열티 지급 형태의 거래를 통해 모회사로 이익을 지급할 경우, 대여계약에 따른 이자지급과 같이 외국인계약자세 과세대상이 되며 법인세율은 10%가 된다. 그리고 한국과 베트남 양국의 이전가격세제 적용 받을 수도 있으므로 사전에 주의가 필요하다.

PART 2
베트남의 세금제도

01 세금의 종류

베트남의 세금은 법에 따라서 다음 표와 같이 구분할 수 있다.

구분	세목	과목
직접세	소득세	법인세(Corporate Income Tax, "CIT")
		개인소득세(Personal Income Tax, "PIT")
	유통세	양도소득세(Capital Assignment Profits Tax)
	자산세류	토지가옥세(Property Tax)
	기타	각종 등록세, 영업허가세, 인지세 등
간접세	소득세	외국인계약자세(Foreign Contractor Witholding Tax)
	유통세	부가가치세(Value Added Tax)
		특별소비세(Special Sales Tax)
	자산세류	천연자원세(Natural Resources Tax)
	관세류	수출입관세(Import and Export Duties)

위 세목들은 한국의 국세와 지방세와 같은 구분없이 모두 국세이다. 베트남 재무부의 세입국이나 관세국에서 관할하는 것이 일반적이며 징수/부담 방법의 차이에 따라서 다시 직접세와 간접세로 나누

어진다.

02 직접세와 간접세

– 직접세

직접세란 납세의무자와 세금을 직접 납부하는 자가 동일한 세금을 말한다. 베트남에서는 개인소득세, 법인세 등이 이에 해당된다.

– 간접세

간접세는 직접세와 달리, 납세의무자와 실제로 납부하는 자가 다른 세금을 말한다. 세금 부담자가 직접 세금을 납부하지 않고 다른 납세의무자를 통해 간접적으로 국가에 세금을 납부하기 때문에 간접세라고 한다. 베트남에서는 부가가치세, 특별소비세 등이 이에 해당된다.

03 베트남 조세법

베트남 조세법의 경우 국회가 각 세목을 법률(Law)로 제정하며, 그 후에 정부내각에서 해당 법률의 상세한 시행령(Decree)을 결정한다. 또한 실무상 법률 운용지침을 명시한 규칙으로 국세청의 시행규칙(Circular), 예규(Official Letter)가 있다.

베트남에서는 빈번하게 세제 개정이 이뤄지고 있으므로 조세실무에서는 항상 세제 동향, 실무상 변화 등에 대하여 주의를 기울여야만 세무 위험을 회피할 수 있다.

PART 3
법인소득세(Corporate Income Tax, "CIT")

01 납세의무자

베트남에서 법인소득세의 대상이 되는 납세의무자는 내국법인과 외국법인으로 구분된다. 외국회사를 모회사로 하고 베트남에 현지법인을 설립한 경우, 그 현지법인은 내국법인이 되며 베트남 법인세법의 대상이 된다.

■ 내국법인

– 베트남의 투자법, 기업법, 국영기업법 등에 의해 설립된 기업
– 직업전문가 협회 등에서 상품의 판매와 서비스 제공을 통해 과세소득이 있는 기업
– 합자회사법에 의해 조직된 법인

2 외국법인(예, 지사)

- 베트남 국내에 항구적 시설(PE)을 보유하는, 외국의 법률에 의해
  설립된 법인
- 베트남 국내를 원천으로 하는 소득이 있는 외국법인과 기타 단체

02 법인세율

- **일반세율**

시점	법인세율	대상
현재	20%	일반 법인
추진중(2020년) (소득발생 후 2년간)	15%	연매출 30억 동(12만 9,000달러) 미만, 근로자 10명 미만 소기업
	17%	연매출 500억 동(215만 달러) 미만, 근로자 100명 미만 소기업

- 우대세율

아래 우대세율의 경우, 시행령에 의해 지속적으로 대상기업이 추가되거나 제외되고 있으며, 다양한 지원제도가 존재하므로 실제 설립 시 재확인이 필요하다.

분류	지원 대상 및 내용
지역개발	▶ 대상 베트남 투자법 및 Decision 1049/QD-TTg에 따른 사회–경제적 낙후지역 및 특수 낙후지역에 투자하는 기업 ※ 베트남 중앙정부의 사회, 경제발전 지표 지수 따름 ▶ 지원 내용 (사회 – 경제 낙후지역) 법인세 최초 2년 면제, 4년 50% 감면, 총 10년간 17% 우대 세율 적용 (특수 사회 – 경제 낙후지역) 법인세 최초 4년 면제, 이후 9년간 50% 감면, 사업 개시 연도로부터 15년간 10% 우대 세율 적용 (고용창출) 낙후지역 내 500명 이상의 노동자 고용기업은 전 사업기간 동안 법인세 10~15% 적용 ※ 투자 낙후지역 분류에 따라 3~15년간 토지사용세 면제
산업투자	▶ 대상 고품질 철강 생산 신규 프로젝트, 에너지 절감 생산품 투자, 에너지사업, 총리가 지정한 SOC 사업 투자(항만, 철도, 도로 등) ▶ 지원 내용 (고품질 철강 생산, 에너지 절감 생산품 등) 법인세 최초 2년 면제, 4년 50% 감면, 사업개시 연도로부터 10년간 17% 우대 법인세율 적용 (에너지사업, 총리 지정 SOC 사업) 법인세 최초 4년 면제, 이후 9년간 50% 감면, 사업개시 연도로부터 15년간 10% 우대 세율 적용 ※ 투자 우대업종 분류에 따라 3~15년간 토지사용세 면제
수출가공 활동지원	▶ 대상 수출가공구 내에서 설립되고 활동하는 기업 또는 공업구, 경제특구 내에서 활동하며 생산품 전량을 수출하는 기업 ※ 정해진 수출가공구역(EPZ) 이외에도 개별 기업의 투자 부지만을 구역으로 인정가능 ▶ 지원 내용 생산 활동을 위해 수입되는 원부자재, 기계장치에 대한 수입관세 면제. 부가세 과세가 되지 않으므로 신고 의무가 없음

하이테크산업 (R&D투자)	▶ 대상(모두 충족해야 함) 1) Decision No. 66/2014/ QD-TTg, No.13/2017/ QD -TTg 에 따른 하이테크 투자 우대분야(62개) 및 제품(130개)에 속하는 기업 2) 품질/환경관리 : ISO 9001:2008, ISO 14000 인증기업 3) 연구개발인력 : 종합대학 졸업 이상학력 전체 직원의 5% 이상 유지 기업 4) 연구 개발비: 매출액 1% 이상 R&D 비용 지출 기업 ▶ 지원 내용 (법인세) 법인세 최초 4년 면제, 이후 9년간 50% 감면, 사업개시 연도 로부터 15년간 10% 우대 세율 적용 (부가세, 수입세) 과학연구 및 기술개발 활동에 사용하는 원부자재 및 부품 부가세, 수입세 면제
투자 규모	▶ 대상 첫 투자확인서 발급일로부터 3년 이내 6조 동(약 2.6억 불) 이상 투자 및 3년 이내 10조 동 이상의 매출 발생 or 3년 이내 3천 명 이상을 고 용할 경우 ▶ 지원 내용 법인세 최초 4년 면제, 이후 9년간 50% 감면, 사업개시 연도로부터 15 년간 10% 우대 세율 적용
부품소재산업 (기술이전)	▶ 대상 정부가 지정한 부품소재 산업 분야에 투자하는 외국 및 자국 기업으로 ①기계공학분야 ②전자정보기술 분야 ③자동차 조립 및 생산 ④섬유, 의류분야 ⑤신발, 가죽분야 ⑥첨단기술 분야 등 총 6개 분야 제조투자 또는 기술이전 형식의 투자 희망 기업 (Decree 111/2015/ND-CP, Circular 55/2015/TT-BCT 부품소재산업 지원 시행령 및 시행규칙 적용) ▶ 지원 내용 (법인세) 법인세 최초 4년 면제, 이후 9년간 50% 감면, 사업개시 연도 로부터 15년간 10% 우대 세율 적용 (수입세) 24인승 차량, 부속품, 몰드, 엑세서리, 국내 생산되지 않는 원 자재 및 건축자제 등에 대한 수입세 면제 (투자금지원) 투자기업이 중소기업일 경우 신용보증기관의 보증을 통 해 저리로 투자금의 70% 대출 지원. (기술이전특별지원) 부품소재 산업 시험 생산 비용 50% 보조금 지원, 금속/비금속/석유화학물을 85% 이상 사용해 제품을 생산하는 프로젝 트에 대해 최대 75%까지 기술이전 비용 정부 지원

하이테크 산업단지	▶ 대상 베트남 국가가 개발한 하노이, 다낭, 호찌민에 위치한 총 3개의 하이테크 산업단지에 투자하는 하이테크 산업분야 투자기업 (국내외 기업 차별 없음, 업종에 따른 차별 없음) ▶ 지원 내용 (법인세) 법인세 최초 4년 면제, 이후 9년간 50% 감면, 사업개시 연도로부터 15년간 10% 우대 세율 적용 (부가세, 수입세) 과학연구 및 기술개발 활동에 사용하는 원부자재 및 부품 부가세, 수입세 면제
경제특구 (Economic Zone)	▶ 대상 베트남 내 17개 경제특구에 포함된 지역에 투자하는 기업 (국내외 기업 차별 없음, 업종에 따른 차별 없음) ▶ 지원 내용 법인세 최초 4년 면제, 이후 9년간 50% 감면, 사업개시 연도로부터 15년간 10% 우대 세율 적용. 경제특구 내 근무하는 모든 내, 외국인의 개인소득세 50% 감면. (부가세, 수입세) 보세구역에 준하는 혜택

※ 코트라 하노이 무역관 정리 자료

03 과세소득

베트남의 외국인투자기업은 회계감사가 요구되고 있으며 감사받은 재무제표의 세전이익을 과세소득 계산의 기초로 하여 손금 불산입 항목과 이월 결손금 등의 세무상 조정항목을 가산·감산하여 과세소득이 산정된다.

04 세무상의 수익인식 기준

각종 수입에 대한 세무상 수익인식은 기본적으로 회계상의 수익인식 시점과 동일하다.

- 물건의 판매 : 소유권이나 사용권이 이전되는 시점
- 서비스 제공 : 서비스 제공 완료 시점 혹은 세금계산서 발행 시점 중 빠른 쪽
- 기타 : 세법상에 별도로 정해진 규정에 따름

일반적으로 서비스 제공일 경우에는 완료 시점에 수익인식이 된다. 다만 거래형태에 따라 용역제공완료 전에 세금계산서를 발행하는 경우에는 그 세금계산서의 발행 시점이 수익인식 시점이 될 수 있다.

05 비과세 소득

과세소득금액은 회계상의 이익을 기초로 세무조정이 이뤄진 후에 산출한다. 한편 수익 중 법인세가 부과되지 않는 비과세소득은 다음과 같다. 이들 비과세소득은 과세소득에 포함되나 과세표준 계산 시 소득금액에서 공제된다.

- 조합법에 의해 설립된 법인에 의한 농산물, 가내수공업제품,

수산물 양식 소득

– 농산물 재배를 위한 기술제공, 인프라 정비 등에 의한 소득

– 과학기술 개발, 개발된 제품 판매로 인가를 받은 것

– 연평균 종업원 수가 20명 이상이며, 종업원의 30% 이상이 장애인,
　마약중독자, AIDS 감염자인 법인의 판매, 용역소득

– 베트남 국내기업에서 발생하는 배당금, 분배금
　(주식 등의 보유비율과 상관 없이)

– 교육, 문화, 자선사업, 인도적 지원 등을 실시하는 단체가 받는 기부금

06 손금계산

아래 조건을 모두 충족하는 경우, 모든 비용은 손금으로 인정되고 과세소득의 계산상 공제가 가능하다.

– 기업의 생산 및 사업활동에 연관된 비용

– 법률이 요구하는 적절하고 완전한 청구서 및 증빙을 첨부한 비용

세무상 손금산입이 인정되는 비용은 위의 적절하고 유효한 비용 또는 손실에 한해서 인정된다. 이에 소득 획득에 직접 관련되지 않는 비용이나 관련 증빙에 의한 근거가 없는 비용, 또는 관련 법령의 조건을 충족하지 않는 비용은 세무상 손금산입이 인정되지 않는다.

또한 20만 동 이상의 거래의 경우 반드시 세금계산서를 수령하고,

2천만 동 이상의 거래는 은행송금을 하여야 손금산입이 가능하며, 수익 및 비용의 적정성 및 유효성 판단에 관한 결정권은 세무서에게 있다.

– 광고 선전비

기업이 지출하는 광고 선전비와 마케팅비용, 판매촉진비, 접대비, 커미션, 회의비 등은 경영과 생산활동을 위해 실제 발생한 비용으로 합법적영수증(Red Invoice)가 있으면, 손금산입이 가능하다. 이전의 경우, 광고비, 마케팅비, 접대비와 관련하여 손금인정비용의 15%까지를 한도로 손금산입을 인정하는 규정이 있었으나, 2015년부터는 한도제한이 폐지되었다.

– 연구개발 준비금

베트남의 연구개발 촉진을 위해 장래에 발생할 것으로 예상되는 연구개발을 위하여 각 과세연도의 과세소득 금액의 10%까지를 손금액으로 산입할 수 있다. 하지만 적립연도 이후 아래 사유가 발생한 경우에는 각각에 대응되는 부분의 세액을 납부할 필요가 있다.

ㄱ. 5년 이내에 적립액의 70%를 사용하지 못한 경우 → 미사용액

ㄴ. 연구개발 이외의 목적으로 사용한 경우 → 그 사용액

– 감가상각비

감가상각이 가능한 고정자산은 아래의 요건을 충족하여야 한다.

ㄱ. 그 자산을 이용함으로써 장래에 걸쳐 경제적 이익이 초래되는 것

ㄴ. 취득원가를 개별단위로 계산할 수 있는 자산

ㄷ. 1년을 초과하여 사용할 수 있는 자산

ㄹ. 자산의 취득원가 가치가 최소 3,000만 동 이상의 자산

세무상 감가상각비를 계산하는 경우, 계산의 기초가 되는 취득가액, 상각방법, 내용연수는 아래와 같이 정하고 있다.

a. 취득가격

취득방법	취득원가 산정
구입	지출한 구입가격에 부대비용(관세, 구입자금에 관련된 이자, 운반비, 보험, 수리비용, 부착비용 등)을 더한 금액
할부계약 또는 연체지불	할부로 구입했을 경우의 구입가격에 부대비용을 더한 금액
교환	취득한 자산의 시가 또는 교환에 의한 양도한 자산의 가치 중 하나에 부대비용을 가산한 금액
건설, 제조	제조원가의 금액에 부대비용을 더하여, 거기에서 내부이익을 더하고, 이상 불량품의 재료비, 노무비, 경비를 공제한 금액
금융 리스 거래	리스의 개시시점의 리스 대상자산의 가격이 취득가격이 됨

자산으로 계상한 것은 그 자산의 취득방법에 따라 위의 표와 같이 취득가액을 계산하도록 정하고 있다. 또 한 번 결정한 취득가격을 수정하는 경우, 이사회 의사록에 변경이유 등의 상세를 기재할 필요가 있다.

b. 상각 방법

세무상 감가상각 방법에는 정액법, 정률법, 생산액비례법의 3가지가 인정되고 있는데 회사는 상각 방법을 결정하여 사전에 세무당국에 선택한 상각 방법을 신고해야 한다.

c. 상각연수(내용연수)

고정자산의 내용연수는 2013년 6월 10일 고정자산에 관한 새로운 시행령(No. 45/2013/TT-BTC)에서 개별자산별로 규정하고 있다.

자산 항목	내용연수	
	최단	최단
발전기 및 발전설비		
발전기(Power generator)	8	15
발전설비(수력발전, 화력발전, 풍력발전, 혼합가스 발전)	7	20
변전설비 및 전기설비	7	15
기타 발전기 및 전기설비	6	15
기타 기계 및 제조설비		
공작기계	7	15
광업용 기계 및 설비	5	15
트랙터	6	15
농업 및 임업용 기계	6	15
물 및 연료 펌프	6	15
합금, 녹방지, 부식표면 가공용 설비	7	15
화학품 제조설비	6	15
건축자재, 스톤웨어, 유리 제품 제조기계 및 설비	10	20
부품, 전자기기, 광학기계, 정밀기계의 제조설비	5	15
피혁제품 및 사무용품의 인쇄에 사용되는 기계 및 설비	7	15
섬유제품 제작에 사용되는 기계 및 설비	10	15
의류산업에 사용되는 기계 및 설비	5	10

제지산업에 사용되는 기계 및 설비	5	15
식품생산 및 식품 가공용 기계 및 설비	7	15
영화제작용의 기계설비 및 건강기구 및 설비	6	15
전기통신, 정보, 전자기기, 컴퓨터 및 텔레비전용 기계 및 설비	3	15
제약용 기계 및 설비	6	10
기타 목적용 기계 및 설비	5	12
석유화학제품에 사용되는 기계 및 설비	10	20
석유, 가스탐사 및 추출에 사용되는 기계 및 설비	7	10
건설기계 및 설비	8	15
크레인	10	20
실험 및 계측기구		
기계, 온도, 음량의 실험 및 계측설비	5	10
광학 및 스펙트럼 설비	6	10
전기 및 전자설비	5	10
물리화학의 측정, 분석설비	6	10
방사선 설비 및 기구	6	10
특정용도에 특화된 설비	5	10
기타 실험, 특정설비	6	10
주조에 사용되는 금형	2	5
설비 및 차량		
도로용 차량	6	10
선로용 차량	7	15
선박	7	15
항공기	8	20
파이프라인의 운반설비	10	30
상품 적재 및 리프트 기구	6	10
기타 설비 및 차량	6	10
관리용 기기		
계산, 측정기기	5	8
관리용 기계, 통신설비 및 소프트웨어	3	8
기타 관리용 기기	5	10
건물 및 구축물		
건물	25	50

간이 휴식시설, 식당, 록커실, 화장실, 차고 등	6	25
기타 건물	6	25
창고, 저장탱크, 다리, 도록, 비행장, 주차장, 건조장 등	5	20
제방, 댐, 배수구, 운하, 관수시설	6	30
항만, 조선시설의 독	10	40
기타 구축물	5	10
가축 및 식물		
가축	4	15
산업용 식물 등	6	40
잔디, 그린 카펫트	2	8
위에 그룹 내에 구체적으로 언급되지 않은 고정자산	4	25
기타 고정자산	2	20

베트남의 내용연수는 최단과 최장의 형태로 규정하고 있으므로 회사의 상황에 따라 임의로 내용연수를 그 기간 내에서 결정할 수 있다.

중고자산을 취득한 경우의 내용연수는 아래 계산식으로 산출한 연수가 된다.

$$\text{중고자산의 내용연수} = \frac{\text{중고자산의 합리적 가치}}{\text{동종자산 신품의 판매가격}} \times \text{신품의 내용연수}$$

이들 규정을 근거로 산출된 세무상 감가상각한도액과 회계상 비용으로 계상되어 있는 감가상각액을 비교하여 한도액을 초과한 부분이 있는 경우에는 감가상각초과액이 되고 손금액에는 산입되지 않는다.

– 무형자산의 상각비 계산

무형 고정자산(특허권, 상표권 등)은 재무부 시행령에서 "20년을 초과하지 않아야 한다."고 정하고 있으며, 세법상 개별 자산의 명확한 상각 기간은 정하지 않고 있어 이 범위 내에서 상각기간을 임의로 설정할 수 있다.

– 대손충당금

보유한 채권이 아래 조건에 해당하는 경우에는 대손충당금의 계상이 가능하다.

ㄱ. 계약서 등에 의해 채권금액이 명확하게 증명 가능하다

ㄴ. 계약서 등에 의해 회수기한이 이미 경과한 사실을 알 수 있다

ㄷ. 채권자의 도산 등 채권의 부실 가능성 여부를 인식한 충분한 근거가 있어야 한다.

ㄹ. 3년 이상 경과한 채권은 회수가 불가능한 것으로 판단한다.

대손충당금으로 계상 가능한 금액은 그 채권 상황에 따라 달라진다.

ㄱ. 회수기일이 경과한 채권 : 경과기간에 따라서 30~100%
   3개월에서 1년(30%), 1년에서 2년(50%), 2년에서 3년(70%),
   3년 이상(100%)

ㄴ. 채무자가 파산 절차 등에 들어간 경우 : 회수 불가능할 것으로 생각되는 금액

ㄷ. 채무자가 도산한 경우 : 회수 불가능할 것으로 생각되는 금액

– 대손상각

보유한 채권의 회수 불가능이 확실해진 경우에는 대손손실로 손실 계상함으로써 손금액에 산입된다. 하지만 해당 기간에 대손충당금이 계상되지 않은 것은 손금액으로 산입되지 않으므로 회수 전망이 없는 채권의 경우 반드시 대손충당금을 계상하여야 한다.

– 기부금

장학금, 의료기관, 천재지변, 빈민주택사업 등 지정된 기부금은 손금 산입이 가능하지만, 이외 비지정 기부금의 경우는 손금 불산입 비용이다.

– 기타 손금 불산입 비용

앞서 거론된 항목 외에 세무상 손금액에 산입되지 않는 항목에는 다음과 같은 것들이 있다.

ㄱ. 근로계약서 혹은 취업규칙 등에 규정되어 있지 않은 직원의 급여 등
ㄴ. 직원을 대상으로 하여 회사가 지불한 생명보험료
ㄷ. 법령의 규정을 초과하는 각종 충당금
ㄹ. 미지급비용
ㅁ. 1인 유한회사의 소유주에 대한 급여
ㅂ. 벌금

ㅅ. 지급이자율이 베트남 중앙은행의 고시 이자율과 비교하여 1.5배를 초과하는 비금융기관 차입금의 지급이자와 EBITDA의 20%를 초과하는 금액(EBITDA＝당기순이익＋이자비용＋감가상각비＋세금)

ㅇ. 미실현 환차손

ㅈ. 기업으로부터 베트남의 항구적 시설에 배분되는 경영관리비용 가운데 관련법규의 조건을 충족하지 않는 것

ㅊ. 상업 목적의 이벤트 등에 후원금(협찬금)을 지출한 경우 (후원금의 목적은 직접적인 광고선전 등은 아니라는 당국의 견해를 바탕으로 하는 것)

ㅋ. 관련증빙이 없거나 2천만 동 이상의 비용지불이 현금지급된 경우 (은행계좌로 송금되어야 함)

ㅌ. 종업원에게 현금지급 혹은 구입한 회사의 임직원 유니폼 비용 중 5백만 동을 초과하는 금액

· 골프회원권 및 골프비용

· 9인승 이하이며 취득 원가가 16억 동 이상인 승용차의 감가상각비

– 이월 결손금의 공제액

소득금액의 계산 상에서 결손이 발생한 경우에는 발생한 연도 이후 5년까지 이월이 인정된다. 또한 결손금의 소급적용은 허용되지 않으며, 연결납세의무나 동일 그룹사 내 손실의 공제혜택은 적용되지 않는다.

법인소득세 신고의 경우, 분기별 신고는 필요하지 않으나 분기별 법인세 예정납부는 하여야 하며, 년 1회 확정신고와 세금납부를 하여야 한다. 확정신고는 결산일 이후 90일 이내에 신고하여야 하며, 신고서 제출처는 본점소재지 관할 세무서이다. 베트남에는 지방세가 존재하지 않고 세수를 모두 국가가 관리하고 있어 국내에 복수사업장이 있는 경우 본점 소재지의 세무서에 신고하게 되며, 만일 복수의 제조사업장(공장)이 있는 경우 세금의 납부 시 각 제조사업장의 관할 세무서별로 사업장의 발생 비용을 기준으로 배분하여 납부하여야 한다.

■1 분기별 납부

분기별 예정납부의 경우, 각 분기 말부터 30일 이내에 예정납부하여야 한다. 전년의 확정세액을 바탕으로 예정납부를 하는 것은 인정되지 않으므로 세액은 실제 소득금액을 결산하여 납부한다.

■2 확정신고

법인소득세 확정신고의 경우, 과세연도 말부터 90일 이내에 해야 합니다. 확정신고는 면세기간 중인 기업과 손실기업도 모두 하여야 한다.

연도 말 확정신고에 따른 연간세액이 분기별로 납부한 예정납세액 금액을 초과하는 경우 그 차액에 대하여 추가 납세하여야 한다. 분기 중간예납액이 확정신고액의 80%에 미달하는 경우 그 부족분의 20%를 초과하는 부분에 대하여 지연이자를 납부하여야 한다. 지연이자 계산은 4분기 예납기한부터 계산하며 이율은 연 11%이다.

PART 4
개인소득세(Personal Income Tax, "PIT")

01 개인소득세의 개요

개인소득세는 개인이 베트남 내에서 얻은 소득에 대한 세금으로 거주자와 비거주자에 따라 세율의 차이가 있으며, 베트남의 거주자로서 한국 내 소득을 합산하여 베트남에 소득신고를 하여야 하나 베트남 소득신고 시 수당 등만 신고하고 한국 내 급여를 신고하지 않는 경우에 베트남에서 세무문제가 발생할 수 있어 주의하여야 한다. 참고로 한국인의 경우 베트남 납부 개인소득세에 대하여 한국에서 외국납부세액 공제를 받을 수 있다.

02 개인소득세율

개인소득세 세액은 소득금액에서 소득 공제액을 공제한 과세소득금액에 대해 아래 제시한 누진세율을 곱하여 산출한다.

– 급여소득세 세율표(베트남 거주자에게 적용)

월소득		연간소득		세율	납부세금
초과	이하	초과	이하		
~	5,000,000	~	60,000,000	5%	소득×5%
5,000,000	10,000,000	60,000,000	120,000,000	10%	소득×10%−250,000
10,000,000	18,000,000	120,000,000	216,000,000	15%	소득×15%−750,000
18,000,000	32,000,000	216,000,000	384,000,000	20%	소득×20%−1,650,000
32,000,000	52,000,000	384,000,000	624,000,000	25%	소득×25%−3,250,000
52,000,000	80,000,000	624,000,000	960,000,000	30%	소득×30%−5,850,000
80,000,000	~	960,000,000	~	35%	소득×35%−9,850,000

베트남 비거주자의 경우, 20%의 단일 세율의 적용을 받음.

– 개인사업소득

매년 1억 동을 초과하는 개인사업 수입금액(매출액)에 대하여 베트남 거주자에 적용됨.

소득구분	세율
제품의 공급과 유통 관련 사업소득	0.5%
제품의 공급이 없는 서비스, 건설서비스 관련 사업소득	2.0%
자산의 임대, 보험중개, 복권중개, 다단계마케팅 관련 사업소득	5.0%
생산, 운송, 제품의 공급을 가진 서비스, 자재의 공급을 가진 건설 서비스 관련 사업소득	1.5%
기타 소득	1.0%

– 기타 개인소득세율

소득 종류	거주자 세율	비거자주자 세율
유한회사 지분양도소득	이익의 20%	거래액의 0.1%
투자소득(이자 및 배당금, 은행이자는 예외)	이익의 5%	이익의 5%
부동산양도소득	이익의 25% 혹은 거래액의 2%	이익의 25% 혹은 거래액의 2%
로열티/프랜차이즈/ 기술이전소득	건별 1,000만 동 초과액에 5%	건별 1,000만 동 초과액에 5%
복권/프로모션/경기 관련 소득	건별 1,000만 동 초과액에 10%	건별 1,000만 동 초과액에 10%
상속, 증여 소득	건별 1,000만 동 초과액에 10%	건별 1,000만 동 초과액에 10%

03 거주자/비거주자의 정의

베트남에서 거주자 구분은 아래 요건 중 어느 것이라도 충족시킬 경우 거주자로 간주된다.

1) 역년(曆年) 혹은 최초 입국일로부터 12개월 동안 베트남 국내에서 183일 이상 체재한 자(입국 및 출국일은 모두 합쳐서 1일로 계산함)

2) 과세연도에서 계약기간 183일 이상의 임대주택 등을 보유하는 자(호텔, 사무소, 작업장을 포함, 계약 명의가 개인인지 법인인지는 무관)

3) 베트남 국내에 항구적 주거를 보유한 자

※ 항구적 주거(외국인의 경우, 공안성이 발행하는 거주증명 혹은 일시거주증명에 기재된 항구적 주소)를 말한다.

거주자의 정의에 해당하지 않는 경우는 비거주자로 구분된다.

베트남의 거주자와 비거주자 구분에 따른 납세국은 아래와 같다.

소득구분	베트남	한국	과세국
베트남에서 발생한 소득 (국내원천소득)	거주자	거주자	한국/베트남 모두
	거주자	비거주자	베트남
	비거주자	거주자	한국/베트남 모두
베트남 이외의 국가에서 발생한 소득(국외원천소득)	거주자	거주자	한국/베트남 모두
	거주자	비거주자	베트남
	비거주자	거주자	한국

베트남 거주자인 경우, 베트남 국내의 소득과 해외취득 모든 소득에 대하여 베트남에서 과세된다. 예를 들어 한국에서 파견된 주재원이 베트남 거주자로 인정되는 경우, 한국에 부동산을 보유하고 있어 임대수입이 발생한다면 이를 베트남에서의 개인소득세 신고 시 합산 신고를 하여야 한다.

이 경우에 베트남과 한국 양국에서 과세된 때에는 베트남에서의 세무보고 및 세금 납부 후, 한국에서 개인소득세 신고 시, 외국세액공제규정에 따라 베트남에서 과세된 만큼의 세액을 공제받을 수 있다.

또한 베트남에서 비거주자인 경우, 베트남 국내에서 발생한 국내원천소득에 한하여 베트남에서 과세되며, 베트남 이외 국가에서의 소득은 거주하는 국가 및 기타 과세 국가에서 과세된다.

4) 한국, 베트남 양쪽에서 급여를 받는 경우

베트남 거주자가 한국, 베트남 양국에서 급여를 받는 경우, 급여 지급대상자의 세무상거주자의 구분 등에 따라서 한국에서도 과세될 수 있다. 그 경우에는 한국 내 납부세액에 대하여 베트남 내에서 외국납부세액공제가 적용된다. 한편 베트남 비거주자가 한국, 베트남 양쪽에서 급여를 받는 경우, 베트남에서 신고하고 납부한 금액은 한국에서 외국 납부세액 공제가 적용된다.

또한 한국 베트남 조세조약은 제15조의 종속적 인적용역에서 고용이 타방체약국에서 수행되는 경우 동 고용으로부터 발생하는 보수에 대하여서는 동 타방체약국에서 과세할 수 있다고 규정하고 있으나 아래의 경우에는 일방체약국에서만 과세한다고 규정하고 있다.

- 수취인이 12월 기간 중 총 183일을 초과하지 아니하는 단일 기간 또는 제기간 동안 타방체약국 안에 체재하고,
- 그 보수가 타방체약국의 거주자가 아닌 고용주에 의하여 또는 그를 대신하여 지급되며,
- 그 보수가 타방체약국 안에 고용주가 가지고 있는 고정 사업장 또는 고정 시설에 의하여 부담되지 아니하는 경우,

일례로 한국에서 베트남으로 출장을 가는 경우, 아래 3개 요건을 모두 충족하는 경우에는 지급되는 보수 또는 급여에 대하여 베트남에서 과세되지 않는다.

– 체재일수 : 과세연도에 대하여 체재일수가 183일을 넘지 않을 것

– 급여지급처 : 급여나 보수가 한국 쪽에서 지급될 것

– 급여부담 : 급여나 보수가 베트남 국내의 고정 사업장에서
부담하지 않을 것

– 거주자 판단의 예

구분	베트남 근로일수	급여지급자	과세국	비고
파견자 김	150	한국	한국	한국에만 납부
파견자 이	150	베트남	베트남	베트남에만 납부
파견자 박	190	한국	베트남	베트남 납부세액의
파견자 한	190	베트남	베트남	한국 내 공제 가능

베트남 세무기관에서는 한국 중견기업의 외국인 직원의 급여를 4천 달러에서 6천 달러 정도로 정하고, 이보다 급여가 낮은 경우, 주택보조금의 누락, 한국에서 받는 급여의 누락으로 판단하여 한국의 갑근세 영수증의 제출을 요구하거나, 추징금 및 벌과금의 납부를 지시하는 경우가 발생하고 있으므로 주의가 필요하다.

04 과세 소득

베트남 개인소득세법에서 과세하는 소득은 아래와 같다.

소득의 종류	내용	실례
사업소득	개인이 영위하는 사업으로부터 얻는 소득	제조업, 판매업, 건설업, 운반업, 토지나 건물 임대업, 농업, 임업, 염전업, 법령에 의한 라이선스가 부여된 사업활동
급여소득	노동의 대가로 피고용자가 받는 소득	급여임금(각종 수당 포함), 보수, 현물지급
투자소득	대부 혹은 투자의 대가로 수취하는 소득	예금이자, 금전대부 이자, 사채이자, 배당금, 분배금
투자양도소득	투자자산의 양도대가로 수취하는 소득	출자지분의 양도, 유가증권의 양도 등
부동산 양도소득	부동산의 양도대가로서 수취하는 소득	부동산(토지, 토지+건축물, 사용권 포함)의 양도
상금, 승리수당 소득	개인이 금전 또는 기타 재산으로 수취한 소득	상금, 복권 당첨금, 도박 승리금, 보상금, 경품
상속소득	유언 또는 법령에 따른 상속에 따라 수취하는 소득	출자금, 유가증권, 이용권, 소유권 등록된 자산의 상속
증여소득	국내외로부터 증여에 따라 수취하는 소득	출자금, 유가증권, 이용권, 소유권 등록된 자산의 증여
로열티 소득	지적재산의 양도 또는 대여의 대가로 수취한 소득	지적재산의 양도 또는 대여에 의한 로열티, 기술적 노하우의 이전에 의한 로열티
프랜차이즈 소득	프랜차이즈 계약에 따라 수취한 소득	

05 비과세 소득

소득이 있더라도 소득세법상 비과세되는 소득은 아래와 같다.

베트남인 및 외국인 공통적용	외국인만 적용
– 기술 향상을 위한 훈련비 – 근로자 및 그 직계 가족의 중병 치료비 – 회사가 지불한 자녀의 유치원부터 고등학교까지의 교육비(근로계약서에 명기 및 회사에서 학교에 직접 지급, 베트남 내 학교에 한하며, 학비영수증 필요) – 노동법에서 규정한 각 수당(위험수당, 격오지수당 등) – 회사제공 식대보조(월 68만 동 한도) – 직계존비속간의 부동산 상속 및 증여 – 1가구 1주택 부동산 양도소득 – 사용료가 면제 혹은 경감된 토지이용권 양도 – 농지전용에 따른 부동산 양도 – 1차산업의 사업소득 – 금융기관의 예금, 생명보험의 이자 – 해외로부터 송금되는 외환(국외거주 베트남인) – 회사가 근로자에게 지불하는 피복비(연 5백만 동 한도) – 시간외 근무수당 중 할증수당 부분 – 회사가 근로자를 위해 지불하는 보험료 – 국내외 자선단체로부터 받는 지원금 – 사무용품비(한도 없음) – 휴대폰비(한도 없음)	– 주재원 입국 또는 출국 시 이사비용(둘 중 1회에 한함) – 주재원 모국 방문 항공료(연 1회)

06 과세 소득

- 회사가 지불한 직원의 전기, 수도, 가스 등 비용
- 주택임차료와 임차료를 제외한 급여액의 15% 중 작은 금액
- 회사의 이벤트 추첨을 통한 당첨금
- 외국인 근로자의 거주증 및 비자 발급신청비
- 회사가 근로자를 위해 지급하는 강제보험이외의 보험료(생명보험 등)
- 회사가 제공하는 골프장 회원권 등 각종 회원권

07 소득 공제

베트남 소득세법에서 정하고 있는 소득 공제는 아래와 같다.

1 기초공제(거주자만 가능)

모든 신고대상자에게 일률 900만 동/월, 연간 1억 800만 동이 공제된다. 공제액은 한달 소득이 900만 동 미만의 경우에는 전액 공제가 가능하다.

※ 발령 초기 183일 거주 이전이라도 향후 183일 이상 근무할 예정이라면 거주자로 소득 공제가 가능하다.

2 부양 공제(거주자만 가능)

납세자에게 부양자(배우자, 자녀 등)이 있는 경우, 1인당 월 360만 동을 소득금액에서 공제할 수 있다. 공제 대상이 되는 부양 대상자는 아래와 같다.

- 자녀(양자 또는 사생아 포함)

· 만 18세 미만인 자

· 만 18세 이상의 자녀로 신체장애인 또는 노동곤란자

· 대학, 전문대학, 직업훈련학교 등에 취학중인 자녀로 전혀 수입이 없는 자 또는 월수입 100만 동 이하인 자

· 노동 가능 연령 이하(남성은 60세, 여성은 55세)의 배우자로서 신체장애자 또는 노동 곤란자이면서 월수입 100만 동 이하인 자

· 노동 가능 연령 이상의 부모 또는 양부모로서 신체장애인 혹은 노동 곤란자이면서 월수입 100만 동 이하인 자

· 노동 가능 연령 이상의 형제자매, 조부모, 처/시형제자매, 손자/손녀, 조카, 기타 부양자로서 신체장애인 혹은 노동 곤란자이면서 월수입 50만 동 이하인 자

3 강제성 가입 사회보험료

베트남에서 회사가 직원을 위해서 가입해야 하는 강제보험으로 사회보험, 건강보험, 실업보험이 있다. 각각 개인의 자기부담분에

대하여 소득 공제가 인정된다.

❹ 기부금 공제

개인이 아래 단체에 지불한 기부금은 기부금 공제 대상이 되어 기부금액이 소득에서 공제된다.

· 보호를 필요로 하는 어린이, 신체장애인 등의 양호/간호시설 등으로
  시행령에 준거하여 설립, 인가된 단체와 조직
  (이들 기부금 공제에는 그 단체가 발행한 정식 수령증이 필요함)
· 자선활동, 사회화사업, 교육훈련 등의 비영리활동을 목적으로
  시행령에 준거하여 설립, 인가된 단체, 기금

기부금 공제는 납부한 과세연도의 소득에서 공제되는데 그 연도의 소득에서 미처 공제하지 못한 부분은 익년도로 이월해서 공제할 수 있다.

08 소득금액의 계산

과세되는 소득금액은 수입금액에서 그 수입을 얻기 위해서 지출한 금액을 공제하여 산출한다. 사업소득 및 급여소득은 경비액을 공제하여 소득금액을 산출한다. 기타소득(투자소득, 투자양도소득, 사업용

자산 양도를 제외한 부동산 양도소득)은 소득금액에서 그 소득을 얻기 위해서 직접 발생한 경비를 공제하여 소득금액이 계산된다.

1 사업소득

사업소득의 계산은 그 사업주의 회계장부 준비 여부에 따라 소득금액의 계산방법이 달라진다.

– 회계장부가 준비되어 있지 않은 경우

사업자가 회계장부나 증빙 등을 제대로 정비하지 않는 경우에는 수입예상액에 일정 비율을 곱해서 계산한 금액이 소득금액이 된다. 이 경우 소득예상액은 납세자 신고와 세무서 측의 조사 등에 의해 결정된다.

– 수입금액만이 기장되어 있는 경우

사업주가 수입금액만을 기장하고 있어 공제해야 하는 필요경비 금액을 알 수 없는 경우에는 실제 수입액에 일정 비율을 곱해서 계산한 금액이 소득금액이 된다. 이 경우의 수입액은 회계장부나 청구서 등과 일치해야 한다.

– 회계장부가 적절하게 준비되어 있는 경우

사업주가 적절하게 기장을 하고 있고 증빙류도 정비되어 있는 경우에는 수입금액에서 그 수입을 얻기 위해서 발생한 필요경비를 공제한 금액에 사업활동에 부수해서 발생하는 이자, 고정자산 매각수입 등을 가산한 금액이 소득금액이 된다.

❷ 양도소득

– 유한회사지분양도소득

자본 투자지분을 양도한 경우의 소득금액은 양도액으로부터 투자원금을 공제한 금액이 된다. 또한 양도할 때 수수료 등의 부수비용이 발생한 경우에는 그 비용은 합리적인 범위에서 필요경비로 포함시킬 수 있다.

– 증권양도소득

주식 등의 증권을 양도한 경우에는 양도가액에서 그 주식 등의 취득가액을 공제한 금액이 소득금액이 된다. 상장한 주식 등이라면 거래소에서 매매한 금액이 그대로 양도가액이 되는데 비상장주식은 매매계약에 양도가액이 명기되어 있지 않거나 양도가액이 시가에 비해 적정가격이 아닐 경우에는 세무당국이 양도가액을 결정할 권한을 가질 수 있다.

– 부동산양도소득

부동산 등을 매각한 경우, 그 부동산 양도가에서 그 취득원가(부대비용을 포함)를 공제한 금액이 된다. 그 밖에 양도를 위해서 들어간 경비 가운데 특정 비용은 소득금액에서 공제가 가능하다.

❸ 로열티/프랜차이즈/상금/복권

각 건별로 1,000만 동을 초과하는 금액이 소득금액이 된다.

❹ 상속 또는 증여에 의한 소득

상속 혹은 증여에 의한 금전, 물품 등을 취득한 경우에는 취득한 가액의 합계액이 1,000만 동을 초과하는 금액이 소득금액이 된다. 다음 대상의 경우 각각 정해진 금액이 소득금액이 된다.

· 부동산 : 공시가격 등을 기초로 계산된 금액
· 동산 : 해당 자산의 시가
· 출자지분 : 장부가격 또는 취득시의 금액
  (취득가액 등이 불명확할 경우에는 상속, 증여시의 시가)
· 증권 : 상장주식 등 시장가격이 존재하는 주식 등의 경우 시장가격
  (이외의 주식 등의 경우에는 상속, 증여 시의 주식 발행회사의 장부가)

09 신고 및 납부 수속

베트남의 개인소득세 신고 및 납부제도는 아래와 같다.

❶ 납세자 등록

베트남에서 개인소득세 신고 및 납부를 할 경우, 납세자등록을 하고 납세자번호를 취득하여야 한다. 납세자등록은 입국 후 10일 이내에 하여야 하며, 등록신청서(베트남어), 주거 임대계약서, 여권 사본, 사진 등을 제출해야 한다. 주재원이면서 급여소득만 있는 경우에는 고용주를 통해서 고용주의 관할세무서에 납세자등록을 할 수 있다. 기타 소득이 있는 경우에는 주재원의 주거지 관할 세무서에서 등록하게 된다. 최근에는 납세자번호 취득이 지연되는 경우, 벌금 등의 제재가 있으므로 기한에 맞추어 신청하여야 한다.

❷ 개인소득세의 신고와 납부

개인소득세 신고는 그 소득 구분에 따라 상세하게 규정되어 있어 구분에 따른 신고 및 납부 절차가 다르다.

- 소득이 급여소득만일 경우
월별신고는 익월 20일까지 신고 및 납부하며, 연간확정신고는 연간 총 소득액을 다음 연도 90일 이내에 신고 및 납부한다. 만일 초과

납부분이 있으면 환급이 가능하다. 또한 월별 원천징수할 개인소득세가 5천만 동 미만인 사업자는 분기 말 익월 30일까지 분기별 신고 및 납부가 가능하다. 만일 사업자가 고용관계가 아닌자에게 100만 동 이상의 소득을 지급 시에는 개인납세번호가 있는 경우 10%, 없는 경우에는 20%를 원천징수 후에 지급한다.

- 급여소득 이외에 소득이 있는 경우

급여 이외의 소득이 있는 경우, 그 소득 구분에 따라서 아래 신고 및 납부 절차가 필요하다.

소득 종류	신고 형태	기한
사업소득	분기신고	다음 분기로부터 30일 이내
	연간신고	다음 연도 90일 이내
급여소득	월간신고	다음 월 20일까지
	연간신고	다음 연도 90일 이내
투자양도소득	매번신고	납세통지서 수령부터 30일 이내
증권양도소득	연간신고	다음 연도 90일 이내
부동산양도소득	매번신고	납세통지서 수령부터 30일 이내
상속, 증여소득	매번신고	납세통지서 수령부터 30일 이내

PART 5
부가가치세(Value Added Tax)

베트남의 세금계산서는 영어로 Red Invoice 혹은 Red Bill이라고 하며, 베트남어로는 hóa đơn이라고 부른다. 베트남은 2018년 11월 1일부터 전자세금계산서 제도를 도입하여, 신규설립 회사와 사용신청 회사를 대상으로 적용하고 있으며, 현재 사용하고 있는 종이세금계산서는 2020년 10월 31일까지 함께 사용하도록 유예기간을 두고 있다.

01 부가가치세 개요

부가가치세(Value Added Tax)는 베트남 국내에서 발생한 부가가치를 과세대상으로 하는 한국의 부가가치세와 비슷한 세금이며 다음과 같은 특징이 있다.

- 물품, 서비스의 소비에 대하여 부과되는 간접세
- 세금 부담자는 최종 소비자
- 중간업자는 부가가치세 부담은 하지 않지만 납세 의무가 있음
- 매달 신고 및 납부할 의무가 있음.
  (부가가치세가 발생한 달의 익월 20일 이내에 신고 및 납부)
- 세금계산서 보관

02 납세의무자

부가가치세 부담자는 최종 소비자이지만 납세의무자는 부가세 과세 대상 물품의 판매 또는 서비스 제공을 하는 사업자와 물품의 수입자이며, 개인, 법인 여부와 관계없이 납세의무가 발생한다. 그리고 대리인이나 지점을 통해서 베트남 국내에서 사업을 영위하는 외국법인도 부가가치세 납세의무가 있다.

03 부가세 비과세 대상 거래

부가가치세는 베트남 국내에서의 판매와 서비스 제공 등의 행위에 대하여 과세되지만 부가가치세 성격에 맞지 않는 거래나 사회 정책적인 측면에서 시행령(Circular 129/2008/TT-BTC)에 의해 아래 26개 항목의 재화나 서비스는 부가가치세 과세 대상에서 제외된다.

- 농산품, 수산물 등으로 미가공 혹은 반가공 상태의 것

- 농업 관련 인프라 서비스

- 정부가 소유한 주택의 주민에 대한 양도

- 토지사용권 양도

- 생명보험 등의 보험 서비스

- 금융 서비스(신용, 증권거래, 자본양도, 파생상품 거래, 금융기관이
  실시하는 신용보증 서비스)

- 의료 서비스(검진, 치료 등)

- 우편, 통신, 인터넷 서비스 등

- 도시의 인프라 정비 서비스

- 문화재 등에 대한 유지, 수선, 건축 서비스

- 교육, 직업훈련 서비스

- 정부 운영의 라디오, TV방송

- 교과서용 도서, 신문 발행, 특정 서적과 영상의 제작판매

- 대중교통기관 서비스

- 국내에서 생산하지 못하는 기계설비 등

- 무기, 군사설비

- 인도적 지원을 위한 물자 수입

- 기술이전, 소프트웨어 거래

- 천연자원 수출

- 신체장애인용 물품

- 행정수수료 등

수입 시에 부가가치세가 면세였던 것이라도 그 원래 목적 이외의 목적으로 그 물품이 사용된 경우에는 사후라도 그 물품 수입 시로 소급하여 세관에 부가가치세 신고를 하여야 한다.

04 납부세액의 계산

베트남 기업이 고객에게 판매나 서비스 등을 제공한 경우, 매출부가가치세를 징구하며, 거래선으로부터 구매 혹은 서비스를 제공받는 경우에는 매입부가가치세를 지불하게 된다.

1 매출 부가가치세

매출 부가가치세는 판매나 서비스 등의 판매가격에 대하여 부과되는 세금으로 세금계산서에 물품대와 구분하여 기재하여 구매자로부터 물품대와 함께 지불받게 된다.

2 매입 부가가치세

과세대상이 되는 거래 및 서비스의 대가를 지불할 때, 세금계산서에 물품대와 구분되어 표기되며, 합계금액을 매출처에 지불하게 된다.

❸ 부가가치세액의 계산

부가가치세액의 계산은 아래와 같이 매입세액공제법 혹은 직접법의 2가지 방식을 인정하고 있으며, 회사 설립 후 세무등록 시 계산 방식을 결정하여 이를 세무당국에 신고하고 승인받아 결정된다. 일반적으로 매입세액공제법을 많이 이용하고 있으며, 직접법의 경우, 매출 10억 동 이하의 개인회사, 임대소득을 가진 개인소득자 및 EPE(수출가공기업, Export Processing Enterprise)에 많이 적용되고 있다.

– 매입세액공제법(세금계산서 방식)

매입세액공제법을 적용하는 사업자는 "부가가치세 세금계산서"를 사용하게 되며, 아래와 같이 부가가치세 납부액을 계산하게 된다.

납세액 = 매출 부가가치세 총액 – 매입 부가가치세 총액

매입 부가가치세를 공제하기 위해서는 다음 요건을 충족해야 한다.

– 공식 세금계산서 첨부
– 외국계약자를 대신해서 외국인계약자세를 납부한 경우에는
  납세증명서를 첨부
– 은행송금증명(2,000만 동 이상의 거래일 경우. 그리고 거래가 분할로
  이뤄질 경우에는 추가로 해당 계약서 등)
– 계약서, 통관신고서가 있을 것(수입거래일 경우)

– 수출거래에 의한 환급을 받는 경우에는, 계약서, 통관서류, 대금수령 영수증을 첨부

– 외국기업 등의 위탁가공계약 등의 간주수출거래와 관련된 부가가치세의 환급을 받는 경우, 거래계약서, 세금계산서, 대금수령을 증명하는 서류 등 첨부

– 직접법(간이과세방식)

직접법은 매출자가 "매출 세금계산서"에 공급대가만을 표시하여 발행하고 이를 바탕으로 부가세신고를 하는 방식으로 매입 부가세의 환급은 인정되지 않는다. 단순히 일정 세율을 곱하여 계산하므로 계산 방식이 간단하다.

납세액 = 판매물대나 서비스 등의 부가가치액 합계 × 세율(업종에 따라 2~5%)

※ 세율은 업종에 따라 상이함

05 과세표준액

부가가치세 과세표준액은 아래 구분에 따른다.

구분	과세표준액
일반적인 물건의 판매, 서비스 제공	부가가치세가 부과되기 전의 판매 등의 대가액 대가 청구 시에 수수료 등이 포함되어 청구된 경우에는 이를 포함한 금액 할인이 포함될 경우에는 할인액을 공제
건설, 구조물 설치	판매, 서비스의 구분에 따른 청구액
할부, 연체계약	할부대금액에서 할부 이자에 해당되는 금액을 공제한 금액
부동산거래	부동산의 판매대금에서 토지의 가액을 공제한 금액
위탁가공계약	계약에 따른 가공을 위한 노무비, 수도광열비 기타 가공에 관련된 경비
커미션 비즈니스	서비스 제공에 따라 받는 수수료 등
화물운송 등 운송 서비스	운송 관련 수수료, 운송을 외부에 위탁할 경우에도 동일
여행업	여행대리(예약, 패키지 투어 등) 등의 여행업을 경영하는 경우에는 계약대금
전당포	대여금에 대한 이자와 담보의 매각에 따른 수입에서 부가가치세를 제외한 금액
물품의 수입	통관 시의 수입가격(관세의 과세표준액)에 관세, 특별 소비세를 가산한 금액
자산의 교환, 자가소비 등	자산을 교환하거나 자가소비하는 경우에 동등한 물건 등의 가격 또는 서비스 가격

266 해외 창업 길라잡이

06 부가가치세율

법률상 부가가치세율은 과세대상이 되는 거래 구분에 따라 아래와 같이 구분된다.

거래 구분	적용 품목	세율
수출	수출품, 수출자에게 물건의 가공, 수출 가공비 수출 서비스 (수출 가공지역 내 기업의 건설, 구조물 설치, 국제운송)	0%
필수품/ 필수 서비스	물, 비료, 교육, 아동용 서적, 식료품, 의약품 및 의료기기, 축산물, 농업용의 특별한 기기, 농산품, 농업 서비스, 과학기술 서비스, 기초화학 제품 등	5%
표준세율	이외의 물품 및 서비스로 0% 혹은 5% 과세대상으로 규정되어 있지 않은 것	10%

부가가치세 표준세율은 10%이지만 정책적 이유로 일부 필수품 혹은 필수서비스에 대하여 5%의 세율을 적용되며, 수출거래 등에 대하여 0%의 세율이 적용된다.

이는 수출거래는 최종소비자가 베트남 국외에 존재하는 거래이므로 부가가치세를 부과하지 않는다는 것을 의미한다. 이 후 물품의 수입처에서는 물품의 수입통관 시점에 수입 국가의 부가가치세가 부과되는 것이 일반적이다. 따라서 물품의 원산지국에서도 부가가치세를 부과하게 되면 이중과세가 되므로 수출국의 국제경쟁력 저하를 회피하기 위해서 이러한 0% 세율이 적용되는 것이다. 이에 0% 세율을 적용받기 위해서는 각 회사에서 물품이 국외로 반출된 사실을 증명하는 서류, 즉 수출통관서류를 반드시 보관해야 한다.

07 신고와 납부

베트남 내 모든 부가세 납부의무자는 익월 20일까지 전월 분 부가세 신고 및 납부를 하여야 한다. 단, 직전 매출액이 500억 동 미만인 경우 혹은 신규 설립법인은 연속되는 3개년 동안 매 분기 말 익월 30일까지 부가세를 분기별로 신고 및 납부가 가능하다. 물론 신규법인도 월별신고를 원할 경우, 관할 세무서에 신청이 가능하다.

❶ 부가가치세 환급절차

한국의 경우, 매입세액이 존재하여 납부세액이 마이너스가 되는 경우 특별한 조건 없이 환급이 가능하지만, 베트남의 경우, 내수판매에 대한 부가가치세 환급은 불가능하며 소멸 없이 당기 이후 과세기간에 납부할 부가가치세가 있는 경우 공제해 주는 방식이다. 다만 수출기업과 신설기업 및 조직변경(법인청산 등)에 한하여 아래와 같이 부가가치세 환급이 가능하다.

- 수출기업의 경우, 누적 매입 부가세가 3억 동 이상일 경우, 부가세
  환급이 가능하며, 남은 공제 매입 부가세가 3억 동 미만일 경우,
  다음 분기로 이월된다.
  여기서 수출은 수입 후 단순 재수출은 포함하지 않으며, 부가가치를
  생산해야 하며, 수출품에 대한 부가세 환급 금액은 수출품의
  수익의 10%를 초과하지 않아야 한다.

만일, 수출과 내수 판매를 동시에 하는 경우에는 수출품의 매입
부가세를 따로 기록하여야 한다.
– 신설기업이 투자프로젝트를 이행하는 경우(고정자산 없이 임대 또는
  매각용도의 주택 건설 프로젝트 제외) 매입세액 공제법으로서 정관
  자본금이 완납되고 영업시작 전 건설기간의 자금부담의 완화를 위하여
  부가가치세가 3억 동 이상이라면, 투자기간이 1년 미만이더라도
  환급이 가능하다. 3억 동 미만의 경우, 다음 신고기간으로 이월된다.
– 조직 변경(M&A, 해산 등)이 이뤄지고 공제하지 못한 매입 부가가치세
  또는 과납부한 부가가치세가 남아 있는 경우 환급 가능하다.

08 부가가치세 세금계산서 취급 시 주의점

부가가치세 세금계산서는 정부에 의해 엄격하게 관리되고 있으
며, 부가가치세 세금계산서 발행과 관련하여 서식 및 필요 기재사항
또한 법 규정에 따라야 한다.

세금계산서 발행 시 아래의 사항을 주의하여야 한다.

1) 영어 등 외국어로 된 주소나 사업자명을 명기하면 안 됨
2) 세금계산서 일련번호는 발행일자가 소급되어 발행하지 못하며,
3) 유통업(도 · 소매업, 일반상점)의 경우, 세금 계산서 발행 시 매입세
액 공제법과 직접법 모두 판매되는 제품에 대하여 아래와 같이 세금

계산서를 발행하여야 한다.

- 구매자가 요구하는 경우, 반드시 세금계산서를 발행하여야 한다.
- 1회 상품판매 대금이 20만 동 이상인 경우에는 고객이 원하지 않더라도 세금계산서를 발행하여야 한다.
- 1회 20만 동 이하의 상품판매액은 1일 판매량을 누계하여 1장의 세금계산서를 해당일로 발행하여야 한다.

일단 매출을 계상하고 부가가치세 세금계산서를 발행한 후에 어떠한 이유로 부가가치세 세금계산서를 취소 혹은 수정 재발행을 해야 하는 경우에는 아래 절차를 통해 부가가치세 세금계산서를 취소 및 재발행이 가능하다.

- 발행처 기업으로부터 부가가치세 세금계산서를 회수한다.
- 부가가치세 세금계산서의 취소와 관련된 문서를 작성한다.
- 부가가치세 세금계산서 발행처의 법적 대표자가 부가가치세 세금계산서 취소와 관련된 문서에 서명날인하고 각각 1부씩 보관한다.
- 부가가치세 세금계산서를 재발행한다.
  (기 발행 부가가치세 세금계산서에 오류가 있어 재발행이 필요한 경우)
- 회수한 부가가치세 세금계산서가 발행된 달의 부가가치세 수정신고를 한다.
- 취소한 일시가 속해 있는 분기의 부가가치세 보고서를 통해 세무서에 해당 부가가치세 세금계산서의 취소를 보고한다.

PART 6
이전가격세제

01 베트남 이전가격의 개요

　이전가격세제란 관계회사 간 거래에서 거래가격을 임의로 조정하여 소득을 국외에 이전하는 것을 방지하기 위해서 정해진 세제이다. 거래상 가격 설정은 기업의 자유의지에 맡기는 것이 자유거래의 대원칙이다. 다만 기업그룹 내에서 거래가격을 조정함으로써 결과적으로 세부담을 자유롭게 경감시키는 것이 가능해지면 가격을 변동시킴으로써 해당 국가에서의 세부담을 자의적으로 조작할 수 있게 된다.

　국외 소득 이전을 회피할 목적으로 관련회사 간 거래가격과 독립기업 간 거래가격이 차이가 난다고 판단될 경우 세무당국은 독립기업 간 가격을 바탕으로 소득금액을 산출하여 과세를 하게 된다. 베트남 과세당국에서는 이전가격 규정을 강화하여 Decree No 20/2017/ND-CP(2017.2.24, 이하 "20호 시행령")와 Circular No 41/2017/TT-BTC(2017.4.28, 이하 "41호 시행규칙")를 공표하였고, 이 규정들은 2017년 5월 1일부터 발효가 되어 2017년 회계연도부터 적용되고 있다.

02 특수관계자에 관한 정의

20호 시행령 제 5조에 따라 특수관계자는 아래와 같다.

1) 다음 각호에 해당하는 경우 특수관계를 가지는 특수관계자로 본다.

① 일방 당사자가 상대방의 경영, 감사에 직간접적으로 참여하거나 상대방에 자본출자 혹은 투자하는 경우
② 당사자들이 직간접적으로 제3자의 경영, 감사를 함께 하거나 자본출자 혹은 투자하는 경우

2) 본 조 제1항에 규정된 각 특수관계자는 다음과 같이 구체적으로 규정된다.

① 일방 기업이 다른 기업의 법정자본금의 최소 25% 이상 직간접적으로 소유하고 있는 경우
② 두 기업이 직간접적으로 제3자 기업의 법정자본금의 최소 25% 이상을 소유하고 있는 경우
③ 한 기업이 다른 기업의 법정자본금을 소유한 최대 주주로 다른 기업의 총 주식의 최소 10% 이상 직간접적으로 소유하고 있는 경우
④ 일방 기업이 상대방 기업에게 어떤 형태로든 담보를 제공하거나 대출을 제공하여, 대출금액이 피대출 기업 지분의 최소 25% 이상을

차지하고 피대출 기업의 중장기 대출 총액의 50%를 초과하는 경우 (특수관계자의 보증에 의한 제3자로부터의 차입금과 동일하거나 유사한 성격의 각 금융 거래 포함)

⑤ 일방 기업의 이사회 임원 중 50% 이상 또는 감사위원회(audit commitee) 위원 중 50% 이상을 상대방 기업이 지명하며, 상대방 기업의 재무정책 또는 사업 활동을 결정하는 권한을 가진 일방 기업의 이사 또는 감사위원회 위원을 상대방 기업이 지명

⑥ 각 기업의 재무정책 또는 사업 활동을 결정하는 권한을 가진 이사회 임원 중 50% 이상 또는 감사위원회 위원 중 50% 이상을 동일한 제3자가 지명

⑦ 양 기업은 부부, 친부모, 양부모, 친자식, 양자, 친형제, 친남매, 처남, 올케, 조부모, 친손자, 친손녀, 외조부모, 외손자, 외손녀, 고모, 삼촌, 숙모, 이모, 친조카, 외조카간의 가족관계를 가진 가족 내 구성원으로서의 개인이 인력, 재무 및 사업관련 업무를 관리 또는 통제

⑧ 양 기업은 본사와 고정 사업장의 관계를 가지거나 동일한 외국기업 또는 개인의 고정 사업장임

⑨ 하나 혹은 다수기업에 한 명의 개인이 자본을 출자하여 감독을 하거나 기업 운영에 직접 참여하는 경우

⑩ 일방 기업이 다른 기업의 사업(생산영업) 활동에 대하여 실제적으로 경영 및 통제하는 경우

03 독립기업 간 가격의 산정 방법

베트남에서 독립기업 간 가격 산정에 관하여 재무부 시행령에서 아래의 산정 방식을 허용하고 있다.

① 비교가능 제3자 가격방법
  (CUP법 : Comparable Uncontrolled Price Method)
② 재판매가격방법 (RP법 : Resale Price Method)
③ 원가가산방법 (CP법 : Cost Plus Method)
④ 거래순이익방법 (Transactional Net Margin Method)
⑤ 거래이익분할방법 (PS법 : Transactional Profit Split Method)

각각의 산정 방법은 OECD 이전가격 가이드라인을 따른 것으로 비교가능성이 높고 거래실태에 적합한 것을 채용하게 된다.

04 문서화 제도

2010년 6월부터 베트남에서는 이전가격 문서화(Document)가 요구되어 이를 기업 측이 이행하지 않은 경우나 세무당국이 요구하는 문서를 제출하지 못한 경우에는 벌금이 부과된다. 또 세무신고서 작성 시에 이전가격에 관한 별표(Form 01)를 작성하여야 하며, 여기에 관련자와의 거래상황을 기재해야 한다. 당국 측은 이것들을 바탕으로 이전가격에 관한 데이터 수집 등을 하고 있다고 하므로 해당 문서를 작성을 할 때에는 이전가격 문서와 함께 내용에 대해 충분히 검토할 필요가 있다.

문서화할 때에는 아래 내용을 기재해야 한다.

– 법인과 관련자에 관한 개략 정보
· 법인과 관련자의 관계에 관한 설명
· 관련자 간의 성장전략과 관리 · 지배에 관한 최신정보
· 성장계획, 사업전략, 투자, 판매 · 생산에 관한 정보
· 조직도, 기업 및 관련자의 수행 기능에 관한 설명

– 법인의 거래 정보
· 거래 차트 또는 거래 설명
· 제품 특성과 사양에 관한 설명
· 관련자 거래의 계약교섭부터 체결까지의 일련의 경위 설명
· 관련자 간 거래가 일어난 시기의 경제상황에 관한 설명

– 시장가격의 산정 방법에 관한 정보
· 가격결정 방침, 가격의 관리 · 승인과정, 제품별 가격표
· 관련자 간 거래에서 법인이 적절한 가격산정 방법을 선택 적용하고 있음을 설명
· 가격산정 방법의 선택 적용에 관한 기타 설명

05 이전가격 사전 승인제도

이전가격 사전 승인제도(APA, Advance Pricing Agreement)란 법인이 거래가격을 결정할 때, 사전확인을 희망하는 경우에는 국세청에 신청을 할 수 있도록 하는 제도이다. 사전 확인제도를 신청한 경우에는 그 사전확인에 의해 제시된 조건 등에 따라 실제 거래를 해야 한다.

06 이전가격 보고서 작성의무 면제

20호 시행령 제11조에서 이전가격 문서화 면제 대상을 아래와 같이 규정하였다.

1) 납세자가 오직 베트남 국내 특수관계자와 거래가 발생하고, 각 법인이 과세기간 내 동일한 법인세 세율을 적용하며 또한 각 법인이 법인세 우대혜택을 받지 않는 경우에만 이전가격 신고서 서식 01의 III장과 IV장 작성이 면제된다. 하지만 신고서 서식 01의 I장과 II장에 그 면제근거를 반드시 신고해야 한다.

2) 납세자는 신고서 서식 01에 따라 이전가격 확정신고의 책임이 있으나 다음의 각 경우에 해당되는 경우 이전가격 보고서 작성이 면제된다.

- 당해연도 매출액이 500억 동 이하이면서 특수관계자와의 거래 규모가 300억 동 이하인 납세자인 경우
- 베트남 자회사가 단순한 기능을 수행하는 업체로 당해 연도 매출액이 2000억 동 이하이면서, 도매업의 경우 영업이익(EBIT)이 최소 5% 이상인 경우, 단순제조업의 경우 10% 이상인 경우, 단순임가공업의 경우 15% 이상인 경우
- 양 과세당국에 이전가격에 대하여 미리 승인받는 제도인 이전가격 사전승인제도(APA)가 체결되고 APA 연례보고서가 제출된 경우

20호 시행령 제 10조에서는 국가별 보고서 적용대상에 대하여 아래와 같이 규정한다.

- 최종 모회사가 베트남 회사이고 연결매출액이 18조 동 이상인 경우
- 최종 모회사가 외국계회사일 경우 모회사가 소재국 규정에 따라 제출 대상일 경우, 베트남 자회사도 제출 대상이 됨

PART 7
외국인계약자세

01 외국인계약자세 개요

외국인계약자세(Foreign Contractor Tax, FCT)는 외국의 개인 또는 법인 (베트남에서의 거주 여부나 PE의 소재는 불문)이 베트남의 개인 또는 법인에 대해 베트남 국내에서 서비스를 제공하여 대가를 얻은 소득이나 부가가치에 대해 부과하는 세금이다.

그리고 아래와 같은 외국계약자는 과세대상이 되지 않는다.

- 베트남 법률(투자법, 석유법 또는 신용기관법)에 따라 베트남 내에 설립되어 사업을 영위하는 외국 법인 또는 외국인
- 베트남 내에서 서비스가 수행되지 않고 베트남 법인 또는 내국인에게 물품을 판매하는 외국 법인 또는 외국인
- 베트남 국외에서 베트남 법인 또는 내국인에게 서비스를 제공하는 외국 법인 또는 외국인

- 베트남 법인이나 내국인에게 해외에서 항공기와 선박 등 수송수단의
  수선, 광고선전 서비스, 트레이닝 서비스 등을 베트남 기업과
  개인에게 국외에서 제공하는 외국 법인 또는 개인
- 국제운송, 통과, 저장, 가공을 위하여 보세지역의 창고나 장소를
  사용하는 외국 법인 또는 외국인

또한 베트남에서 납부한 외국인계약자세의 경우, 베트남에 고정
사업장을 두고 있는 한국법인이 납부한 세액에 대하여 한-베트남
조세조약과 법인세법에 따라 한국에서 외국납부세액공제를 받을 수
있으나, 베트남에 고정 사업장을 두고 있지 않은 경우, 외국납부세
액공제를 받을 수 없을 수 있으므로 한국 내 세무 전문가의 도움을
받는 것이 좋겠다.

02 과세표준액과 세액의 계산

❶ 공제법

베트남 내 항구적 시설(PE)를 보유한 법인 또는 베트남 거주자로
사업기간이 183일 이상이며, 베트남회계시스템(VAS)를 도입해서 회
계처리를 하고 있는 경우, 일반 베트남기업의 법인세 및 부가세법을
적용한다.

❷ 직접법

공제법의 조건을 충족하지 못한 경우, 베트남회계시스템(VAS)를 도입하지 않아 사업자의 과세소득 산출이 불가능하므로 매출액에 기반해서 과세표준액을 계산하며, 아래와 같이 계산한다.

법인세 : 매출액 × 외국인계약자세 법인세율(업종별 세율이 상이)
부가세 : 매출액 × 외국인계약자세 부가세율(업종별 세율이 상이)

외국인계약세 금액 산정 시, 매출액을 기준으로 하므로 관련 발생 비용과는 무관하게 세금이 책정되므로 일반 법인세율 및 부가세율보다 세율이 낮게 책정된다

업종	간주 부가세율	간주 법인소득세율
베트남 내에 서비스가 따르는 물품판매	면제	1%
서비스 일반, 기계설비리스 및 보험	5%	5%
식당, 호텔, 카지노 관리 서비스	5%	10%
건설, 구조물 설치 용역 (재료, 기계설비 공급 비포함)	5%	2%
건설, 구조물 설치 용역 (재료, 기계설비 공급 포함)	3%	2%
운송 서비스	3%	2%
제조, 기타 서비스	3%	2%
재보험 및 재보험 중개수수료	면제	0.1%
증권양수도	면제	0.1%
이자	면제	5%
로열티	면제	10%
기타 활동	2%	2%

외국계약자가 복수의 상기 서비스를 제공하는 경우, 통상 각각의 서비스별 세율이 적용되지만 계약상 그 서비스 내용이 상세하게 구분되지 않은 경우에는 각각의 서비스 중 가장 높은 세율이 적용된다.

❸ 복합법

복합법 신고방식은 법인세는 외국인계약자세 법인세율(업종별 세율 상이)을 적용하고, 부가세는 일반 부가세법을 적용하는 방식이다.

주로 ODA 프로젝트 등 대규모 계약 시에 거액의 매입 부가가치세를 지불해야 하는 경우, 직접법의 간주 부가가치세율을 적용하면 매입 부가가치세의 공제 혹은 환급을 받지 못하는 단점을 회피할 수 있는 방법이다.

복합법을 사용하기 위해서는 베트남 내 항구적 시설(PE)을 보유한 법인 또는 베트남 거주자로 사업기간이 183일 이상이며, 베트남회계 시스템(VAS)을 도입해서 회계처리를 하는 공제법의 대상조건을 충족하고, 사전에 세무당국의 승인을 받은 후 계약체결 후 20영업일 이내에 세무당국에 복합법 신고방식을 적용한다는 사실을 신고하여야 한다.

03 신고 및 납부 방법

외국인계약자세의 신고 및 납부는 고정 사업장 유무, 사업기간 183

일 초과 여부, 베트남회계시스템(VAS) 도입 여부에 따라 상이하다.

1 공제법

공제법 대상 기업은 해당 외국계약자 자신이 납세 및 신고의무자
가 된다.

세목	종류	신고 및 납부기한
법인세	분기별 예정신고	다음 분기 개시 30일 이내
	연도 말 확정신고	연도 말로부터 90일 이내
부가가치세	매월 신고	익월 20일까지
계약기간 종료 시	종료 후 45일 이내 신고	

2 직접법

직접법 대상 기업의 경우, 베트남기업(발주처)이 신고의무자가 되
어 베트남기업은 외국계약자에게 대금 지급 시 법인세와 부가세를
원천 징수하게 된다.

세목	종류	신고 및 납부기한
법인세/부가세	매월 신고	지급일로부터 10일 이내 혹은 익월 10일까지
계약기간 종료 시	종료 후 45일 이내 신고	

이후 베트남 발주처는 매입부가세 공제가 가능하다.

❸ 복합법

복합법으로 신고 및 납부를 하는 경우에는 외국계약자 또는 베트남 측이 신고 및 납세의무자가 된다.

세목	종류	신고 및 납부기한
법인세	매번 신고	지불일로부터 10일 이내
부가가치세	매월 신고	익월 20일까지

PART 8
기타 세금(특별소비세, 천연자원세, 환경보호세)

베트남의 기타 세금은 특별소비세, 천연자원세, 환경보호세 등이 있으며 각각의 세율은 아래와 같다.

01 특별소비세(Special Saless Tax, "SST")

특정 재화의 생산이나 수입, 특정 용역의 제공에 대하여 부과하는 소비세이다. 특별소비세의 과세대상과 세율은 아래와 같다.

제품/서비스	세율(%)	제품/서비스	세율(%)
시가/담배	75	부적	70
증류주/와인	알코올 20% 이상(65) 알코올 20% 미만(35)	디스코텍	40
맥주	65	마사지/가라오케	30
24인승 미만 자동차	10-150	카지노	35
비행기/보트	30	사행성게임	30
에어컨	10	골프	20
카드놀이용 카드	40	복권	15

02 천연자원세(Natural Resources Tax)

석유, 광물, 천연가스, 임산물, 천연수 등 베트남 천연자원을 채취 및 이용하는 사업에 부과하는 세금이다. 이는 자원별로 과세가액에 생산량과 세액을 곱하여 결정된다. 석유, 천연가스 및 석탄가스는 일평균 생산량에 따라 누진세가 적용된다. 아래는 원유에 대한 과세의 예이다.

생산량(일평균 생산 배럴량)	권장 투자프로젝트	이외 프로젝트
20,000까지	7%	10%
20,001부터 50,000까지	9%	12%
50,001부터 75,000까지	11%	14%
75,001부터 100,000까지	13%	19%
100,001부터 150,000까지	18%	24%
150,000 이상	23%	29%

03 환경보호세(Environment Protection Tax)

환경에 해로운 영향을 미치는 특정 재화의 생산과 수입에 대하여 부과하는 세금이며 주로 석유, 석탄 등에 부과된다.

품목(영문)	단위	2019년 이후
가솔린(에탄올 제외)	리터	4,000
디젤	리터	2,000
항공유(Aircraft Fuel)	리터	3,000
연료유(Fuel Oil)	리터	2,000

윤활유(Lubricant)	리터	2,000
그리스(Grease)	킬로그램	2,000
무연탄(Anthracite)	톤	30,000
무연탄 이외 석탄	톤	15,000
HCFC액	KG	5,000
프라스틱백	KG	50,000
사용제한제초제	KG	2,000
사용제한살충제	KG	3,000
사용제한방부제	KG	3,000
사용제한소독제	KG	3,000

PART 9
관세

01 수출입관세

    베트남 수출입관세법에 따라 수출입허가를 득한 후 베트남 국경을 통과하는 물품은 수출입관세의 대상이 된다. 베트남 관세제도가 다른 국가와 다른 점은 베트남에서는 수출하는 일부 품목(120여 개 품목)에 대하여 수출관세(0%~45%)가 부과되어 한국에서의 수입원가가 높아질 수 있다는 점을 염두에 두는 것이 좋다.

    대표적인 수출관세 납부 대상과 세율은 원유(10%), 석재(30%), 석탄(10%), 원목(10%), 철광석(40%) 등이다.

    또한 수입관세 면제 혜택을 받는 제품은 아래와 같다.

- 베트남을 통과하는 화물
- 원조사업 등을 위한 지원물자

- 외국기업이 고정자산으로 사용하기 위해 수입하는 기계장치 등
- 베트남에서 생산 불가능한 건축자재
- 보세지역에서 해외로 수출되는 물품, 해외에서 보세지역으로 수입되고 보세지역에서만 사용되는 상품, 이 보세지역에서 다른 보세지역으로 이동하는 상품

또한 수출가공형 기업의 경우, 수출용 원재료 및 임가공 목적으로 수입한 경우 수입관세 면제 혜택을 받고 있으나, 수입 후 원재료 및 제품수불부를 정확히 작성하여 보고해야 하는 등 원자재와 물품을 철저히 관리해야 할 의무가 있으며, 그렇지 못한 경우 향후 관세심사 시 면제된 세금과 함께 추가적인 가산세와 지연이자를 납부할 수도 있다.

❶ 관세제도

관세란 화물 등을 수출입하는 경우에 부과되는 세금이다. 화물을 수출입할 때의 화물 가격 및 부대비용을 바탕으로 과세표준액(과세대상이 되는 가격)을 산출한다. 베트남에서는 화물의 종류별로 HS코드와 그 관세율이 정해져 있어 과세표준액에 지정된 관세율을 곱해서 관세 금액을 산출한다.

HS코드란 상품의 명칭 및 분류에 대한 통일된 시스템에 관한 국제조약(HS조약)에서 정한 것으로 상품을 최소 6자릿수로 분류하고 있다. 6자릿수의 상품분류는 이 조약을 바탕으로 세계 공통이지만 7자

릿수 이상의 분류는 각국이 임의로 설정할 수 있으며, 베트남의 경우 8자릿수의 HS코드를 사용하고 있다. 반면 한국은 10자릿수의 HS코드를 사용하고 있다.

수출입에 있어 과세표준액의 산출 방식은 아래와 같다.

구분	과세표준액
수입	CIF(물대/보험/운임 포함 가격)
수출	FOB(배에 싣기 전까지의 가격)

참고로 CIF 및 FOB는 국제상업회의소(ICC)가 제정한 인코텀즈(Incoterms)에서 정의한 무역거래조건으로 수출자 및 수입자의 화물의 운송에 대해 가격조건에 따른 책임범위를 규정하고 있다.

② 수출관세

수출관세는 보험료와 운임을 제외하고 수출항에서의 매각가격(FOB 가격)을 바탕으로 과세표준액이 산출된다. 관세평가액은 수출 시의 계약서와 기타 관련 서류에 근거한 매각가격이 된다.

③ 수출신고

신고에는 세금계산서, 패킹리스트, 발주서(PO, Purchase Order), 매매계약서가 필요하여, 물품에 따라서는 관련 관공서에서 수출허가서 제출을 요구하는 경우가 있다. 신고서 및 관련 서류 제출 후, 화물, 신고서, 관련 서류 모두에 문제가 없다면 납세통지서가 발행되고 납세완료 후에 수출이 허가된다.

❹ 수입관세

수입관세는 CIF를 바탕으로 관세액이 산출된다. 베트남의 수입관세에는 아래 3종류의 세율이 채용되고 있다.

– 표준관세율
우대세율 및 특별우대세율에 적용되지 않는 기타 수입물품의 경우 표준관세율이 적용된다. 표준관세율은 우대관세율보다 50% 높게 설정된다.

– 우대세율
우대세율은 베트남과 최혜국대우(MFN, Most Favored Nation) 합의를 이룬 통상국으로부터 수입하는 물품에 적용된다. 국내법에 의해 물품별로 세율이 규정되어 있다.

– 특별우대세율
특별우대세율은 자유무역지역과 공통 관세제도의 일환으로 베트남과 특별 우대수입관세에 관한 협정을 체결한 국가 등으로부터 수입하는 물품에 대해 적용된다. 또 국내 관세법령에 따라 개별적으로 우대세율이 적용되는 경우가 있다. 관세납부 통화는 기본적으로 베트남 동화이며, 외화로 납부하는 경우의 통화는 베트남 동으로 환산 가능한 것이어야 하며, 세액계산 시점의 베트남중앙은행(SBV, the State Bank of Vietnam)의 고시환율을 적용한다. 만일 세금계산서가 없어 가격을 확인할 수 없는 경우 혹은 베트남 정부가 고시한 최소가격보다 가격이 낮을 경우 베트남 재무부(MOF, Ministry of Finance) 산하 관세총국(GDC, General Department of Vietnam Customs)이 설정한 가격을 기준으로 결정된다.

5 수출가공기업 우대

수출가공기업(EPE, Export Processing Enterprises)이란 수출가공구(EPZs, Export Processing Zones), 공업단지(IZ, Industrial Zone) 내 또는 경제구 내에서 조업하고 제품 모두를 수출하는 기업을 말한다.

수출가공기업은 아래에서 물품의 수입에 해당하는 경우에 우대를 받는다.

- 수출용 제품 생산을 위해서 수입된 원재료에 대한 수입관세 및 부가세 면제
- 제품가공을 목적으로 베트남 국내기업에서 구입한 공급물자, 원재료, 재공품에 대한 매입 부가세 면제
- 수출가공형기업, 수출가공구, 보세창고에 반입된 물품의 구입 시 매입

부가세 면제

– 수출가공형기업이 국내기업으로부터 서비스, 건축, 설치공사를 하는
경우의 매입 부가세 면제

수출가공기업은 부가세법상 매입 부가세가 과세되지 않아 부가
세 신고의 의무가 없지만, 일반기업과 같이 법인소득세 신고의 의무
를 가지게 된다. 또한 일부 매입 부가세 중 영세율 미적용 항목에 대
하여 매입 부가세가 환급되지 않는 단점도 있는데 그 예로는 주택임
대, 통근운송, 차량구매, 특정 외주 용역 등은 영세율 적용 대상에서
제외된다.

⑥ 수입신고

수입신고는 화물이 수입항에 도착한 후에 실시하며, 신고를 위해
서는 세금계산서, 패킹리스트, 선하증권(BL), 발주서, 매매계약서,
D/O(Delivery Order)등의 서류가 필요하다. 수입신고는 화물이 도착한
후 30일 이내에 진행되어야 하며, 전자신고 방식 또는 일반 종이 서
류를 통한 신고가 가능하다. 규제화물 및 특혜관세를 적용하는 경
우, 각종 관련부처에 의한 수입허가서나 원산지증명서 등이 필요하
다. 수입신고 후, 경우에 따라서는 세관의 화물검사를 받게 된다.
화물, 수입신고서 외에 제출서류에 문제가 없다면 납세통지서가 발
행되며, 납세통지서에 따른 납세가 종료된 후에 화물의 인수가 허
가된다.

수입신고서 작성 시에는 HS코드는 세율과 관련되므로 HS코드의 결정에 주의하여야 한다. 수입하려는 화물이 어느 HS코드에 해당하는지 판단이 어려운 경우에는 문서를 통한 사전심사제도를 이용할 수도 있다. 이 제도는 화물을 수입하기 전에 그 화물의 HS코드를 세관에 상담하여 답변을 받는 것이며, HS코드의 판단이 어려운 화물을 수입할 때는 현지의 물류업체 혹은 관세사에게 관련 내용을 상담받는 것이 좋다.

PART 10
조세 조약

01 조세 조약의 개요

조세 조약이란 이중과세회피와 탈세방지 등을 목적으로 국가 간에 체결하는 합의(조약)이다. 그 적용는 각국이 정하는 국내법보다 우선해서 적용된다. 다시 말해 국내법에서 과세가 되는 경우라도 조세 조약에서 면세인 경우에는 면세 혜택을 받게 된다. 하지만 조세 조약을 적용함으로써 국내법에 비해 불리해지는 경우에는 국내법 규정을 우선 적용하는 것이 가능하다.

베트남은 한국과 2007년 6월 29일 조세 조약을 발효하였으며, 한국을 포함하여 약 50개국과 조세 조약을 체결하고 있다.

02 OECD 모델 조약

OECD 모델 조약이란 경제협력개발기구(OECD)가 가맹국 각국에 대해 도입을 권장하는 것으로서 구체적으로는 가맹국과 OECD 모델 조세조약 정책에 찬성하는 비가맹국 간의 양국 간 조세 조약 신규체결이나 기존의 조세 조약을 개정하는 경우의 서식 등을 지칭한다. OECD 모델 조약에는 소득 및 재산에 관한 조세 조약 모델과 상속, 유산 등에 관한 조세 조약 모델의 2가지가 모델로 구성된다. 한국과 베트남 간에 체결되어 있는 조세협정도 다른 국가들과 같이 OECD 모델 조약을 기본으로 하고 있다.

한국기업이 국제화함에 따라 베트남 자회사가 한국 본사와의 거래만이 아닌 한국 이외의 해외 자회사 혹은 제3국 회사와의 거래가 발생할 수 있는데 그 경우에는 한국·베트남 간의 조세협정과 베트남과 소재지 국가 간의 조세 조약의 내용을 사전에 검토할 필요가 있다.

03 조세 조약 주요 내용

(2019년 11월 27일 한-베트남 이중과세방지 협약 개정의정서 내용 추가)

– 대상자(1조)

한쪽 혹은 양국가의 거주자인 인(개인, 법인)에게 적용된다.

– 협정의 적용 대상이 되는 현행 조세(2조)

· 베트남 : 개인소득세(Personal Income Tax), 이윤세(Profit Tax), 이윤송금세(Profit Remittance Tax)

· 한국 : 소득세(Income Tax), 법인세(Corporation Tax),

주민세(Inhabitant Tax)

– 거주자의 의미(4조)

거주자라 함은 해당 국가의 법에 따라 주소, 거소, 본점 또는 주사무소의 소재지, 관리장소 또는 유사한 성질의 다른 기준으로 인하여 해당 국가에서 납세의무가 있는 인(개인, 법인)을 의미한다.

– 고정 사업장(5조)

고정 사업장(Permanent Establishment)이라 함은 기업의 사업이 전적으로 또는 부분적으로 영위되는 사업상의 고정된 장소를 의미한다.

– 부동산 소득(6조)

부동산으로부터 발생되는 소득의 경우 그러한 재산이 소재하는 체약국에서 과세할 수 있다.

– 사업 이윤(7조)

베트남 기업의 이윤의 경우 그 기업이 한국 내에 소재하는 고정 사업장을 통하여 한국 내에서 사업을 영위하지 아니하는 한 베트남에서만 과세한다. 베트남 기업이 한국 내 고정 사업장을 유지하며 사업을 영위하는 경우에는 그 기업의 이윤 중 한국 고정 사업장에 귀속시킬 수 있는 부분에 대하여서만 한국에서 과세할 수 있다.

– 해운 및 항공운수(8조)

선박 또는 항공기의 국제운수 운행으로부터 발생되는 일방체약국의 기업의 이윤에 대하여 일방체약국에서만 과세한다. (2019/11/27, 한-베트남 이중과세방지 협약개정의정서 내용, 현지에서 면세되는 국제운수소득*의 범위에 일시적인(incidental) 컨테이너 사용 발생한 이윤이 포함됨을 명확히 함)

*국제운수 운영기업의 거주지국에서만 과세 가능

– 특수관계기업(9조)

한국의 기업이 베트남 기업의 경영, 지배 또는 자본에 직/간접으로 참여하거나 또는 동일인이 한국의 기업과 베트남 기업의 경영, 지배 또는 자본에 직접, 또는 간접으로 참여하는 경우에 그리고 어느 경우에도 양 기업 간에 사업상 또는 재정상의 관계에 있어 독립기업 간 거래의 조건과 다른 조건이 설정되거나 부과된 경우, 동 조건이 없었더라면 일방기업의 이윤이 되었을 것이 동 조건으로 인하여 일방기업의 이윤이 되었을 것이 그러한 이윤으로 되지 아니한 것에 대하여 동 기업의 이윤에 가산하여 그에 따라 과세할 수 있다.

이전가격세제에 관련한 규정은 앞에서 설명한 재무부 시행령뿐만 아니라 조세협정에도 포함되어 있다.

– 배당(10조)

배당을 지급하는 회사가 거주자인 체약국이 해당국의 법에 따라 과세할 수 있다. 단, 수령인이 배당의 수익적 소유자인 경우 부과되는 조세는 총배당액의 10퍼센트를 초과하지 아니한다.

- 이자(11조)

일방체약국에서 발생하여 타방체약국의 거주자에게 지급되는 이자의 경우 동 타방체약국에서 과세할 수 있다. 그러나 그러한 이자에 대하여서는 이자가 발생하는 체약국에서도 법에 따라 과세할 수 있다. 수취인이 동 이자의 수익적 소유자인 경우 그렇게 부과되는 조세는 이자 총액의 10%를 초과해서는 아니된다.

- 사용료(12조)

일방체약국에서 발생하여 타방체약국의 거주자에게 지급되는 사용료의 경우 사용료가 발생하는 체약국에서도 동 체약국의 법에 따라 과세할 수 있다. 수취인이 동 사용료의 수익적 소유자인 경우에는 그렇게 부과되는 조세는 사용료의 내용에 따라서 달라진다. 특허권, 의장신안, 각종 사용 및 사용권, 산업, 학술, 기술 정보 취득의 경우에는 총액의 5%를 초과하지 못하며, 기타 사용료의 경우에는 총액의 15%를 초과하지 못한다. (2019/11/27, 한-베트남 이중과세방지 협약 개정의정서 내용에 따르면 10%로 변경될 예정이며, 양국 국회의 승인을 기다리고 있다.)

- 양도소득(13조)

부동산의 양도로부터 발생되는 소득은 그 재산이 소재하는 체약국에서 과세할 수 있다. 일방체약국의 기업이 타방체약국 내에 가지고 있는 고정 사업장의 사업용 재산의 일부를 형성하는 동산의 양도 또는 전문직업적 용역의 수행을 목적으로 일방체약국의 거주자가 이용할 수 있는 타방체약국 내의 고정시설에 속하는 동산의 양도로부터 발생되는 소득 및 그러한 고정 사업장(단독으로 또는 기업체와 함께) 또는 고정시설의 양도로부터 발생되는 소득의 경우 그 타방국에서 과세할 수 있다.(2019/11/27, 한-베트남 이중과세방지 협약개정의정서 내용, 부동산 주식* 및 대주주(지분율 15% 이상) 주식 양도차익은 소득발생지국에서 과세 가능해짐)

   *부동산이 총자산의 50%를 초과하는 법인의 주식

– 독립적 인적 용역(14조)

   일방체약국의 거주자에게 발생되는 인적 용역(전문적 용역 포함)에 대한 급료, 임금 및 기타 유사한 보수 또는 소득의 경우, 그 용역이 타방체약국에서 수행되지 아니하는 한, 동 일방체약국에서만 과세한다. 그 용역이 타방체약국 내에서 수행되는 경우에는 그 용역으로부터 발생되는 보수 또는 소득의 경우 동 타방체약국에서 과세할 수 있다.(2019/11/27, 한-베트남 이중과세방지 협약개정의정서 내용, 경영, 기술 또는 자문 성격의 용역에 대한 대가에 대해 소득발생지국에서 최고 7.5%까지 과세 가능해짐)

– 종속적 인적 용역(15조)

   제16조, 제18조, 제19조, 제20조 및 제21조의 규정에 따를 것을 조건으로, 고용과 관련하여 일방체약국의 거주자가 취득하는 급료, 임금 및 기타 유사한 보수의 경우 그 고용이 타방체약국에서 수행되지 아니하는 한, 동 일방체약국에서만 과세한다. 단, 그 고용이 타방

체약국에서 수행되는 경우 동 고용으로부터 발생하는 보수의 경우 동 타방체약국에서 과세할 수 있다.

– 이사의 보수(16조)

일방체약국의 거주자가 타방체약국의 거주자인 법인의 이사회의 구성원 자격으로 취득하는 이사수당 및 이와 유사한 지급금의 경우 동 타방체약국에서 과세할 수 있다.

– 예능인 및 운동가(17조)

연극, 영화, 라디오 또는 텔리비전 예능인이나 음악가와 같은 연예인 또는 운동가에 의하여 그들의 인적 용역으로부터 발생되는 소득의 경우 그 용역이 수행되는 체약국에서 과세할 수 있다.

– 연금(18조)

일방체약국의 거주자에 의하여 타방체약국으로부터 발생된 연금 기타 유사한 보수의 경우 동 일방체약국에서만 과세한다.

– 기타소득(22조)

이 협정의 전기 각 조에서 취급되지 아니한 일방체약국 거주자의 소득 항목의 경우 동 일방체약국에서만 과세한다.

– 이중과세의 해소방법(23조)

한국 거주자의 경우, 이중과세는 다음과 같이 해소된다. 한국 이외의 국가에서 납부하는 조세에 대하여 허용하는 한국의 조세로부터의 세액공제에 관한 한국세법의 규정에 따를 것을 조건으로, 베트남 내의 원천소득에 대하여 직접적이든 공제에 의해서든, 베트남의 법과 이 협정에 따라 납부할 베트남의 조세(배당의 경우 배당이 지급되는 이윤에 대하여 납부할 조세를 제외함)는 동 소득에 대하여 납부할 한국의 조세로부터 세액공제가 허용된다. 그러나 그 공제세액은 베트남 내의 원천소득이 한국의 조세납부 대상이 되는 총소득에서 차지하는 비율에 해당하는 한국의 조세액의 부분을 초과하지 아니한다.

- 무차별(24조)

일방체약국의 국민은 타방체약국에서 동일한 상황하에 있는 타방국의 국민이 부담하고 있거나 또는 부담할지도 모르는 조세 및 이와 관련된 요건과 다르거나 더 과중한 조세 또는 이와 관련된 의무를 부담하지 아니한다. 일방체약국의 기업이 타방체약국 안에 가지고 있는 고정 사업장에 대한 조세는 같은 활동을 수행하는 동 타방체약국의 기업에게 부과되는 조세보다 불리하게 부과되지 아니한다. 이 규정은 일방체약국에 대하여 시민으로서의 지위 또는 가족부양 책임을 근거로 자국의 거주자에게 부여하는 조세목적상 어떠한 인적 공제, 구제 및 경감을 타방체약국의 거주자에게도 부여하여야 할 의무를 부과하는 것으로 해석되지 아니한다.

- 정보교환(26조)

양 체약국의 권한있는 당국은 이 협정의 제규정을 시행하거나, 또는 당해 국내법에 의한 과세가 이 협정에 반하지 아니하는 한 이 협정의 적용대상이 되는 조세에 관한 체약국의 국내법의 제규정을 시행하는데 필요한 정보를 교환한다. 정보의 교환은 제1조에 의하여 제한되지 아니한다. 일방체약국이 입수하는 정보는 동 국의 국내법에 의하여 입수되는 정보와 동일하게 비밀로 취급되어야 하며 이 협정의 적용대상이 되는 조세의 부과, 징수, 강제 집행 또는 소추나 쟁송청구의 결정에 관련되는 인 또는 당국(행정, 사법기관을 포함)에 대하여만 공개된다. 그러한 인 또는 당국은 조세 목적을 위하여만 정보를 사용한다. 그들은 공개 법정절차 또는 사법적 결정의 경우 정보를 공개할 수 있다.

PART 11
자주 묻는 질문

Q. 재고자산 관련 한국 회계기준과 베트남 회계기준의 차이가 있는지요?

Answer

베트남 회계기준에서는 기말 재고자산의 평가방법으로 개별법, 이동평균법, 선입선출법, 후입선출법을 인정하고 있으며, 한국회계 기준에서는 후입선출법을 허용하지 않습니다.

Q. 외화자산부채의 기말 평가는 어떻게 하는지요?

Answer

베트남 회계기준 제10호는 환율 변화에 따른 기말 시점의 외화자 산부채의 재평가에 의한 미실현 손익에 대하여 규정을 하고 있습니 다. 외화자산의 재평가에 따른 미실현손익은 세무상 손금이나 익금 으로 인정하지 않지만, 외화부채의 재평가에 따른 미실현 손익의 경 우 세무상 손금 및 익금으로 인정하고 있습니다.

Q. 회계 관련 자료는 얼마나 보관해야 하나요?

Answer

회사의 관리 및 업무에 필요한 문서의 경우 최저 5년 간 보관해야 하며, 회계전표와 장부는 종이 혹은 전자매체의 형식으로 보관해야 하며, 보관 기간은 10년입니다. 또한 세무조사의 소멸시효도 10년입니다.

Q. 인건비 중 손금산입이 불가능한 경우를 알려주시기 바랍니다.

Answer

노동허가서 미소지 외국인에게 지급한 급여, 법정초과 근무시간을 초과한 인건비, 지급 증빙이 없는 인건비, 고용계약서에 기재되지 않은 보너스, 결산 후 6개월 이내에 지급하지 않은 급여충당금, 1인 유한회사의 개인투자자이며, 임직원인 자가 받은 급여, 한 달 평균급여를 초과하여 제공된 종업원의 복리후생비는 손금산입이 불가능하며, 미지급 급여의 경우 확정 신고기한까지 지불이 이루어지지 않은 경우에는 손금불산입 항목에 해당됩니다. 그러나 익년도에 임금지급 시 손금산입이 가능합니다.

Q. 모회사에서 대여한 대여금에 대하여 지불한 이자의 손금산입
한도액이 있는지요?

Answer

일반적으로 금융기관 이외의 조직으로부터 차입한 금액의 이자비
용은 중앙은행 기준 이자율의 150%까지만 손금산입이 가능합니다.
또한 EBITDA(단기순이익＋이자비용＋감가상각비＋세금)의 20%의 한도 내
에서만 이자비용의 손금산입이 가능합니다.

Q. 부동산 등의 양도로 발생한 양도손실과 사업소득이 상계가
가능한지요?

Answer

부동산 양도, 프로젝트의 양도, 프로젝트 참가권(광물 탐사, 시굴, 생
산권 양도소득 제외)의 양도로 인하여 발생한 손실은 사업소득 및 기타
소득과의 상계가 가능합니다.

Q. 주재원의 배우자나 자녀는 개인소득세 신고시 부양가족 공제
대상인지요? 대상이라면 관련 증빙은 어떤 것인지요?

Answer

개인 소득에 대하여 기본소득 공제 월별 900만 동과 부양가족 공
제로 피부양자 1인당 월별 360만 동의 부양가족 공제를 받을 수 있

습니다. 부양 공제의 대상에는 자녀와 배우자 등의 피부양자가 포함되며, 월소득에 1백만 동을 초과해서는 안 됩니다. 부양가족 공제의 대상과 증빙은 아래와 같습니다.

대상자	조건	필요증명서
자녀/양자	18세 미만	출생증명서 혹은 가족관계증명서
	18세 이상/장애 존재	출생증명서 혹은 가족관계증명서 및 장애로 근로 불가능함을 입증할 수 있는 자료
	대학, 전문대 학생/월수입 100만 동 이하	출생증명서 혹은 가족관계증명서 및 재학증명서 (양자) 정부기관에 의한 입양 관련 확인서류
배우자 및 부모/형제	근로연령에 해당하나 장애로 인한 근로 불가/월수입 100만 동 이하	혼인관계증명서 혹은 가족관계증명서 및 장애로 근로 불가능함을 입증할 수 있는 자료

※ 한국에서 발급받는 서류의 경우에는 한글로 발행될 경우 베트남어 번역 공증을 받고 한국외교부 공증 및 베트남 영사관의 확인을 받아야 한다.

Q. 주재원이 회사차량을 사용할 수 있도록 하고 있습니다. 주로 통근과 고객미팅 시에 이용하고 사적으로 사용하는 경우도 있습니다. 이럴 경우 개인소득세에 영향을 미치는지요?

Answer

회사차량을 사적으로 이용한 경우 개인적 혜택으로 보아서 과세할 가능성이 있습니다. 그러나 재무부 시행령에 따라서 기업의 통근 규칙에 기초하여 지급된 통근수당의 경우 면세로 인정합니다. 따라서 출퇴근 시에 회사차량을 이용하는 것은 회사규정에 따라서 지급된 통근수당으로 면세가 될 수 있습니다. 참고로 회사가 렌트한 차량의 경우에는 비과세됩니다.

Q. 피고용인에게 지급되는 출장 수당은 면세인지요?

Answer

개인소득세법상 국영기업에서 근무하는 직원에게 지급되는 출장수당을 근거로 최대 2배의 금액까지는 면세로 인정됩니다. 현재기준으로 베트남 국내출장의 경우에는 하루에 30만 동까지 인정되며, 해외의 경우에는 출장국가에 따라 다른 기준이 적용됩니다.

Q. 피고용인의 초과근무 수당의 경우 개인소득세의 부과대상인지요?

Answer

노동법에 따라 지급하는 초과근무 수당은 수당액 중 통상근무시간 당 금액을 초과하는 부분에 한하여 비과세입니다. 예를 들면 정상근무시간당 급여가 2만 동이면서 초과근무수당이 시간 당 3만 동이라면, 정상근무시간당 급여인 2만 동을 제외한 차액인 1만 동에 한하여 비과세이며, 정상 근무분인 2만 동은 과세하게 됩니다.

Q. 회사가 골프 회원권을 보유하고 있습니다. 이를 사용하고 있습니다. 관련 개인소득세 부담은 없는지요?

Answer

회사가 구입한 골프 회원권이 기명식으로 본인만이 사용 가능할 경우에는 개인에 대한 혜택으로 간주될 수 있습니다. 이럴 경우에는 골프 회원권 구입금액 전액에 대하여 개인소득세법상 과세소득으로 부과될 가능성이 있습니다. 따라서 법인회원의 경우에는 법인명의로 무기명 회원권을 구매하는 것이 좋겠습니다. 플레이 비용에 대하여 회사가 부담한 경우에는 개인 혜택으로 간주하고 비용 전액이 개인 소득세법상 과세소득이 됩니다.

Q. 회사가 주재원의 개인소득세를 부담하는 경우에 법인세 납부 시 손금의 인정이 가능한지요?

Answer

회사가 개인소득세를 부담하는 경우에는 법인세법상 손금산입이 가능합니다.

Q. 부가세 사업자등록의 대상과 등록기한은 어떻게 되는지요?

Answer

신규로 설립된 사업자(베트남 법인, 외국계약자, 지점, 외국조직의 대표사무소 포함)는 사업자등록증(BRC)의 발행일로부터 10일 이내에 관할 세무당국에 회사의 부가가치세 사업자등록을 하여야 합니다. 또한 사업장의 합병, 분할, 업체 소유유형 변경, 해체, 파산, 또는 사업 분야, 사업자 주소, 사업장 변경이 있는 경우, 변경 전 5일 이내에 세무당국에 등록하여야 합니다. 본사가 부가가치세의 신고 및 납부를 일괄적으로 하지 않는 경우에는 각 사무소, 공장, 지점 또는 점포별로 해당 소재지의 관할 세무당국에 신고를 해야 합니다.

Q. 면세거래와 영세율거래의 차이는 무엇인지요?

Answer

면세거래는 그 거래의 성질상 부가가치세의 과세대상이 아닌 것으로 간주하는 것입니다. 면세거래의 경우 부가가치세의 신고 및 납세의 의무가 없습니다. 영세율거래는 거래 자체는 과세거래이나 거래 상대방이 베트남 국내에 없거나 없는 것으로 간주되어 영세율로 처리되는 거래입니다. 영세율거래의 경우 일반적인 거래와 같이 부가가치세의 신고 및 납부의 의무가 있습니다. 따라서 해당 거래의 매입 부가가치세의 공제나 환급이 인정됩니다.

면세거래 및 영세율거래에서 주의할 것은 수출가공기업과 국내기업 간의 거래입니다. 베트남 국내기업이 수출가공기업에게 원재료를 판매한다고 가정하면 베트남 국내기업 관점과 수출가공기업 관점이 다릅니다. 베트남 국내기업 입장에서는 수출가공기업으로의 원재료 판매는 수출과 판단되어 영세율거래가 됩니다. 반면에 수출가공기업

의 입장에서는 베트남 국내기업으로부터의 원재료 매입은 면세거래
가 됩니다.

Q. 부가세 환급에 어려움은 없는지요?

Answer

베트남의 부가세 환급은 환급 전 세무서에서 선검사를 진행하여
환급 결정을 하게 됩니다. 이에 선검사 시 서류의 준비가 미비한 경
우 회사의 세무상 문제점이 노출되어 세무서의 표적이 되거나 언더
머니를 요구받을 수 있으며, 부가세 환급액의 전체를 환급받지 못하
고 그 일부만 환급받는 경우도 많이 발생하고 있습니다. 이에 부가
세 환급서류의 준비를 철저히 진행하여야 하며, 세무서와 좋은 관계
를 유지하는 것도 중요합니다.

Q. 세금납부 만기일이 휴일인 경우에 세금납부는 만기일 이전 혹은
이후에 하면 되는지요?

Answer

세금납부 만기일이 휴일인 경우에는 만기일 이후 바로 다음날까
지 하시면 됩니다.

Q. 베트남에서는 세무조사를 얼마나 자주 받나요?

Answer

베트남에서는 일반적으로 3년에 1번 정도 세무조사를 받습니다. 그러나 회사에 따라서는 매년 받거나, 5년이 지나도록 안 받는 경우도 있습니다. 매년 안정적으로 과세소득이 발생하고, 세금을 제때에 납부하는 경우 빈번하게 세무조사를 받지는 않습니다. 과세소득이 있다가 없어지거나 회사 운영상황이 불안정한 경우에는 빈번하게 세무조사를 받게 됩니다.

세무조사 시에는 담당 공무원이 누구인지에 따라서 조사 결과가 달라지는 경우도 있습니다. 아직까지 공무원의 청렴도가 높지 않으므로 뇌물이나 청탁에 따라서 결과가 변경되는 경우도 있습니다. 최근에는 세무조사의 빈도가 늘어나는 경향을 보이고 있습니다.

Q. 세무조사 시 주로 지적되는 문제는 어떤 것들이 있나요?

Answer

세무조사 시 쉽게 지적을 당하는 부분을 세금 종류별로 살펴보겠습니다.

1) 개인소득세
종업원에게 제공한 각종 혜택에 관한 과세 문제 회사가 종업원에게 제공한 금전, 물질적인 부분이 혜택(Benefit)으로 인정되는가 하는 부분입니다. 혜택으로 인정될 경우에는 개인소득세 부과 대상이 되기 때문입니다.

2) 외국인계약자세

회사가 외국인계약사세의 존재 사체를 몰라 원천징수를 하시 않은 경우와 세무당국과 서비스의 내용에 대한 견해 차이로 적용 세율에 대한 이견이 있을 수 있습니다. 이에 계약서 작성 시에 세무담당자의 자문을 받는 것이 좋습니다.

3) 법인세 : 손금항목

고용 계약서상에 기재된 상여금의 경우 법인세법상 손금으로 인정이 되나 계약서나 취업 규칙에 표기되지 않은 급여 성격 이외의 특별상여금의 경우에는 손금으로 인정되지 않습니다. 법인차량을 주재원이 사적인 용도로 이용한 경우 감가상각비, 운전수 인건비 등에 대하여 손금인정이 안 되는 경우가 발생할 수 있습니다.

모회사와 자회사 간에 컨설팅비, 간접경비, 대여금의 이자지불 등의 경우 내용에 따라서 이전가격세제, 외국인계약자세 등의 문제와 연관될 수 있습니다. 부가가치세 세금계산서, 계약서, 증빙자료 등을 갖추지 못하거나 분실한 경우에는 손금으로 인정되지 않을 수 있습니다.

4) 부가가치세

부가가치세 세금계산서가 법적 구성 요건을 갖추지 못한 경우가 있습니다.

Q. 세무조사를 받게 되면 어떻게 대응을 해야 하나요?

Answer
세무조사를 받게 되면 다음과 같이 대응하실 것을 추천드립니다.

1) 세무조사 통지를 받은 다음
- 회사 내 관련 담당자와 공유
- 세무조사를 받게 되는 이유에 대하여 세무당국에 문의
- 세무조사 실행 시점까지 필요한 자료 준비가 가능한지를 확인 하고 추가 시간이 필요할 경우에는 연기를 세무당국에 요청
- 필요에 따라서는 외부전문가를 초빙하여 대응책 수립

2) 세무조사 실시
- 세무조사관의 질의에 즉각 응대할 수 있도록 적절한 담당 직원 배치
- 문제점이 지적된 경우 문서화 되기 전에 문제해결을 할 수 있도록 빠른 대응
- 세무조사관의 보고서에 사인을 요구받을 경우 내용을 정확하게 인지하고 바로 대응하거나, 문안에 문제가 있는 경우에는 단어 선택에 있어 주의를 기해야 함

3) 세무조사 보고서가 완료되었을 경우

- 세무조사관이 제출한 조사 보고서의 내용을 확인하고 필요할 경우 외부 전문가 초빙
- 보고서 내용 중 반론의 여지가 있는 경우 관련 문서를 작성하고 시간이 필요할 경우에는 세무당국에 최종 결론까지 시간 연장을 요청
- 결론이 확정날 경우에는 가산세 발생을 막기 위해서 우선 세금을 납부
- 법적 소송절차에 착수

Q. 베트남 지분/주식 양도 시 양도소득세는 누가, 얼마나, 언제 납부하여야 하는지요?

Answer

315P 지분양도소득세 표를 참조하세요.

– 지분양도소득세(Capital Assignment Profits Tax, CAPT) –

매도자	과세표준 및 세율	매수자	신고·납부의무자	신고시점
외국법인	유한회사 지분 : 매각이익*의 20% 주식회사 증권 : 매각가액의 0.1%	외국법인	거래대상 베트남회사	거래승인일로부터 10일 이내 신고·납부
		비거주자 개인		
		국내법인	매수자(국내법인)	
		거주자 개인	매수자(거주자 개인)	
국내법인	매각이익의 20%(법인세율)	외국법인	매도자(국내법인)	당해연도 법인세 신고 시
		비거주자 개인		
		국내법인		
		거주자 개인		
비거주자 개인	매각가액의 0.1%	외국법인	거래대상 베트남회사	거래승인일로부터 10일 이내 신고·납부
		비거주자 개인		
		국내법인	매수자(국내법인)	매월 또는 매분기 신고 시
		거주자 개인	매수자(거주자 개인)	
거주자 개인	유한회사 지분 : 매각이익*의 20% 주식회사 증권 : 매각가액의 0.1%	외국법인	매도자(거주자 개인)	거래승인일로부터 10일 이내 신고·납부
		비거주자 개인		
		국내법인		
		거주자 개인		

*매각이익 : 매각가액 – 취득원가 – 거래부대비용
매도인이 최초 출자자인 경우의 매각이익 = 매각가액 – 최초출자액 – 거래부대비용

싱가포르 법인 근무 시 세무 관련 업무를 경험한 성부장은 베트남 세무에 대한 이해가 늘어날수록 베트남만의 독특한 세무제도가 있다는 것을 알게 되었다.

특히 다른 국가에서 보지 못했던 외국인계약자세, 한국을 포함한 다른 국가에서는 느슨했던 이전가격 관련 규제 등이 눈에 띄는 차이점이며, 베트남 법인을 안정적으로 운영하기 위해서는 현지의 규정을 정확하게 파악하여 대응하고 법규의 개정이 빈번하다고 하니 전문가를 통해서 계속 업데이트를 받기로 하였다.

*C*hapter 7

철수

미국과 중국 간의 무역 마찰과 대외 환경의 불안정으로 인하여 한국 본사에서 해외의 자회사 및 지사, 연락 사무소에 대하여 일제 점검 및 철수 시나리오를 수립하여 본사로 제출할 것을 지시받았다.

이에 긴급하게 베트남 법인의 철수 방안에 대하여 아토즈 베트남 컨설팅에 문의를 하였으며, 베트남의 경우 직원들도 많아 철수 절차가 간단하지 않을 것이라는 예상을 하면서 내용을 하나씩 확인하기로 하였다.

PART 1
철수의 개요

　현재 많은 한국기업들이 이미 베트남에 진출하였고 진출을 준비하는 업체도 많은 상황에서 모든 진출기업이 모두 성공적인 사업을 유지하면 좋겠지만, 일부 진출기업의 경우 여러 가지 이유로 베트남에서의 철수를 고려할 수 있다. 베트남 철수의 이유는 베트남 자회사의 사업 철수와 현지 파트너 기업과의 합자관계 해소, 지사 혹은 대표사무소의 폐쇄, 프랜차이즈나 판매대리점을 통한 사업 철수 등 그 형태는 다양하다. 이번 장에서는 철수 형태 가운데 특히 한국기업의 상황에 맞추어 베트남 현지 일반적인 조직 형태인 법인, 지사, 대표사무소의 사업 철수의 절차와 주의점에 대하여 설명한다.

PART 2
회사의 철수 방법

한국기업이 베트남현지회사 설립을 통하여 베트남에 진출한 경우, 현지회사의 사업 철수 방법은 현지회사를 존속시킨 채로 사업에서 철수하는 방법과 현지회사의 사업을 종결하고 법인격을 소멸시킴으로써 사업에서 철수하는 방법으로 크게 구별할 수 있다. 우선 현지회사를 존속시킨 채 사업에서 철수하는 방법은 자기가 보유한 현지회사의 주식이나 지분을 제3자에게 양도하는 방법이 대표적이다. 다음으로 현재 회사의 사업을 종결하고 법인격을 소멸시킴으로써 사업에서 철수하는 구체적인 방법은 첫 번째, 기업법에 근거한 청산과 두 번째, 파산법에 근거한 파산의 방법으로 분류할 수 있다.

다음 표를 보면 각 방법의 특징과 장점과 단점을 파악할 수 있다.

구분	주식/지분양도	청산	파산
설명	보유한 회사의 주식, 지분을 제3자에게 양도함으로써 회사를 존속시킨 상태에서 사업 철수	회사의 해산을 결정하고, 청산 절차를 거쳐서 법인격을 소멸시킨 후 사업 철수	법원을 통하여 파산절차를 거쳐서 법인격을 소멸시켜서 사업 철수

관련법	기업법, 증권법	기업법	파산법
장점	– 회사가 존속하므로 이해관계자에게 미치는 영향이 적으며 대관 업무 절차가 간단함 – 상대적으로 단기간에 철수할 수 있음	– 인수자를 찾을 필요 없이 단독으로 절차를 시작할 수 있음 – 파산과 달리 자발적으로 절차를 시작할 수 있음	– 이해 관계자 간의 이해조정을 법원 등 공적 기관을 통하여 실행
단점	– 양도자를 찾아서 양도 조건에 대하여 협의하고 조정 절차를 거쳐야 함 – 양도 계약조건에 따라서는 큰 책임을 지는 경우가 발생할 위험도 있음	– 복잡한 절차를 거쳐야 하므로 철수 완료까지 상대적으로 장시간 소요 – 법인격 소멸로 인하여 이해 관계자에게 미치는 영향이 큰 편임	– 지급불능 상황에서만 진행이 가능하며 자발적으로는 진행 불가능함 – 변수가 많아 철수완료까지 걸리는 시간을 예측하기가 어려움 – 법인격 소멸로 인하여 이해 관계자에게 미치는 영향이 큰 편임.

PART 3
주식/지분의 양도

베트남의 현지회사를 존속시킨 채 사업에서 철수하는 방법으로 자기보유 현지회사의 주식 전부를 다른 주주 또는 제3자에게 양도하는 방법을 생각할 수 있다. 주식/지분의 양도를 위해서는 매수 상대방을 찾아야 하며, 매수자와의 양도조건 협의나 교섭의 결과로 양도인은 일정기간 계약서상 주식 양도 후 진술과 보증으로 손해배상 책임을 가질 수도 있다. 하지만 회사 자체는 존속하기 때문에 회사의 채권자나 거래처, 종업원 등에 미치는 영향이 상대적으로 크지 않으며, 주식 양도의 절차가 상대적으로 간단하고 단기간에 완료된다는 점에서 주식의 양도는 철수에 있어 가장 일반적으로 이용되는 방법이다. 주식의 양도에 대하여 기본적으로 기업법 규정을 따를 필요가 있고 공개회사의 주식을 양도하는 경우에는 증권법상의 공개매입 규제가 적용될 가능성에 주의할 필요가 있다. 법령이나 정관의 합작계약상의 규정에 의해 주식의 양도가 제한되고 있는 경우나 기타 주주에게 우선구매권이 인정되는 경우에는 관련 기관의 결정과 주주나 사원의 협력이 필요할 수도 있다는 점에 유의해야 한다.

PART 4
청산

01 개요

주식 양도와는 달리 베트남 현지회사의 법인격을 소멸시킴으로써 사업에서 철수하는 방법으로 회사 청산의 방법이 있다. 이 방법은 주식의 양도에 비해 복잡하고 장기간 절차를 거쳐야 하며 또 회사의 법인격 소멸로 인해 회사의 채권자나 거래처, 종업원 등의 이해관계자에 미치는 영향이 크다. 다만 주식 매입 후보가 나타나지 않는 경우에는 상대방의 존재가 필요 없고 임의적으로 절차를 개시할 수 있는 청산이 현실적인 철수 수단이 될 수 있다.

02 청산 조건

기업법상 회사는 아래 사유가 발생한 경우에는 청산절차를 개시할 수 있다.

① 정관에서 정하는 사업기간이 연장되지 않고 만료된 경우

② 6개월간 계속해서 주주의 수가 법정 최소 인원수를 충족하지 못하고 또 다른 회사 형태로 전환 절차를 하지 않은 경우

③ 기업등록증명서가 취소된 경우

④ 회사가 해산을 결정 혹은 결의를 한 경우

상기 ①, ②, ③의 사유가 발생한 경우 회사는 강제적으로 청산절차를 개시해야 하며, 강제 청산 이외에 회사는 임의로 청산절차를 개시할 수 있다(④의 경우). 또한 청산의 진행을 위해서는 아래의 조건을 추가로 충족하여야 한다.

⑤ 회사가 모든 채무 및 기타 재산상의 의무를 이행할 수 있어야 하며,

⑥ 회사가 분쟁해결절차나 중재절차 중이 아닐 것

또 청산절차의 전제조건으로 회사가 지사, 대표사무소 또는 사업거점을 보유하는 경우 이를 청산 시작 전 미리 폐쇄해야 한다.

03 청산절차

위의 조건을 충족하여 청산을 진행하는 경우, 청산절차는 크게 두 가지로 구분할 수 있다. 첫 번째는 기업등록증(ERC)이 취소되어 청산을 개시하는 경우와 두 번째는 이외 사유로 인한 청산개시의 경우이

다. 각각의 경우에 구체적인 절차는 아래와 같다.

1) 사업기간 만료, 해산결의, 주주수 요건 불충족의 경우의 청산절차

청산은 회사가 임의로 해산결정이나 결의를 함으로써 또 정관에서 정하는 사업기간이 만료된 경우 또는 6개월 동안 연속해서 투자자나 주주의 수가 법정 최소 인원수를 충족하지 못하고 다른 회사형태로 전환이 이뤄지지 않은 경우에는 회사가 청산절차를 개시하게 된다. 청산절차 개시 후, 회사는 재산의 처분이나 채무 변제 등의 이해관계 조정을 실시하고 사업등록국에 대한 청산신청을 거쳐 회사의 사업등록이 말소된다. 청산절차의 개요는 다음과 같다.

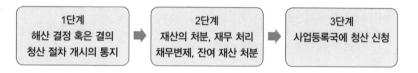

– 해산 결정 혹은 결의

청산절차는 회사의 해산 결정이나 결의로 개시되며, 유한책임회사 및 주식회사의 해산결정이나 결의 기관 및 결의 요건은 다음과 같다.

기업 형태	결정, 결의기관, 결의조건
1인 유한책임회사	1인 개인 투자자 혹은 법인투자자이며 대리인이 1인인 경우 해당 투자자가 결정 회사 대리인이 복수일 경우 : 사원총회 보통결의(출석자 과반 찬성)
2인 이상 유한책임회사	사원총회의 특별결의(출석자 75% 찬성)
주주총회	주식회사의 특별결의(출석자 65% 찬성)

해산 결정 시에는 해산의 이유나 근로계약상의 채무이행에 관한 계획 외에 계약의 이행, 채무 변제의 기한이나 절차 등을 결정하여야 하며, 이러한 계약이행이나 채무변제는 해산 결정을 한 날로부터 6개월을 초과해서는 안 된다.

– 해산 결정이나 결의 후의 금지행위

해산의 결정이나 결의 후에는 회사 및 회사의 관리자는 다음의 행위가 금지된다. 이 제약을 위반한 경우에는 손해배상책임 외에 과징금이나 행사책임을 물을 수 있다.

ㄱ. 재산의 은닉 · 분산

ㄴ. 채권의 포기 · 감액

ㄷ. 무담보 채권에 대한 담보 제공

ㄹ. 회사의 해산을 목적으로 하는 계약 외의 새로운 계약의 체결

ㅁ. 자산에 대한 담보권 설정, 자산의 기부 · 증여 · 임대

ㅂ. 유효한 계약의 불이행

ㅅ. 증자

– 청산절차 개시 통지

회사는 청산의 결정이나 결의가 이루어진 후 7일 이내에 청산결의서를 사업등기기관, 세무당국 및 종업원에게 발송하여야 한다. 이 청산결의서를 국가기업등록 포털사이트에서 공표하고 해산하는 회사의 본사, 지사, 대표사무소에 공개해야 한다. 그리고 회사가 미지

불 채무가 있는 경우 해당 채무의 채권자 및 이해관계자에 대하여 청산결의서와 함께 해당 채무 변제계획을 송부해야 한다.

사업등록국은 회사로부터 청산결의서를 수령한 직후 국가기업등록 포털사이트에 해당회사가 청산절차 중이라는 내용을 공표한다. 또한 있다면 청산결의서와 채무변제를 공개하도록 한다.

– 근로계약 종료

근로자에게 미지급 급여를 지급한 후 근로계약을 해지하고, 사회보험료, 실업보험료와 의료보험료를 완납 후 담당기관에 계약 종료를 통지해야 한다. 특히 외국인 근로자의 경우, 비자 및 임시거주, 노동 허가 담당기관에 근로계약 종료를 통보하고, 노동허가증과 임시거주증을 반납한다.

– 재산의 처분

청산절차 개시 후, 회사는 채무 변제와 잔여재산 분배 등의 재원을 창출하기 위해서 그 재산을 처분한다. 이 단계에서 설비, 기계 등 고정자산의 처분과 사무실, 공장, 토지계약의 종료 및 토지사용권증서 반납 등이 진행된다. 기업법상 이 재산의 처분은 정관에서 청산기관을 별도로 설치하는 내용의 규정이 없는 경우, 유한책임회사는 회사소유자 또는 사원총회가 진행하며, 주식회사의 경우에는 이사회가 진행한다.

– 세무 정리

회사는 청산결의를 한 날로부터 45일 이내에 확정신고 및 모든 세금을 완납한 후 담당 세무서로부터 세금완납증명서를 발급받는다. 이러한 세무국의 승인을 받는 데에 6개월 정도의 시간이 필요하다

– 채무 변제 및 잔여재산 분배

이상의 절차와 함께 회사는 청산결의서에서 정한 채무 변제기한까지 채무를 변제해야 하며, 그 우선순위는 아래와 같다.

ㄱ. 법령에 근거한 미지급급여, 퇴직수당, 사회보험금 및 근로협약에
   따른 기타 수당 등
ㄴ. 미지급세금
ㄷ. 기타 채무

상기 채무의 변제를 완료하고 청산절차와 관련된 비용을 지불 후 잔여재산이 있으면 주식지분율에 따라 회사 소유주, 사원, 주주에게 분배한다.

– 사업등록국에 대한 청산 신청

회사의 법적 대표자는 모든 채무를 상환한 후 5영업일 이내에 사업등록기관에 청산신청서를 제출한다. 사업등록기관은 청산신청서 수령과 관련된 서류 수령 후 해당 서류를 세무당국에 송부할 필요가 있고, 이를 받은 세무당국은 해당 서류 수령 후 2영업일 이내에 회사

의 청산과 관련된 견해를 사업등록국에 전달한다. 그 후 사업등록기관은 세무당국으로부터 반대의견이 없으면 청산신청서 수령 후 5일 이내 혹은 청산결의서 수령 후 180일 이내에 해당 기업 관련자들로부터 반대의견이 없는 경우, 국가기업등록 데이타베이스상에 해당 기업 법적 상태를 "청산완료"로 변경한다.

그리고 회사가 회사인감을 사용하고 있는 경우에는 해당 인감과 법인 인감등록증을 경찰에 반납하고 인감반납확인증을 수령하여야 한다.

2) 기업등록증(ERC)이 취소된 경우의 청산절차

기업등록증이 취소된 경우의 청산절차는 위 1)번과 청산결의 절차에 차이가 있다. 사업등록기관이 회사의 기업등록증을 취소하기로 결정한 경우, 기업등록국은 국가기업등록 포탈사이트에 해당 회사가 청산절차 중임을 공표하고 기업등록증의 취소결정도 공개한다. 회사는 기업등록증의 취소결정을 받은 날로부터 10일 이내에 청산결의를 하여야 한다.

이후의 청산절차는 위 1)의 청산절차와 동일하다.

PART 5
파산

01 개요

    회사의 청산과 같이 베트남 현지회사의 법인격을 소멸시킴으로써 사업에서 철수하는 방법으로 회사 파산의 방법이 있다. 청산절차는 기업법을 따르게 되며, 회사의 파산은 파산법에 의거하여 진행된다.

    파산의 경우 회사의 채권자나 거래처, 사원 등의 이해관계자에게 큰 영향을 준다는 점에서 청산과 동일하지만 법원이 선임한 관재인이 파산을 진행하며, 법원이 소집하는 채권자 집회에 의해 파산의 옳고 그름이 판단되는 등 공적 기관의 주도하에서 이해관계자의 이해조정이 이뤄진다는 점이 특징이다.

02 파산절차 개시원인, 신청권자, 관할

🔳 파산절차 개시원인

파산 진행의 전제가 되는 "지급불능" 상태는 변제기일로부터 3개월 동안 채무를 변제하지 못한 상태를 의미한다. 또한 파산은 회사가 판단하는 것이 아니라 베트남 인민법원이 파산을 선고해야만 파산이 가능하다.

🔳 신청권자

파산법은 파산절차 신청권자 및 해당 신청권자가 신청할 수 있는 경우를 다음과 같이 정하고 있다.

- 무담보 채무 또는 일부 무담보채무의 채권자 : 채무 변제기일 3개월 동안 채무를 변제받지 못한 경우,
- 직원 또는 노동조합 : 임금채무, 기타 직원에 대한 채무의 지불 기한부터 3개월 동안 지불을 받지 못한 경우
- 신청대상 회사의 보통주식의 20% 이상을 6개월 이상 보유하고 있는 주주 : 신청대상회사가 지불불능이 된 경우
- 신청대상조합의 조합원 또는 해당 조합원의 법적 대표자 : 신청대상 조합이 지불불능이 된 경우

또한 파산법은 위의 신청권자의 파산절차개시 신청에 대한 권리와 함께 신청대상회사의 법적 대표자 및 회사 소유자(1인 유한책임회사의 경우), 사원총회(2인 이상 유한책임회사의 경우) 또는 주주총회(주식회사의 경우)에게 회사가 파산상태에 있음을 인지한 날로부터 3개월 이내에 파산절차개시 신청의 의무를 규정하고 있으며, 이를 하지 않은 경우에는 회사의 지급불능에 대한 책임을 지게 된다.

❸ 관할 법원

파산절차의 관할 법원은 성급 인민법원(성, 중앙직할시의 인민법원) 또는 현급 인민법원이 된다.

성급 인민재판소는 신청대상회사가 그 성에서 사업등록을 하고 해외에 소재한 자산이 파산과 관계된 경우 또는 해외에 있는 자가 파산절차 관계자인 경우, 신청대상회사가 복수의 성에 걸쳐서 지점이나 주재원사무소를 소유한 경우, 또는 신청대상회사가 복수의 성에 걸쳐서 부동산을 소유한 경우, 또는 현급 인민재판소 관할사항이긴 하나 사안의 복잡성으로 인해 성급 인민재판소가 다루어야 할 사안이라고 판단한 경우에 관할재판소가 된다.

한편 현급 인민재판소가 관할하는 경우는 신청대상회사의 본점이 그 관할 내에 소재하고 또 상기 세부조건에 해당하지 않는 경우이다.

▌1 ▌신청

신청권자 또는 신청 의무자는 인민법원에 파산절차 개시신청서를 제출하여야 하며, 인민법원에 파산절차 개시신청서를 접수한 날로부터 3영업일 이내에 회사와 채권자가 신청 취하협상을 위한 허가신청서를 인민법원에 제출할 수 있으며, 양자가 신청취하를 합의한 경우 법원은 해당 사건을 반려할 수 있다. 파산절차 개시신청서에 첨부해야 하는 서류는 신청권자나 신청의무자 별로 다르고, 구체적으로는 채권자 또는 종업원, 노동조합의 경우, 미지불 채권을 증명하는 증거를 제출하면 되지만, 신청대상회사의 법적 대표자 등의 신청의무자 또는 신청권자인 주주인 경우에는 아래 서류를 제출해야 한다.

- 신청대상회사의 최근 3개 사업연도의 재무제표

  (사업기간이 3년 미만인 경우에는 모든 사업연도의 재무제표)
- 지불불능의 원인을 설명하는 보고서, 지불불능을 극복하기 위한

  자구노력보고서
- 자산 및 자산의 소재장소 리스트
- 채권자 혹은 채무자 명부
- 신청대상회사의 설립 관련 서류
- 잔여재산의 가치산정 결과

② 신청의 수리

인민법원은 파산절차 개시신청서를 접수하면 수령일로부터 3영업일 이내에 판사 1명 또는 3명의 판사로 합의체를 임명하고, 해당 판사는 임명 후 3영업일 이내에 파산절차의 신청을 수리할지 여부를 판단한다.

파산절차 개시신청서가 요건을 충족하는 경우, 판사는 신청서 수령일로부터 3영업일 이내에 신청인에 대해 신청 수수료 및 소송비용 관련 예납금을 통지한다. 신청인이 통지를 받은 날로부터 15일 이내에 신청 수수료를 지불하면 파산절차 개시신청이 정식으로 수리된다. 이후 법원은 신청 수리일로부터 3영업일 이내에 신청인, 신청대상 회사, 동급 인민검찰원,(신청인이 신청대상회사의 법적 대표자인 경우에는) 채권자, 기타 일정 이해관계자에게 파산절차 신청을 정식으로 수리했다는 내용을 서면으로 통지한다. 또 신청 수리 후 5영업일 이내에 신청대상회사의 자산에 관한 강제집행절차, 소송절차, 담보실행절차가 정지된다.

파산개시 절차 신청서의 내용이 미비하거나 다른 법원에서 신청대상회사에 대한 파산절차가 개시된 경우, 신청인이 신청 수수료나 예납금을 지불하지 않는 경우에는 법원이 신청을 기각한다. 기각결정의 경우 불복신청이 인정된다.

또 채권자 또는 종업원, 노동조합이 파산절차 신청을 한 경우 신청대상회사와 해당 채권자는 신청서 수령일로부터 3영업일 이내에 법원에 신청 취하를 위한 교섭의 허가를 요구할 수 있으며, 이때 법원은 20일을 초과하지 않는 교섭기간을 정하고 이 기간 내에 양자가 신청을 취하하기로 합의한 경우에는 법원은 해당 파산신청을 기각하게 되지만, 합의에 이르지 못한 경우에는 법원은 신청인에게 파산수수료를 통지하고 신청인이 지불함으로써 신청이 정식 수리된다.

❸ 파산절차 개시결정

인민법원은 파산절차 개시신청서 접수 후 30일 이내에 파산절차 개시 또는 기각을 결정한다.

판사는 파산절차 개시원인의 유무(신청대상회사가 지불불능인지 여부)를 판단하고 파산절차 개시원인이 있다고 판단한 경우에는 파산절차 개시결정을 내린다. 파산절차 개시결정이 내려진 경우, 법원은 신청인, 신청대상회사, 채권자, 세무당국, 동급 인민검찰원, 사업등록기관 등에 이 사실을 통지하고 또 국가기업등록 정보 포털사이트 및 인민법원 웹사이트에서 공표하며 개시결정 7일 이내에 신청대상 법인의 본점 소재지 지역신문에 2회 연속 공지한다. 관련 파산절차 개시결정의 경우 불복신청이 인정된다. 이에 대해 판사가 소송절차를 개시하지 않는다는 취지의 결정을 내린 경우, 재판소는 신청인, 신청대상회사 및 동급 인민 검찰원에 그 내용을 통지하고 신청인에게 파산 수수료를 환급한다. 그리고 정지 상태였던 신청대상회사의 자산에 대한 집행절차 등은 진행하게 된다.

❶ 관재인의 선임

판사는 파산절차 개시결정 후 3영업일 이내에 관재인을 선임한다. 관재인은 자격인정을 받은 개인 관재인과 관재기관으로 나눠진다. 관재인으로 선임되는 조건은 관재인 자신이 해당 파산절차와 이해관계가 없으며, 또 해당 파산절차 참가자의 친인척이 아니어야 한다.

관재인에게는 신청대상회사의 재산에 관한 관리처분권이 주어지며 청산사무를 수행하기 위하여 광범위한 권한이 인정된다. 일례로 관재인은 재산목록과 채권자나 채무자명부 작성, 자산의 보전이나 처분, 사업운영의 감독, 자산부채사업운영 상황 보고 등의 업무를 수행한다.

❷ 재산목록, 채권자 명부, 채무자 명부 작성

- 재산목록 작성

신청대상회사는 법원으로부터 파산절차 개시결정 후 30일 내에 재산목록을 작성하여 법원에 보고하여야 한다. 신청대상회사가 법원에 이 기한의 연장을 서면으로 요청한 경우, 기한은 30일을 초과하지 않는 범위에서 연장할 수 있으나 연장은 2회 이상은 인정되지 않는다. 신청대상회사에 법적 대표자가 부재중인 경우 관재인에 의해 선임된 자가 법적 대표자로서 재산목록이나 재산가치산정을 실시한다.

- 채권자 명부 작성

신청대상회사의 채권자는 법원의 파산절차 개시에 대한 신문공고 후 30일 이내에 관재인에게 관련증빙과 함께 채권신고를 해야 한다. 그 후 관재인은 채권신고 제출기한으로부터 15일 이내에 채권자 명부를 작성한다. 해당 채권자 명부는 파산절차가 진행되는 인민법원의 본부, 신청대상회사의 본사에 공표되고, 또 국가기업등록 정보 포털사이트 및 인민법원 포털사이트에 게시되고 이 공표 및 게시 후 10영업일 이내에 채권신고를 한 채권자에게 송부되어야 한다. 채권자 및 신청대상회사는 채권자 명부에 대해 불복신청을 하는 것이 인정된다.

- 채무자 명부 작성

관재인은 채권자 명부와 함께 채무자 명부도 작성한다. 파산절차 개시결정일로부터 45일 이내에 해당 채무자 명부를 파산절차가 계속되는 인민법원 본부 및 신청대상회사의 본사에 공표하고 이 공표일로부터 10영업일 이내에 채무자에게 송부해야 한다. 채무자 및 신청대상회사는 채무자 명부에 대해 불복신청을 하는 것이 인정된다.

❸ 파산절차 개시결정의 효과(사업활동의 감독, 재산보전 조치)

- 사업활동의 감독

신청대상회사는 파산절차 개시결정이 내려진 후에도 사업활동을 계속할 수 있지만 판사 및 관재인의 감독을 받게 된다. 신청대상회사가 아래 행위를 할 때에는 사전에 관재인에게 보고해야 한다.

ㄱ. 차입, 담보제공, 보증, 재산의 매매, 양도, 임대, 주식 매매 혹은 전환,
   기타 모든 재산의 소유권 이전

ㄴ. 유효한 계약의 불이행

ㄷ. 파산절차 개시결정 후에 생긴 채무의 변제, 종업원에 대한 임금 지불

관재인은 이상의 보고를 받은 날로부터 3영업일 이내에 해당 행위의 실시 가능 여부에 대해 답변해야 하며 그 답변 내용을 판사에게 보고하여야 한다. 그리고 사업활동은 법적 대표자 등의 경영진이 계속 진행하지만 법적 대표자에게 경영능력이 없다고 판단된 경우, 또는 법적 대표자가 다음의 금지행위를 할 징후가 보이는 경우에는 채권자집회 또는 관재인의 요청에 따라 판사는 법적 대표자를 변경할 수 있다.

– 금지행위

파산절차 개시결정이 내려진 후, 신청대상회사는 아래 행위가 금지되고 이를 위반하여 진행된 행위는 무효가 된다.

ㄱ. 재산의 은닉, 처분, 기부

ㄴ. 무담보 채무의 변제(단, 파산절차 개시결정 후에 생긴 무담보 채무
   변제 또는 종업원에 대한 임금 지불은 제외함)

ㄷ. 채권의 포기나 감액

ㄹ. 무담보 채무에 대한 전부 또는 일부 담보제공

– 추가로 무효로 간주되는 행위

파산절차 개시결정이 이뤄진 경우, 파산절차 개시결정 전 6개월간 이뤄진 신청대상회사의 아래 행위는 무효로 간주된다.

ㄱ. 시장가격에 의하지 않은 자산 양도

ㄴ. 무담보 채무에 대한 전부 또는 일부 담보제공

ㄷ. 채권자의 이익이 되는 변제기한이 미도래한 채무의 변제

ㄹ. 자산의 기부

ㅁ. 사업 목적 외의 거래

ㅂ. 기타 자산을 낭비하는 행위

신청대상회사가 위 행위를 이해관계자 간 행하였다면 무효대상기간은 파산개시 결정 전 18개월로 늘어난다.

관재인은 위 행위를 인지한 경우, 법원에 위 행위의 무효를 요청하고, 법원은 해당 요청접수 후 10영업일 이내에 행위에 대한 무효화 여부를 결정한다. 무효선언이 내려진 경우, 신청대상법인 및 그 계약상대방에게는 불복신청의 권리가 인정된다.

05 채권자 집회

파산절차 개시결정이 이뤄진 후, 신청대상회사 및 관재인은 재산 목록과 채권자 명부 등을 작성하는데, 재산목록과 채권자 명부의 작성이 모두 완료된 후 20일 이내에 판사는 채권자 집회를 소집한다.

채권자 집회에는 신청인, 신청대상회사의 회사소유자 및 법적 대표자가 참가해야 한다. 채권자, 종업원, 노동조합의 대표자 및 보증인(보증인이 신청대상회사의 채무를 변제한 경우)은 채권자 집회에 참가할 권리가 있다. 판사는 채권자 집회 개최 전 최소 15일 전까지 참가의무자 및 참가권리자에 대하여 소집통지를 송부해야한다.

채권자 집회의 정족수는 무담보채무액의 51% 이상을 가진 채권자의 출석이다. 채권자 집회에 출석하지는 않지만 채권자 집회의 결의에 대하여 서면으로 의견을 송부한 채권자는 채권자 집회에 출석한 것으로 간주된다. 채권자 집회의 결의는 출석한 무담보채권자의 과반수 및 무담보채무액의 65% 이상을 가진 채권자의 찬성이 있는 경우에 성립되고 모든 채권자에게 그 효력이 미친다.

채권자 집회에서는 신청대상회사에 대하여 파산선고를 내릴지, 회생절차를 진행할지 결의한다. 또한 채권자 집회의 참가의무자 및 참가권리자는 채권자 집회의 결의에 대하여 불복신청할 권리가 인정된다.

※ 2014년 파산법 개정으로 법원은 채권자 집회를 생략하고 간이 절차를 거쳐 파산을 선고할 수 있다.

06 회생절차

채권자 집회에서 회생절차를 결의하면 해당 결의일부터 30일 내에 신청대상회사는 판사, 채권자 및 관재인에 대해 회생계획을 제출해야 한다. 채권자 및 관재인은 제출받은 회생계획에 의견이 있는 경우에는 회생계획 수령 후 10영업일 이내에 신청대상회사에 그 의견을 송부해야 한다. 그리고 판사는 회생계획의 수령 후 15일 이내에 채권자 집회의 개최 여부를 결정하고, 채권자 집회 결정 후 10영업일 이내에 채권자 집회를 소집한다. 채권자 집회에서 정족수와 결의요건에 따라 회생계획을 승인할지 여부를 결정하며, 채권자 집회에서 계획이 승인되고 판사가 이를 인가한 경우 이를 채권자 및 동급 인민검찰원에 결정을 통지한다. 이 판사의 결정으로 신청대상회사는 상기(4)C의 사전보고 및 금지 제약으로부터 벗어나게 된다.

07 파산선고

법원은 회생계획을 승인하지 않거나, 채권자 집회가 파산을 결의할 수 없거나 채권자 회의에서 파산을 결정하는 경우 파산선고 결정을 내릴 수 있다. 파산선고 결정 후 10일 이내에 채무자에게 그 내용을 송부하여야 하며, 파산선고 결정을 공고 후 채권자에게도 통보하여야 한다. 또한 파산선고 결정을 통보 받은 채무자와 채권자는 파산선고 결정에 대하여 이의 신청이 가능하다.

PART 6
지사, 대표사무소의 폐쇄

01 개요

베트남 현지법인의 설립이 한국회사의 일반적인 진출 형태이지만, 회사 내부사정 등으로 지사 또는 대표사무소를 설치해서 사업을 하는 경우도 있다. 이러한 경우, 한국 본사는 지사나 대표사무소를 폐쇄하는 방법으로 베트남 사업을 철수하게 된다.

02 폐쇄 사유

베트남 현지의 지사나 대표사무소의 폐지에 관한 절차는 기업법에서 정하고 있고 베트남 현지 지사나 대표사무소는 회사가 폐쇄를 결정한 경우 또는 당국에 의해 지사나 대표사무소의 설립허가증이 취소된 경우에는 사업을 종료하게 된다.

구체적으로는 외국기업이 베트남에 설립한 지사나 대표사무소는 아래의 경우에 그 사업을 종료한다.

- 외국기업의 요청에 의해 당국의 승인을 받은 경우
- 외국기업이 설립국가 또는 사업등록을 한 국가의 법률에 따라
  그 사업을 종료한 경우
- 지사나 대표사무소의 설립허가증에 기재된 사업기간이 만료되고
  외국기업이 연장신청을 하지 않은 경우
- 지사나 대표사무소의 설립허가증에 기재된 사업기간이 만료되고
  당국이 연장을 허가하지 않은 경우
- 지사나 대표사무소의 설립허가증이 취소된 경우

03 폐쇄절차

외국기업은 스스로의 의사로 지사나 대표사무소의 사업을 종료할 경우, 사업종료 예정일 30일 전까지 당국, 채권자, 지사나 대표사무소의 종업원 및 기타 이해관계가 있는 개인에게 지사나 대표사무소의 사업종료 예정일을 통지해야 한다. 그리고 지사나 대표사무소의 사업종료를 지사나 대표사무소에 공시함과 동시에 신문 또는 전자매체 신문에 3회 연속 게재하여야 한다. 외국기업, 지사나 대표사무소는 사업을 종료하는 날로부터 15일 이내에 모든 채무를 변제해야 한다.

또한 당국의 지시로 외국기업이 지사나 대표사무소의 사업을 종료해야 하는 경우, 당국은 연장의 불허가 결정일 또는 설립허가증의 취소일로부터 15일 이내에 지사나 대표사무소의 사업종료를 신문 또는 전자매체 신문에 3회 연속 게재한다. 이 경우 외국기업 지사나 대표사무소는 사업종료일로부터 60일 이내에 모든 채무를 변제해야 한다.

이후 세무보고 후 세무납부 의무 완료 확인서 발급, 은행계좌 폐쇄 확인서 발급, 공안기관에 직인반납, 상공국에 지사나 대표사무소 폐쇄 통보를 하게 되며, 이상의 절차가 완료된 날로부터 15일 이내에 당국에 의해 지사나 대표사무소의 사업등록이 말소된다.

해외 창업 길라잡이 – 베트남편 ───────────

성부장은 베트남의 철수절차를 확인하면서 싱가포르의 철수 방안과 차이가 있다는 것을 절감하였다. 베트남이 투자처로 각광을 받고 있지만 공산주의 국가임을 다시 한 번 느낄 수 있었다.

본사에서는 철수 시나리오를 취합한 다음 해외 자회사, 지사들에 대하여 일제 점검 결과 베트남 법인의 경우 특별한 조치를 취하지 않기로 결정을 했다는 소식을 전해 듣고 다소 안심할 수 있었지만 좀 더 베트남 법인을 잘 운영하여야겠다는 다짐을 하게 되었다.

*C*hapter 8

베트남의 생활

초기 비즈니스 안정을 위하여 서비스 아파트에서 거주하던 성부장과 배과장은 어느 정도 비즈니스가 안정되고 사업이 궤도에 올랐다는 판단에 한국에 거주하고 있는 가족들을 베트남으로 불러서 생활측면의 안정을 찾았으면 하는 생각을 하게 되어 회사에 관련 요청을 하였다.

그리고 다음 주재원을 위해서도 베트남의 생활에 대하여 정리하여 매뉴얼화를 해야겠다는 생각을 가지고 아토즈 베트남 컨설팅 쪽에 베트남 생활에 대하여 정리를 부탁하였다.

PART 1
주택 임대

    베트남에서 주거는 주택의 매매 혹은 월세의 형태로 가능하다. 매매의 경우, 외국인은 신규 주택건설 프로젝트의 외국인 비율(30%) 내에서 신규 구매나 이미 외국인이 소유하고 있는 주택을 구매할 수 있으며, 베트남인 소유의 개인주택은 구매가 불가능하다. 또한 합법적인 매매를 위해서는 한국의 은행에 해외직접투자신고서를 제출하고 베트남 계좌에 구매 대금을 해외송금해야 해당 부동산의 매도 후 한국으로의 송금이 가능하다.

01 주택 부동산 사정

▌1 베트남 주택 부동산 유형

    베트남 주택시장은 2008년 금융위기 이후 침체되는 경향을 보였으나 2015년 주택법을 개정하여 외국인의 부동산과 주택 구매, 임차, 재임대 허용과 자산 규제 완화로 매년 회복세를 보이고 있다. 베트남은 빠른 경제성장과 더불어 매년 100만 명이 도시로 진입하면서 도시화가 급속히 진행되고 있다. 2018년 기준 베트남의 도시화율은 38%이며, 매년 도시화 증가율은 3~5%로 주변 아세안 국가 중 가장 높은 증가율을 보인다. 또한 젊은층을 중심으로 많은 인구가 하노이와 호찌민으로 유입되며 핵가족화가 진행되고 도시의 주택 수요가 급증하면서 주택 가격도 계속 상승하고 있다.

과거 베트남은 대가족이 모여 공동체 생활을 하여 아파트를 선호하지 않았으나 1990년대 후반부터 인구의 도시 집중화로 인한 주택문제의 해결을 위해 베트남 정부는 보급형 아파트를 공급하기 시작했으며 점차 젊은층이 아파트를 선호하게 되면서 토지이용의 효율성을 극대화할 수 있는 지상 30층 정도의 민간 아파트들이 계속 건설되고 있다.

현재 베트남 정부는 주택 수요의 증가에 대응하기 위하여 2020년까지 1인당 주거 면적 확대(25m²까지)를 목표로 도시지역에 1,250만 호 주택을 건설할 계획이며 하노이, 호찌민의 경우 도시 인프라를 완비하면서 아파트(상업용 주택)의 거래 비중을 90% 이상으로 높이는 것을 목표로 하며, 중급 아파트 공급 확대, 저소득 농촌 가구를 위한 사회주택 프로그램 시행 등을 계획하고 있다.

베트남 주택유형은 다음과 같다.

- 상업용 주택(Commercial housing or Condominium) : 임대 또는
판매용
- 개별 주택(Separate housing) : 빌라, 단독주택
- 사회 주택(Social housing) : 일정 기간 임대 후 분양 가능한
주택유형으로 주로 근로자, 대학생, 저소득층을 위한 주택
- 공무원 주택(Official-duty housing) : 베트남 통일 초기 공무원을 위해
정부에서 보급한 주택(대부분 노후 주택으로 재개발 대상)

❷ 베트남 부동산 사업법 및 주택법

개정된 베트남 부동산 사업법과 주택법은 피분양자 보호와 편의
를 제공하고 외국인의 주택 소유에 대한 규제를 완화하고 있다. 주
택 부동산 사업자가 주택 인도 의무를 불이행하는 경우를 대비하여
분양자가 중앙은행이 지정한 상업은행이 발행한 보증서를 피분양자
에게 제공하여 환불 채무를 보증하도록 한다. 그리고 분양자는 주택
분양을 위한 모든 조건을 충족했다는 담당 시·성 건축국의 서면 확
인서를 받은 후 주택의 분양이 가능하다.

또한 주택 부동산 사업자가 완공 전에 주택을 분양하면 최초 분
할 납부금을 분양대금의 최대 30%로 제한하고 추가 분할 납부금은
건축의 진행 상황에 따라 낼 수 있도록 규정한다.

분양자가 베트남 법인이면 주택을 인도하기 전까지 피분양자로
부터 받을 수 있는 납부금을 70%로 제한하며, 만일 분양자가 외국
투자 법인이면 납부금을 50%로 제한한다. 또 소유권 증서(Land Use

Right Certificate, LURC)의 발급 전에는 피분양자로부터 95% 이상의 대금을 수령할 수 없다.

외국인의 주택 소유는 2015년 7월 1일 개정법에 따라 가능하게 되었으며 그 내용은 아래와 같다.

– 주택소유 외국인의 임대 허용 대상 및 범위

1) 외국인 개인
① 베트남 입국에 필요한 비자를 받은 모든 외국인
– 임대 전 해당 지역 주택 관리부서에 임대 사실을 통보하고 세무국에
　등록 및 세금 납부해야 임대 가능
② 베트남 현지인과 결혼한 외국인
– 베트남 현지인과 동일하게 임대 가능

2) 외국인 단체
외국인 투자 법인, 외국 회사의 지점 및 대표사무소, 외국 투자 펀드,
외국 은행의 현지 지점
– 완공된 주택을 매수 시, 제삼자에게 임대는 불가하고 직원의 사택
　용도로 사용이 가능하다.
　그러나 직접 주택 건설을 시행한 뒤 이를 분양(매각 또는 임대)하고자
　하는 부동산 사업자의 경우 주택 임대를 허용하고 있다.

– 외국인 소유기간

모든 외국인	50년(연장 가능)
베트남 현지인과 결혼한 외국인	제한없음
외국인 단체	해당 단체의 인허가 기간과 동일 기간

– 외국인 소유한도

외국인이 소유할 수 있는 주택은 아파트, 빌라, 연립주택 등이며 부동산 개발주택 건설사가 분양하는 주택을 분양받거나 부동산을 보유한 외국인으로부터 주택을 구매하게 된다. 참고로 베트남 사람이 소유하고 있던 전통적인 형태의 기존 주택을 매입하는 것은 허용되지 않는다.

또한 외국인 소유 총량을 아래와 같이 제한하고 있다.

ㄱ. 아파트 : 1개 동(Building) 세대 수의 30%, 전체 동 총세대 수의 30%로 제한

ㄴ. 기타 주택(빌라, 연립 주택 등) : 프로젝트별 세대수의 10%, 최대 250채로 제한

베트남의 아파트는 공공 임대형 복도식 아파트, 보급형 아파트, 고급형 아파트 등으로 구분되며, 베트남에 체류하는 한국인은 주로 아파트, 빌라 형태의 주택을 임대하여 거주하며 주로 고급형 주상 복합 아파트를 선호한다.

1 부동산 알아보기

부동산 관련 사이트를 활용하여 우선 원하는 지역의 대략적인 시세를 파악한 후 부동산 중개업소와 연락하는 것이 좋다.

2 대표적 부동산 사이트

전국 Bat Dong San : batdongsan.com.vn
전국 Hey Korean : rent.heykorean.asia
호찌민 지역 : DDC Property : searchhousekr.com
하노이 지역 : Du Dong San : budongsan.com.vn

부동산 중개업체는 베트남 프랜차이즈형 부동산, 지역 소규모 부동산, 한국계 부동산 등으로 구분할 수 있으며, 부동산 중개업체의 중계수수료는 보통 한 달 임대료이며, 임대인이 부담하고 임차인은 부담하지 않는다.

❸ 예산(Budget)

아파트나 빌라를 임대하는 경우 보통 월세의 형태로 계약하며 통상적으로 1년 혹은 2년 단위로 계약한다. 일반적으로 보증금은 1~2개월 임대료이며, 3개월 또는 6개월 단위로 월세를 납부한다. 보통 아파트 임대료에는 부가가치세와 관리비가 포함된다. 부가가치세는 10%이며, 관리비는 1~1.5/m² USD 수준이다. 전기세, 수도세는 한국보다 저렴한 편이다. 전기세는 ENVHCM 혹은 ENVHANOI의 어플을 통하여 확인이 가능하며 15일 이상 연체되면 단전되므로 연체가 되지 않도록 주의하여야 한다.

외국인들이 주로 거주하는 고급 아파트의 경우에는 호찌민 기준 USD 8~10/m² 수준이다. 회사에서 지원되는 예산 내에서 혹은 개인 월수입의 최대 25~30%를 넘지 않는 선에서 예산을 잡는 것이 좋을 것이다.

❹ 위치 선정

주거지를 선정하는 데 있어 직장에 통근하거나 자녀들의 통학이 편리한 위치, 자녀들의 교육환경이 유리하고 가족들이 생활하기 편한 곳이 최고의 입지가 될 것이다. 각종 생필품 등 구매 가능한 쇼핑몰이나 슈퍼마켓 등 생활 인프라가 잘 조성되어 있는 곳이 선호된다. 하노이 및 호찌민에는 한인이 거주하는 한인타운이 형성되어 있으며 한국과 거의 유사한 형태의 거주가 가능하다.

5 집 보기(Viewing)

원하는 지역이 정해졌다면 부동산 중개인과 함께 예산에 맞는 집들을 보게 되는데 통상 방문 2~3일 전 사전 연락 및 일정 조율이 필요하다. 방문 시 기초적인 내부 구조, 구비된 가구, 가전제품 상태 특히 에어컨 상태를 살피고 수리를 필요로 하는 곳이 있는지 자세히 확인한 뒤 사진이나 동영상을 찍는 것이 좋다. 입주 전 선택한 집에 필요치 않은 가전제품이나 가구를 치워 달라고 요구할 수 있으며, 노후화된 가전제품을 교체 혹은 수리를 요구하면 입주 후 번거로움과 시간을 절약할 수 있다. 우리나라는 햇빛이 잘 드는 남향을 선호하지만 베트남은 더운 날씨로 인해 햇빛이 잘 드는 남향과 서향보다는 햇빛이 잘 들지 않는 북향과 동향을 선호한다. 또한 베트남의 오토바이와 차량의 소음으로 시끄러운 대로변은 피하는 것이 좋으며, 동향이나 북향 중 바람이 잘 통하고 상대적으로 조용한 지역으로 선택하는 것이 좋다.

6 주변 환경 확인

한인이 주로 거주하는 지역은 비교적 거리의 청소 상태와 관리 상태가 양호하다. 주상복합 형태면 공공시설 사용 절차나 방법 등에 대해 미리 숙지하고, 지인이나 중개인의 조언을 통해 관심 있는 콘도의 교통이나 주변 환경 등을 미리 파악하는 것이 좋다. 또한 아파트나 빌라의 경우 경비원이 상주하지만 한 번 더 경비원의 상주

여부, 보안을 확인하는 것이 좋다.

03 계약 절차

■ 소유주 확인 및 가계약

소유주가 주택 소유권 증명서가 있으면 소유권 증명서, 혹은 매매 계약서를 통해 보증금을 지급할 상대방이 아파트 소유주임을 반드시 확인해야 한다. 만약 회사에서 임대료를 지원하는 경우에는 집주인이나 부동산 업체에 세금 계산서 발급 가능 여부를 확인해야 한다.

가계약을 진행하기 전 임차 희망 주택의 관리비 혹은 수도세, 전기세, 인터넷 비를 미리 확인하고 입주 전 사용된 공과금을 정산한 뒤 가계약을 진행해야 한다. 임차 희망 주택을 결정하고 일반적으로 계약보증금을 현금으로 지급 후 확인 영수증을 받거나 대금 납부 여부를 가계약서에 포함하여 계약한다.

■ 임대 계약서 작성

각종 옵션 사항이나 계약 기간 등에 대하여 협의한 후 본 계약을 체결하게 된다. 본 계약의 체결 시 보통 1개월분의 보증금과 3~6개월분의 임대료를 선납한다. 베트남은 임대차 보호법이 없으므로 일반적인 임대차 계약서는 임대인에게 유리하게 되어 있어 부동산 중개업체에서 제공한 양식에 임대인과 임차인의 권리를 명확하게 기재하여 작성해야 한다.

통상적으로 베트남어와 영어로 작성되며 계약서 별지에 임대인이 구비한 가구나 가전제품을 확인하며 Inventory List(물품 목록)를 작성하게 된다. 계약만료 시에 임대한 집을 임대인에게 같은 조건으로 돌려주어야 하므로 임대만료 시 임대인과 사소한 분쟁을 없애기 위해 입주 전 집 안 상태를 자세히 확인해야 한다.

04 거주 중 문제 발생

베트남에서 집을 임대하면 해당 주소지 관할 경찰서에 거주자 등록을 해야 한다. 일반적으로 집주인이 거주자 등록을 하게 되며 등록 여부를 입주 후 반드시 확인해야 한다. 외국인의 경우 거주자 미등록 시 비자 발급에 문제가 되거나 공안당국의 불시 점검으로 불이익을 당할 수 있다.

또한 임대인은 임차인의 전입 사실을 등록하고 임대료를 받으면 임대 소득에 대한 세금을 납부한다.

일반적으로 입주 후 한 달 이내에 발생한 하자나 수리를 요하는 부분이 있으면 임대인에게 수리 요청을 할 수 있다. 물이 새는 곳이 없는지, 작동이 안 되는 가전제품이 있는지 하나씩 점검하는 것이 필요하다. 보통 전구, 형광등과 같은 소모품은 임차인이 비용을 부담하며, 설비의 노후 등으로 발생하는 문제는 임대인이 비용을 부담한다. 단, 명확한 규정이 있는 것이 아니므로 책임소재가 불명확할 때는 비용 부담을 둘러싸고 갈등이 발생할 수 있으므로 집에 문제가 있으면 임의로 수리를 진행하지 말고, 우선 임대인에게 문제를 통지하고 처리방법을 협의하는 것이 좋다.

05 재계약 혹은 계약 종료

임대차계약은 일반적으로 1년~2년이며 일반적으로 계약 만기 1개월 전부터 재계약의 교섭이 시작된다. 재계약을 하는 경우 집의 인테리어나 설비 중 교환의 필요가 있는 경우에는 임대인에게 교환을 요청하고 주변 임대료의 변화가 있는 경우에는 쌍방이 반영하여 조정할 수 있다. 계약 해지 시에 임대인에게 1개월 전에 통보하면 계약을 해지할 수 있다. 다만 계약서에 통보기간을 다르게 규정하고 있다면 계약서에 따른다. 만약 임차인의 사정으로 계약종료 전 계약을 해지해야 하는 경우에는 계약서에 명기된 벌칙조항에 따라서 벌금을 지급한 다음 계약을 해지할 수 있다.

계약만료 후 집 열쇠를 임대인에게 반납하기 전 집 상태를 가능한 한 깨끗한 상태로 만들어서 반환하는 것이 일반적이다. 계약서상에 나온 조항이 있는 경우, 지불한 에어컨 청소 영수증, 커튼 드라이클리닝 영수증, 집 안 청소 영수증 등을 꼭 지참하여 임대인에게 전달하여야 한다. 집주인에 따라 사소한 손상에 대하여 변상을 요구하는 경우가 발생할 수 있고, 원상복구의 의무가 있으므로 임대 기간 내에 파손 등이 발생했을 경우 수리비용 등을 보증금에서 제하고 돌려주는 경우도 있다.

PART 2
자녀 교육

    가족과 함께 베트남에서 이주하는 경우, 생활 환경 및 거주지 환경과 함께 고려하여야 하는 사항이 자녀교육일 것이다. 한국 학생들을 위해 하노이, 호찌민에 한국국제학교가 있으며 이 외에도 영미계 국제학교 등이 있어 영어 뿐만 아니라 베트남어를 배울 수 있는 환경이다. 그러나 베트남에 진출하는 기업이나 개인이 증가하고 있어 외국인 대비 국제학교 숫자가 부족한 상황이므로 베트남 이주전 입학할 학교에 입학 절차를 미리 진행하는 것이 좋다.

01 교육 환경

    베트남 교육과정은 유치원(유아원), 초등학교, 중학교, 고등학교, 기술학교, 대학교육으로 나뉜다. 하노이 내 8개, 호찌민 내 12개의 국제학교가 있으며, 학교마다 차이가 있으나 대부분 국가별 쿼터제를 통해 입학을 받으며 베트남 학생들은 20~30% 비율이다.

베트남은 중학교까지는 의무교육이나 고등학교는 시험을 통해 진학하게 된다. 고등학교를 졸업하면 희망에 따라 2~3년 과정의 전문학교와 기술전문학교를 진학하거나 4년제 대학을 진학하게 된다. 이때 한국과 같이 대학입학시험을 치르며 대입 입시경쟁이 심하다.

베트남으로 외국인 투자가 유입됨에 따라 교육 분야에 대한 외국인 투자도 늘어나는 추세다. 일본계 학교, 프랑스계 학교 등 다양한 국제학교가 증가하고 있다. 호찌민의 경우 12개의 영미계 학교가 다양하게 있어 선택의 폭이 넓으며, 학습 인프라도 우수하다. 하노이는 8개의 국제학교로 거주 외국인 대비해 국제학교의 수가 부족해 입학이 어려우며 비용도 호찌민 지역보다 높은 편이다.

유아원	유치원	초등학교 1~5학년	중학교 6~9학년	고등학교 10~12학년	기술학교/ 대학	대학원
생후 3개월~2세	3~5세	6~10세	11~14세	15~17세	기술전문학교 (2~3년) 기술학교(4년)	
					전문대학(3년) 종합대학(4년)	대학원

02 유치원

베트남은 여성의 사회진출이 활발하여 많은 유아원과 유치원이 개설되어 있다. 유치원은 크게 로컬 유치원, 한국계 유치원, 국제학교 유치부로 나눌 수 있는데 유아원은 생후 3~4개월에 시작하여 3

년 과정이며, 유치원은 3~5세까지 3년 과정이다.

1 로컬 유치원

베트남 로컬 유치원은 베트남어로 진행되는 유치원과 베트남어로 구성되었지만, 영어반이 있는 로컬 유치원과 베트남 영어 유치원으로 나눌 수 있다. 국제 유치원의 학비가 부담스럽거나 베트남어 교육을 유년기 때부터 진행하고자 한다면 로컬 유치원으로 진학하는 것도 좋은 방법이다. 한국인의 경우, 초등학교 이후 과정은 대부분 국제학교로 취학하고 있다.

2 한국계 유치원

베트남 하노이에는 많은 한국계 유치원이 있으며 일반적으로 3개 학년으로 나누어 운영되며 많은 유치원이 로컬 유치원과 같이 유아원도 함께 운영하고 있다. 한국인 교사와 베트남인 교사가 함께 상주하며 미술, 음악, 태권도, 발레 등 다양한 예체능 활동을 할 수 있는 커리큘럼으로 구성되어 있다. 기본적으로 한국어를 바탕으로 영어 혹은 베트남어 이중언어 교육을 시행하고 있다.

3 국제학교 유치부

국제 유치원은 사립 로컬 유치원의 영어 코스, 국제 유치원, 국제학교 내의 유치원 클래스 등으로 구분할 수 있다. 사립 로컬 유치원의 경우 국제학교 내 유치원보다 저가의 비용으로 다닐 수 있는 장점이 있다. 대부분 국제학교에서 유치원을 개설하고 있으며, 학교마다 교육비와 교육 특성의 차이가 크므로 향후 상위 학교 진학을 고려하여 국제학교의 유치원을 선택하는 것이 유리하다.

03 국제학교(초 · 중 · 고교)

베트남에 진출한 대부분의 한국부모는 국제학교 진학을 희망한다. 고액의 학비가 요구되지만, 주재원의 경우 회사에서 지원받는 교육비로 부담을 덜 수도 있으며, 다양한 커리큘럼과 이중언어의 교육의 장점을 가지고 있다.

베트남 하노이에는 다양한 국제학교가 지속해서 증가하고 있다. 특히 한국국제학교를 선호하는 이유로는 교육 커리큘럼과 이중언어 교육은 기본이며 한국인 친구들을 많이 사귈 수 있기 때문이다. 하지만 외국인이 급격히 증가함에 따라 늘어나는 학생들을 수용해야 하고, 학년별 정원이 정해져 있어 입학에 어려움을 겪고 있으며 연간 학비가 평균 1만8천~2만8천 달러로 경제적 부담이 크다. 또한 입학 전에 인터뷰 및 언어 테스트 과정을 통과해야 입학할 수 있다. 따라서 아래의 주요 국제학교를 참고하여 사전에 입학이 가능한 학교가 어디인지, 입학 조건 및 세부내용을 사전 확인 후 미리 입학 신청을 준비해야 할 필요가 있다.

– 호찌민/하노이 한국국제학교(Korean International School)

2006년에 설립된 하노이 한국국제학교는 한국 교육과학기술부가 재외국민 교육을 위해 세계 26번째로 설립 인가한 정규 사립학교이다. 전 세계 한국국제학교 중에서도 규모가 크고 학생들의 학업성취도 또한 높은 것으로 알려졌다. 국내 학교와의 연계교육을 위한 정규학교 교육 과정을 운영하고 영어 및 베트남어의 이중언어 교육을 진행하고 있다. 매년 입학 정원보다 많은 인원이 입학 신청을 하므로 사전 문의와 준비가 필수이다.

– 수업료
초등부 : 연간 USD 2,700

중등부 : 연간 USD 3,300

고등부 : 연간 USD 3,900

– 입학금 및 등록금 : USD 1,000

– BIS(British International School)

베트남 정부로 인증을 받은 교육기관이며 호찌민에 있는 BIS와 같은 그룹의 영국계 국제학교이며 롱 비엔에 조성된 대규모 주택단지 내에 있다. 교육시스템으로 초중고 및 IB 교육과정으로 진행되고 EAL(English as an Additional Language)과 같은 영어 보충 수업을 제공하며, 제2외국어 수업으로 영어 외의 스페인어, 프랑스어, 이탈리아어를 학습할 수 있다.

- 수업료

  2세~5세(유치원) : 연간 USD 7,000~9,500

  6세~17세(초 · 중 · 고등 과정) : 연간 USD 17,000~20,000

- 입학금 및 등록금 : USD 800~1,050

- UNIS(United Nation International School)

1988년 설립된 UN계 학교로 베트남 최초의 국제학교이며 비영리 교육기관이다. IB(International Baccalaureate) 교육과정을 시행하고 있으며 하노이에서 가장 전통 있는 국제학교로 한국인에게 인기가 많으나 쿼터제로 한 개 국적이 20%를 초과하여 입학이 불가능하므로 대기기간이 길다. 한 반의 학생 정원은 16~22명으로 한 학년당 약 4개의 클래스를 운영하고 있다.

- 수업료

  2세~5세(유치원) : 연간 USD 14,000~18,000

  6세~17세(초 · 중 · 고등 과정) : 연간 USD 23,000~28,500

- 입학금 및 등록금 : USD 1,000

- 연간보증기금 : USD 1,000~2,000

- HIS(Hanoi International School)

1996년 설립되어 UNIS 다음으로 오랜 전통을 가지고 있는 국제학교 중 하나이다. 학교 부지가 작지만, 하노이 중심가에 위치해 있으며 양질의 교육 서비스를 제공하며 많은 한국 졸업생을 배출한 국제학교이다.

- 수업료

    2세~5세(유치원) : 연간 USD 15,000

    6세~17세(초 · 중 · 고등 과정) : 연간 USD 21,000~24,000

- 입학금 및 등록금 : USD 1,050

- SIS(Singapore International School)

반푹, 시푸차, 가뮤다 등 3개의 캠퍼스가 있으며 싱가포르 교육 프로그램을 제공하고 있다. 반푹 캠퍼스는 유치부/초등부가 있으며, 시푸차 캠퍼스는 초등부, 가뮤다 캠퍼스는 초/중/고등부로 구성되어 있다. 베트남에 있는 국제학교 중에 가장 많은 캠퍼스와 네트워크를 가지고 있는 점이 큰 특징이며, 베트남 뿐만 아니라 말레이시아와 태국에도 캠퍼스가 있다. 베트남어 구사 여부에 따라 프로그램이 선택되는데 대부분의 한국 학생들은 인터내셔널 프로그램을 선택하게 된다.

- 수업료

    2세~5세(유치원) : 연간 USD 8,000~10,000

    6세~17세(초 · 중 · 고등 과정) : 연간 USD 16,000~21,000

- 입학금 및 등록금 : USD 1,100~1,200

- 세인트 폴(St. Paul American School)

미국계 국제학교로 미국 Nacel 재단이 설립하여 포스코가 건설한 신흥 주거단지로 스플랜도라(Splendora)에 위치하고 있다. 하노이에서 거리가 있는 편이지만 미국교육 과정을 시행하며 영어 실력이 부족한 학생들은 ESL 수업을 병행한다. 고등부는 SAT(Scholastic Aptitude Test)나 ACT(American College Test)를 대비한 교과 과정이 있어 미국 대학 진학을 대비하므로 유리한 점이 있다. 학교 부지가 넓은 편이며 학급 정원이 많지 않고 한국 학생이 50~60% 비율을 차지한다.

- 수업료

　　2세~5세(유치원) : 연간 USD 16,000

　　6세~17세(초 · 중 · 고등 과정) : 연간 USD 22,000~26,000

- 입학금 및 등록금 : USD 1,100~1,200

이 외에도 콘코디아(Concordia International School), BVIS(British Vietnamese International School), ISV(International School of Vietnam) 등이 있으며 일본계, 프랑스계 국제학교도 있다. 2019년 8월 새로 개교 예정인 ISPH(The International School Parkcity Hanoi) 말레이시아계 투자자금으로 설립되지만, 영국식 커리큘럼을 제공한다. 급증하는 학생 수요에 맞게 국제학교의 공급도 지속해서 늘어날 추세이다.

– 하노이 국제학교 리스트

학교명	홈페이지
Korean International School in Hanoi	http://hanoischool.net/
British International School(BIS) 하노이 영국 국제학교	https://www.nordangliaeducation.com/ our-schools/vietnam/hanoi/bis
United Nation International School(UNIS)	https://www.unishanoi.org/index.cfm
Hanoi International School(HIS)	https://www.hisvietnam.com/
Singapore International School(SIS)	http://vanphuc.sis.edu.vn/ (반푹 캠퍼스) http://ciputra.sis.edu.vn/ (시푸차 캠퍼스) http://gamudagardens.sis.edu.vn/ (가뮤다 캠퍼스)
St. Paul American School 세인트 폴 국제학교	https://stpaulhanoi.com/
Concordia International School 콘코디아 국제학교	http://www.concordiahanoi.org/
British Vietnamese International School (BVIS)	https://www.nordangliaeducation.com/ en/our-schools/vietnam/hanoi/bvis
The International School Parkcity Hanoi	https://www.isph.edu.vn/
Wellspring International School 웰스프링 국제학교	http://wellspring.edu.vn/
Newton Grammar School(NGS)	https://ngs.edu.vn/
Japanese International School 일본국제학교	http://jis.edu.vn/
Global International School 글로벌 국제학교	http://www.gis.com.vn/
The International School Of Vietnam (ISV)	https://isvietnam.edu.vn/
Eton House International Kindergarten Hanoi	https://www.etonhouse.com.mm/school/ hanoi
Maplebear Canada Kindergarten	https://maplebearvietnam.edu.vn/
morning international kindergarten	http://msis.edu.vn/

- 호찌민 국제학교 리스트

학교명	홈페이지
Korean International School, HCMC	http://www.kshcm.net/
Australian International School(AIS)	https://www.aisvietnam.com/ko/
British International School(BIS)	http://bisvietnam.com
Renaissance International School Saigon	www.renaissance.edu.vn
Singapore International School(SIS)	http://saigonsouth.sis.edu.vn/
International School Saigon Pearl	http://www.issp.edu.vn
International School Ho Chi Minh City	http://www.ishcmc.com
The American School	http://theamericanschool.edu.vn/
The Canadian International School	www.cis.edu.vn
European International School	https://www.eishcmc.com/

04 대학교

베트남의 대학은 총리 직할 국가대학인 하노이국가대학교와 호찌민국가대학교가 있다. 이 외의 재무부 산하의 국민 경제대학교와 같이 각 정부 부처 산하와 지방 정부 산하의 국립대학교가 있으며, 사립대학교도 증가하는 추세이다. 교육 기간은 한국과 동일하게 4년, 약학대학은 5년, 의과대학 및 치과대학은 6~7년제이다. 대부분의 한국학생들은 베트남 내 대학교로 진학하지 않고 미국, 유럽 혹은 싱가포르, 홍콩 등 동남아 유명 대학교나 한국 대학교에 진학하고 있다. 외국 대학 진학을 하려면 베트남 내에서의 고교 성적도 중요하며 북미계 대학은 TOEFL, 영국계 대학은 IELTS 점수를 일정 레벨 이상 취득해야 하므로 외국 대학의 전형에 맞는 전략을 세워야 한다.

PART 3
하노이의 의료환경

　베트남의 의료수준은 한국이나 선진국에 비하여 비교적 낙후되어 있으며, 베트남 정부의 적극적인 외국의료기관의 유치로 점차 개선되고 있는 상황이지만 아직 한국인이 원하는 수준에는 도달하지 못하고 있다. 이에 베트남의 많은 외국인들이 베트남의 의료시설에 신뢰를 가지지 못하고 있어 외국인 환자의 경우 고가의 진료비를 지급하더라도 CT, MRI의 의료 설비가 있고, 의사의 의료 기술이 높은 외국계 병원에서 진료를 받게 된다.

　베트남 도시에 있는 병원은 다양한 전문과를 가지고 있으며, 종합병원부터 소규모의 동네 클리닉까지 다양한 규모가 있다. 공립과 사립으로 나누어져 있고 비용의 차이가 크며, 대부분 외국인은 사립을 이용하지만 상황에 맞게 이용할 수 있다. 진찰을 받기 위해서는 개인정보 등록을 위하여 ID나 여권이 반드시 필요하다.

　베트남인의 경우에도 지방의 의료시설이 도시에 비해 낙후하여 치료를 위해 비용이 비싸더라도 대도시의 병원을 이용하고 있는 것이 현실이다. 대부분의 베트남인은 국가 소유의 보험회사인 바오비

엣(Bao Viet)이 독점하는 건강보험에 의무적으로 가입하고 있으며, 환자부담금은 총 진료비의 20%이며, 의약분업으로 병원에서 진료를 받고 약국에서 약을 구매하게 된다. 참고로 긴급히 엠뷸런스가 필요한 경우, 호출번호는 한국의 119 대신 115이며, 자신이 원하는 병원으로 이송이 가능하다. 일반적으로 엠뷸런스 비용은 200,000동 정도이며, 의사 한 명과 간호사 2명이 동행한다. 외국인 병원의 자체 엠뷸런스의 경우, 비용이 상대적으로 비쌀 수 있으므로 미리 확인이 필요하다.

일반적으로 의사들은 환자와의 의사소통을 중시하므로 현재 상황이나 향후 치료 방법 등에 대하여 상세하게 설명을 해주는 편이며, 환자가 궁금한 사항에 대하여 질문을 할 때에도 친절하게 대응을 해주는 것이 일반적이다. 환자의 중요한 병력이나 약물 알레르기가 있는 경우 사전에 병원이나 의사에게 알려주어야 좀 더 정확한 진료를 받을 수 있다.

01 공립병원

베트남의 의료기관은 국가 단위로 보건부, 국립병원, 국립전문병원, 조사기관, 의과대학병원이 있고, 성 단위로는 성 정부 보건부, 성 정부 병원, 보건소, 모자보건원, 의과 전문대학병원으로 구성되며, 군 단위로는 의료소, 군 단위 병원, 의료원, 면 단위는 면 단위 보건소 등 4단계로 구성된다. 군, 면 단위의 의료 기관은 전문 장비가 부족하고 열악한 환경에서 진료를 진행하기 때문에 오진율도 높아 해당 병원을 기피하면서 상위 의료 시설로 집중되는 경향이 있다.

따라서 베트남의 의료 서비스 시장은 공립병원 중심으로 운영되며 환자들도 집중되고 있다. 앞에서 살펴본 대로 베트남 정부는 의료 개혁을 추진하지만, 재정적자의 상태로 인프라를 확충하는 데 충분하지 않은 환경이다. 베트남 보건부는 대부분의 병원이 수용 여력의 150%가 넘는 환자를 수용하며, 인구 1,000명당 병상 수가 2.4개로 열악한 상황이라고 밝혔다. 이에 많은 지방의 환자들이 더 나은 시설과 환경에서 진료를 받고자 도시의 대형 병원으로 몰리는 추세이다.

또한 최근 월평균 30만 원 정도의 낮은 임금과 높은 업무 강도로 공립병원을 떠나는 베트남 의사들이 늘어나는 이유 역시 도시의 사립병원으로 환자가 몰리고 있는 큰 원인 중 하나이다. 베트남 현지인조차 공립병원의 열악한 환경으로 사립병원으로 향하고 있기 때문에 외국인도 공립병원을 이용하는 경우는 극히 드물다.

02 사립병원

사립 대형의료기관은 하노이, 호찌민, 다낭 등 대도시에 집중되어 있으며, 외국계 병원이나 동네 개인 병원이 10~20여 곳 운영되고 있어 진료에 큰 어려움이 없다. 또한 외국계 병원의 시설 및 서비스는 높은 평가를 받고 있으며, Family Medical Practice(미국계),

SOS International(싱가포르계), French Hospital(프랑스계) 등이 대표적이다. 최근 베트남계 종합병원으로 Vinmec 병원이 대도시를 중심으로 진출하고 있어 선택의 폭이 다양해지고 있다. 한국계는 작은 규모의 동네 개인 병원이 늘어나고 있는 상황이다.

24시간 응급 진료센터는 일부 종합병원에서 운영 중이며 하노이 지역은 3~4곳이 있다. 공립병원보다 나은 환경이지만 베트남 의료 환경 자체가 열악한 수준이므로 가능하면 SOS International과 같은 국제적인 응급 서비스 기관을 이용하는 것이 좋다.

사립병원의 큰 단점은 한국과 비교했을 때 비용이 비싸다는 것이지만, 일반적으로 언어 소통과 시간 상의 편리함 때문에 사립병원을 이용하게 된다. 맹장 제거 수술과 같이 응급 상황으로 베트남에서 수술하게 될 경우 고액의 입원비, 수술비가 청구될 수 있기 때문에 회사에서 제공하는 의료비 지원이나 사전에 가입한 의료 보험의 적용 한도를 사전에 확인하는 것이 좋겠다.

가급적 영유아의 경우 한국에서 필요한 예방 백신을 모두 접종하고 치료받을 수 있는 부분은 미리 받고 오는 것이 좋다. 또한 베트남은 약국이 보유하고 있는 약품의 종류가 많지 않기 때문에 베트남으로 올 때 미리 필요한 기본상비약을 준비해 오는 것이 좋다.

03 치과

베트남에서 치과 치료를 받으려면 종합병원 혹은 민간 병원을 가서 진료받을 수 있다. 아직 베트남은 치과 의료기술 수준이 미흡하여 종합병원 혹은 외국계 병원을 이용하는 것이 안전하다. 최근 한국계 치과도 생겨나는 추세지만 베트남 현지 병원보다 치료비가 고액인 경우가 많으므로 사전에 해당 치료에 관한 비용을 안내받은 다음 치료를 결정해야 한다. 상대적으로 고액의 치과 치료비로 인해 한국 방문 시 치과 치료를 받는 경우가 일반적이며, 간단한 스켈링과 같은 치료의 경우 베트남 치과에서 약 100,000~200,000동 정도의 금액으로 받는다.

PART 4
은행계좌 개설 및 신용카드

베트남에 거주하게 되면 베트남 내 은행에 개인 계좌가 없는 경우 생활에 불편하므로, 보통 베트남에 거주하는 외국인의 경우, 베트남 내 개인계좌를 개설하게 되는데 주로 USD 계좌와 VND 계좌를 함께 개설한다.

이는 보통 외국계 회사의 급여가 USD로 지급되는 경우가 많고, 베트남 내 아파트의 구매와 주식투자 등을 진행하는 경우, 향후 투자를 정리하는 시점에 합법적인 해외 송금을 위하여 필요하기 때문이다. 가장 많이 사용하는 은행은 국영상업은행인 Vietcombank, Vietinbank, BIDV 등으로 베트남 현지 타 은행보다 은행 지점이 많아 사용이 편리하다. 한국계 은행으로 신한은행, 우리은행, 기업은행, 국민은행, KEB 하나은행 등이 진출해 있으며, 특히 신한은행은 외국계 은행 1위를 차지하며 한국계 은행 및 금융계 진출이 더욱 활발해지고 있다.

01 계좌 개설하기

외국인 개인의 경우 한국계 은행은 여권 원본을 준비하면 달러계좌와 동화계좌를 개설할 수 있으며, 베트남계 은행은 여권, 장기 체류 비자와 거주증을 함께 지참하면 개설이 가능하다. 필요서류는 은행마다 요구되는 서류가 상이할 수 있으므로 개설하고자 하는 은행에 확인 후 진행하는 것이 좋다.

베트남 은행은 계좌 개설, 계좌 관리의 수수료는 무료이며, 각종 증명서 서류 발급에 USD 5~10의 비용이 발생한다. 일반적으로 예금계좌를 1년 이내 해지를 할 경우 USD 5 정도의 수수료가 발생하며 현금 입금 수수료는 대부분 은행이 무료이며, USD 1,000 이상을 출금할 때 출금액 0.2% 정도의 수수료가 발생한다.

02 해외송금

베트남 은행 개인계좌의 경우, 해외로부터의 입금에는 별다른 제한이 없으나, 베트남에서 해외송금 시에는 베트남 내 고용계약서, 급여명세서, 노동허가증, 여권 등의 서류를 제출하여야 한다. 물론 급여통장에서의 송금은 바로 가능하며, 베트남 동화의 경우, 미국 달러로 환전 후 해외송금을 하게 된다.

03 신용카드 발급

한국에서 가져온 한국 카드를 베트남에서 사용하면 수수료 부담 등 불편함이 커 베트남에서 취업하여 일정한 수입이 있는 경우에는 신용카드를 새로 발급받는 것이 좋다.

주거래 은행에서 신용카드를 발급받으면 은행계좌와 연동되어 카드대금 결제가 이루어져 편리하다. 신용카드의 부가서비스가 한국만큼 많지는 않으나 카드 회사별로 다양한 이벤트, 특별 할인 등을 제공할 수 있으므로 생활하면서 본인의 라이프 스타일에 적합한 신용카드를 신청하는 것이 좋다.

신용카드를 신청하기 위해서는 일반적으로 다음의 자료가 필요하다.

- 여권
- 베트남에서의 소득증명 서류(고용계약서, 최근 3개월 급여명세서)
- 베트남 거주지 주소증빙 서류
  (은행 명세서, 유틸리티 비용의 세금계산서 등)

카드회사에 따라서 추가 자료 요구나 카드 한도만큼의 예치금을 요구하는 경우도 있으므로 카드 신청 시에 확인이 필요하다.

PART 5
한국대사관

베트남에 거주하는 대한민국 국적자는 여권의 발급, 사증란 추가 및 각종 신고 및 수속절차를 밟기 위해서는 주 베트남 대한민국 대사관을 통해서 업무를 진행하게 된다.

01 재외국민등록

'재외국민등록법'에 따라서 외국의 일정한 지역에 계속하여 90일 이상 거주 또는 체류할 의사를 가지고 해당 지역에 체류하는 대한민국 국적자는 재외국민등록을 해야 한다. 따라서 베트남에 거주하기 시작한 날로부터 30일 이내에 영사관에 재외국민등록을 해야 한다. 이는 유사시에 거주지 관할 공관을 통하여 긴급연락을 취하거나 신변안전 보호를 위해서 꼭 필요한 것이다. 영사관을 직접 방문하거나, 인터넷, 우편, FAX를 통하여 신청할 수 있다. 귀국이나 타국 이주 등 변경 사항이 있으면 변경 신청서를 영사관에 제출해야 한다.

02 여권 관련 업무

여권의 유효기간 만료나 분실에 따른 재발급, 사증란 추가의 업무 등을 진행한다. 사전에 준비해야 할 자료에 대해 홈페이지에서 확인한 다음 방문하는 것이 좋다.

03 각종 가족관계 신고

■ 출생신고

출생 후 1개월 이내에 반드시 출생신고를 해야 하며, 지연될 경우 과태료 제재를 받을 수 있다. 한국인 가정의 경우 병원 발행 출생증명서 등본과 한글 번역공증본 각 1부, 부모의 여권 사본 및 재외국민등록부 등본 각 1부, 출생신고서(작성 시 출생 병원명, 주소, 베트남 거주지의 한국식 기재명이 필요)를 제출해야 한다. 재외국민등록부 등본 1부를 제출해야 한다. 다문화 가정일 경우 출생자의 이름은 5자 이내의 한글 또는 인명용 한자로 해야 하며, 베트남 정부에서 발행하는 출생증명서 등본과 한글 번역본 각 1부와 부모의 여권 사본 및 재외국민등록부 등본 각 1부, 출생신고서(작성 시 출생 병원명, 주소, 베트남 거주지의 한국식 기재명이 필요)를 제출해야 한다.

❷ 사망신고

사망 사실을 안 날로부터 1개월 이내에 반드시 사망신고를 해야 한다. 베트남 정부에서 발행하는 사망증명서 원본과 한글 번역본, 사망자의 여권 원본을 제출해야 한다.

❸ 혼인신고

한국인과 한국인, 한국인과 베트남인이 베트남에서 혼인한 경우, 모두 한국에 혼인신고를 해야 한다. 베트남에서 한국인 가정의 혼인신고의 경우 혼인신고서 한글 작성본 1부(신고서상 증인란에 한국인 2명의 서명을 받아야 함), 부부의 여권 사본 각 1부, 재외국민등록부 등본 1부를 제출해야 한다. 다문화 가정이 베트남 거주자로 베트남 혼인증명서를 먼저 발급했을 때 베트남에서 혼인신고 완료 후 추가로 베트남 정부에서 발행하는 혼인증명서 등본과 한글 번역본 각 1부를 주 베트남 한국대사관에 제출해야 하며, 베트남 혼인신고 완료일로부터 3개월 내 신고를 하지 않으면 과태료가 부과되니 유의해야 한다.

❹ 이혼신고

양국에 혼인신고가 된 경우 베트남에서 우선 이혼절차를 밟고 한국에서도 이혼 신고절차를 밟게 된다. 한국에만 혼인신고가 된 경우에는 한국에서만 이혼신고를 진행하면 된다.

04 영사 확인

대한민국의 행정부처나 교육기관 등에 제출하는 베트남문서의 경우, 해당 문서가 관할 구역 내에서 발행되었다는 사실 혹은 영사관을 거쳤다는 사실에 대하여 영사 확인이 가능하다.

베트남의 경우, 아포스티유 조약에 서명하지 않았으므로 베트남 정부에서 발행된 문서나 베트남 내에서 작성된 사문서의 경우 베트남 공증기관에서 번역공증 및 베트남 외교부 영사국의 영사 확인 후 주 베트남 대사관 영사과에 영사 확인으로 진행되며, 상기 절차의 진행 전에 영사부의 사전 확인을 받은 후 진행하는 것이 좋다.

05 사서 인증

영사관이 당사자가 법률행위 등을 하고 작성한 사문서의 서명날인이 본인의 의사에 의한 것이라는 것을 확인하고 그 사실을 증명하여 주는 것이나 내용을 검토하여 사실 여부 혹은 진위를 확인해 주는 것은 아니므로 주의가 필요하다.

06 재외선거 제도

재외선거에 참여하기 위해서는 투표권을 가진 대한민국 국민이 3

개월 이상 해당 지역에 거주할 것이라는 것을 확인하는 재외선거 등록 신청서를 주 베트남 한국대사관 영사과에 제출해야 한다.

07 주소 및 연락처

◼ 주 하노이 한국 대사관

− 주소

· SQ4 Diplomatic Complex, Do Nhuan St, Xuan Tao, Bac Tu Liem, Hanoi, Vietnam(대사관)

· 7th Fl., Charmvit Tower, 117 Tran Duy Hung St., Cau Giay District, Hanoi, Vietnam(영사부)

− 연락처

· 대사관 +84 (0)24 3831-5111, 영사부 +84(0)24 3771-0404

· 근무시간 : +84-24-3771-0404(비자, 여권) /
　　　　　　　+84-24-3831-5111(정무, 경제 등)

· 근무시간 외 : +84-90-402-6126(긴급상황 발생 시, 24시간)

· 영사콜 센터 : +82-2-3210-0404(서울, 24시간)

− 근무시간

· 월−금 8:30~12:00. 13:30~17:30 /
　민원업무시간 9:00~12:00, 12:00~16:00

2 주 호찌민 한국 영사관

– 주소

· 07 Nguyen Du, Dist 1, HCMC, Vietnam

– 연락처

· +84-28) 3822-5757

· 근무시간 : +84-28) 3824-2639

· 근무시간 외 : +84)93-850-0238

– 근무시간

· 월–금 8:30~12:00. 13:30~17:30 /

　민원업무시간 9:00~11:30, 13:30~16:30

PART 6
한국으로 귀국 준비

한국으로의 귀국이 결정되면 귀국일까지의 기간별로 반드시 처리해야 할 일들이 있으므로 귀국이 결정되면 시간과 기회비용을 절약하기 위하여 상세한 계획을 세워서 진행해야 한다.

01 각종 계약의 해지

임대 주택, 각종 유틸리티, 휴대폰, 인터넷 등 계약 기간이 남아 있는 계약사항들의 해지를 진행해야 한다. 특히 위약금이 발생하는 계약의 경우에는 우선 현재 상황과 사유를 설명하는 경우 위약금을 면제해주는 경우도 있으므로 한국으로 귀국하는 비행기 표, 회사 내의 발령 관련 서류 등을 준비하여 해지 관련 상담을 받는 것이 좋다. 주택 계약이나 유틸리티 계약의 경우 계약 해지 후 보증금을 돌려받지 못하는 경우가 발생하기 때문에 계약 전에 계약의 내용을 정확이 이해하는 것이 좋겠다.

02 관공서 서류 제출

주 베트남 한국대사관에 재외국민 변경에 따른 변경신청서를 제출해야 한다. 그리고 외국인이 베트남을 떠날 때 베트남 관련 기관에 통지의무는 없다. 다만 베트남 출국 시 미납된 세금이 있는 경우, 출발 이전에 납부의무가 있으므로, 베트남 세무국에 개인소득세 신고서를 제출하여 출국 전 개인소득세를 정리하여야 한다. 만일 초과 납부한 세금이 있는 경우 세금환급이 가능하며, 이때 납세코드를 보유하고 있어야 한다. 만약 개인소득세 납부가 기한을 넘기거나 지연될 때는 향후 베트남 방문 혹은 사업 시 문제가 될 수 있다.

03 자녀의 전학 및 편입학 수속

우선 베트남에서 재학 중인 학교에 출국 사실을 사전에 알리고 재학증명서, 성적증명서, 졸업 서류 등 귀국 후 편입학 및 전학에 필요한 서류를 발급받는다. 학교에 따라서 장기간 기다려야 하는 경우도 있으므로 가급적 미리 학교에 통보하고 발급 가능 시점에 대하여 상의를 하는 것이 좋다.

또한 귀국 후 한국에서 편입학할 학교를 찾아서 사전에 상의하는 것이 좋다. 베트남은 가을학기에 새로운 학년이 시작되는 등 한국과 베트남의 학제가 다르므로 나이와 다르게 학년이 배정될 수 있으니 한국 쪽의 학교와 이 부분을 정확하게 협의하는 것이 좋다.

04 이사 준비하기

주재원의 경우 회사와 계약관계에 있는 업체가 있는 경우가 많으므로 사전에 회사에 이사에 관한 조건을 확인하는 것이 좋으며, 국제운송으로 세관통과 등의 절차를 거쳐야 하므로 전문국제이사 업체를 선정하는 것이 편리하다. 이사 비용이 부담되는 경우, 짐을 귀국 후 바로 필요한 짐, 바로 필요 없는 짐으로 나누어 운송방법을 다르게 하는 것이 비용을 절감하는 방법이다. 한국 세관의 해외이주 시 면세조건과 해당 면세조건 충족 여부도 확인해 봐야 할 사항이다.

배과장은 아토즈 베트남의 도움으로 유치원생인 아들이 베트남에서 빨리 영어를 접할 수 있도록 국제학교 유치부에 입학을 시키기로 하였다. 가족들이 베트남에서 같이 거주하면서 생활도 안정되고 삶의 질이 더 나아진 느낌이다.

성부장은 베트남 법인의 안정화와 빠른 성장의 성과를 인정받아 올해 승진 인사에서 이사로 승진하였으며, 이번에는 새로 진출하는 인도네시아 법인의 법인장으로 임명되어 한국에서 파견되는 인과장과 함께 인도네시아에서 새로운 도전을 하게 되었다.

Appendix

부록

PART 1
개인의 베트남 아파트 구매 안내

 최근 베트남 부동산 시장에 대하여 많은 분들이 관심을 가지고 있어 베트남의 아파트 구매에 대하여 정리하여 보았다. 베트남의 경우, 날씨가 더워 햇빛이 오래 드는 서향을 선호하지 않으며, 선호 평수는 가족이 함께 생활할 수 있는 방 3개의 30평대 아파트를 선호하지만 단독 부임하는 주재원의 경우 원룸 아파트도 선호되고 있다. 또한 아파트 구매 시 한국 주거래 은행에 해외 부동산취득신고를 하고 한국의 은행을 통하여 구매대금을 베트남으로 송금하여야 향후 부동산의 판매 후 베트남으로부터의 해외 송금과 한국으로의 매각대금의 합법적인 회수가 가능하다. 아래는 신규 프로젝트 아파트구매와 기분양 아파트의 구매 절차와 주의사항이다.

01 신규 프로젝트 아파트 구매

1) 구매 지역 결정 및 프로젝트 확인

구매 아파트의 결정 시 고려해야 하는 사항은 아파트의 위치 및 방향(서향 비선호 및 전망), 교통과 교육기관의 접근성, 시행사의 신뢰도 및 브랜드 인지도, 외국인이 적법하게 소유권증명서(핑크북)을 넘겨 받을 수 있는 부동산인지 여부를 확인하여야 한다. 또한 아파트를 방문하여 실제 프로젝트를 확인하고, 분양사 미팅 시에는 계약 당사자가 시행사의 공식 분양대행사나 중개사인지 확인, 아파트 방수별 면적, 아파트 인도 형태(시멘트 마감 혹은 일체 마감 등), 아파트 관련 대금 납부 일정, 완공 일정, 매매 계약서의 내용에 매수인에 불리한 규정이 없는지, 아파트 인도 이후 인테리어 및 임대 등 관리 가능여부를 확인하여야 한다.

2) 해외부동산 취득신고

해외부동산 취득신고는 한국의 주거래 외국환은행에서 진행하여야 하며, 부동산 계약 전에 가계약금의 송금을 위하여 해외부동산 취득신고(내신고)한 후 취득금액의 100분의 10 이내에서 사전송금이 가능하다. 해외부동산 취득신고(내신고) 이후 3개월 이내에 본 신고를 진행하여야 하며, 베트남의 경우, 본계약서의 작성이 늦어지는 경우가 많으므로 일반적으로 선계약서를 발급받아 은행 제출 후 본계약금 혹은 중도금의 송금을 진행하고, 본계약서가 발급되면 다시 이를 은행에 제출하게 된다.

신고수리는 보통 1~2일 정도 걸리며, 필요서류는 3일 이내 발행된 주민등록등본, 납세증명서, 영문부동산가계약서, 취득대상 부동산의 시세확인서 등이 필요하며, 사전에 미리 은행을 방문하여 필요서류를 확인받는 것이 좋다. 해외구매대금 송금 시에는 일정보다 2~3일 정도 먼저 보내는 것이 좋으며, 베트남 동으로 납부하여야 하므로 미국 달러로 보내는 경우 좀 더 여유있게 보내는 것이 좋다.

만일 초과 송금 분이 있는 경우 차기 중도금 납부 시 인정해 준다.

3) 구매 결정 후 사전예약(청약)금 납부

분양 업체를 방문하여 아파트 관련 정보를 들으시고 아파트 구매를 확정하셨을 경우 아파트 구매 확정을 위한 사전예약금을 시행사에 납부하여야 한다.

사전예약금은 보통 5천만 동/1억 동/2억 동 정도로 결정되며, 사전예약금 납부 후 분양사는 구매확정서를 발행한다. 이 구매확정서에는 아파트 호수, 분양 면적, 전용 면적, 분양 원가, 부가세, 유지보수비, 총가격 및 고객명 등이 포함된다.

4) 보증금계약서(가계약서) 작성

위 절차에 따라 구매하고자 하는 아파트를 확정한 다음 매매계약서 서명 전 보증금계약서를 작성하게 된다. 이때 일반적으로 20~30%의 선금을 납부한다. 보통 분양대금에는 부가세 10%와 유지보수비 2%가 포함되어 있다.

보증금계약서(Deposit Agreement)는 매매계약서 서명 전 다음 내용을 확인하는 서류이다.

- 아파트 매수인, 매도인 확인
- 아파트 가격, 납부일정 등의 정보 확인
- 매수인과 매도인의 권리, 의무 확인

보증금계약서 작성 및 선금을 납부한 후 실제 매매계약서 작성일이 결정되며, 매매계약서 작성일에는 실제 매수자가 베트남을 방문하여야 한다.

5) 매매계약서 서명

구매자가 송금증 사본과 여권을 지참하여 매매계약서에 서명하게 되며, 서명 후 10일 정도 후에 정식 계약서를 수령하게 된다. 보통 매매계약서는 베트남어와 영어의 2개 언어로 작성된다.

6) 잔금 납부

매매계약서의 일정에 따라 중도금과 잔금을 납부한다.

베트남 건설법은 중도금 및 잔금의 납부와 관련하여 아래와 같이 규정하고 있다. (베트남 시행사 기준)

① 아파트 완공 전 : 아파트 대금의 최대 70%까지 수령 가능

(외국시행사의 경우 최대 50%까지)

② 아파트 완공 시 : 아파트 대금의 5%를 제외한 나머지 차액을 수령함

③ 소유권증명서(핑크북) 수령 시 : 잔여 5% 납부(좌 동)

7) 아파트 인수

아파트 인수 시 하자 확인, 아파트 카드와 현관 및 방 열쇠 수령, 아파트 현관 비밀번호 설정을 하게 되며 인테리어가 필요한 경우, 인테리어를 진행하게 된다. 또한 소유권증명서를 수령한 후 한국 내 은행에 그 내용을 보고하여야 한다.

8) 주거 혹은 임대

구매한 아파트에 직접 거주하거나 임대를 놓을 수 있으며, 임대 시 부동산업체 수수료는 임대인이 부담한다. 임대가 결정되면 임대 사실을 신고하고, 임대소득이 1억 동을 초과하면 부가가치세 5%와 임대소득세 5%를 납부하여야 한다.

9) 매도 후 해외부동산 취득신고 취소

보유하고 있던 아파트를 매도한 경우, 매도대금의 2%를 거래세로 납부하여야 하며, 양도소득세는 발생하지 않는다. 이후 부동산의 매도 후 3개월 이내에 해외부동산처분 보고서를 신고은행에 제출하고, 매도 대금은 한국에 송금해야 한다. 양도소득이 있는 경우, 한국 내 개인 종합소득세 신고 시 양도소득세를 납부하면 된다. 2%의 거래세는 해외 납부세액으로 한국 내 세금납부 시 공제된다.

02 기분양 아파트의 구매

1) 구매 지역 결정 및 프로젝트 확인
*392p. 구매 지역 결정 및 프로젝트 확인 참조

2) 해외부동산 취득신고
*392p. 해외부동산 취득신고 참조

3) 아파트 계약보증금 지불
구매하려는 아파트 결정 후 해당 부동산 소유권인증서와 함께 판매자의 ID 등을 확인하여 판매자가 맞는지 확인한다. 아파트의 구매를 확정한 후 투자자는 보통 계약 보증금으로 1억 동을 지불해야 하며 보증금은 신용카드 또는 은행 송금으로 지불할 수 있다. 계약 보증금은 향후 구매자가 계약을 파기하는 경우 돌려받을 수 없으며, 판매자가 변심하는 경우, 보증금의 2배를 보상하여야 한다.

4) 매매계약서 작성 시
보증금 입금 후 14일 이내에 첫 중도금을 은행을 통하여 송금하여야 한다. 아파트 매매계약서는 매도자와 매수자 혹은 위임을 받은 자가 서명할 수 있으며, 계약서는 보통 베트남어와 영문으로 작성되지만, 법적으로는 베트남어 계약서가 유효하다.

- 매매계약서 서명하기 전에 꼭 체크해야 할 사항들

① 판매자의 아파트의 소유권증명서

② 아파트 소유권에 대한 분쟁이 발생하는 경우 판매자의 책임

③ 결제 방법

④ 세금 및 수수료

5) 세금 및 수수료 지불

부동산 구매자는 등록 수수료를 지불하고 판매자는 소득세를 지불해야 한다. 여기서 주의해야 할 점은 모든 지불은 이 부동산 또는 콘도가 위치한 관할 세무부서에서 이루어져야 한다.

6) 유지 보수 비용

부동산 구매자는 해당 부동산의 유지 보수 비용을 지불해야 한다. 유지 보수 비용은 구매금액의 2%이다. 유지 보수 비용 외에도 1년의 관리 및 운영 비용, 등록비용(0.5 %) 및 추가 할부 비용을 지불해야 한다.

7) 소유권증명서 신청

매매계약서(Sales and Purchasing Agreement)에 서명과 관련 비용을 지불한 후 시행사로부터 30% 한도 내의 외국인 보유물량을 매매한다는 확인을 받아 소유권증명서(핑크북)를 신청한다.

8) 매도 후 해외부동산 취득신고 취소

*395p. 매도 후 해외부동산 취득신고 취소 참조

PART 2
개인의 베트남 주식 투자 안내

최근 베트남 증권시장이 꾸준히 오르면서 주재원 등 베트남에서 거주하는 교민 뿐 아니라, 증권회사 거래 수수료 등의 이유로 한국에서 베트남을 일부러 방문하여 증권계좌를 개설한 후 베트남 주식을 거래하는 분들이 많이 보이고 있다. 주재원을 포함한 베트남 거주자분들의 베트남 증권회사를 통한 거래는 합법이지만, 한국 거주자의 베트남 현지 증권사 계좌 개설은 현행법을 위반하는 것이다. 이는 자본시장법이 일반 투자자가 해외 주식을 매매할 때 당국의 인가를 받은 국내 증권사만을 이용하도록 규정하고 있기 때문이다.

다음은 베트남 현지 증권사에서 증권계좌를 개설하는 것에 대한 안내이다.

1) 현지 증권회사 방문하여 증권계좌 개설

현지 증권회사를 방문하기 전 여권의 베트남어 공증본을 3부 준비하고 여권, 거주증을 준비하여 증권회사를 방문하여 증권계좌를 신청한다. 일부 증권사의 경우, 공증서비스를 제공하기도 하니 방문 전 공증서비스를 제공하는지 확인하는 것이 좋다.

증권회사에서는 외국인을 대신하여 증권을 수탁, 보관, 관리해 주는 증권수탁계좌(Custody Account)의 개설과 외국인 지분한도 관리를 위하여 베트남 증권예탁결제원으로부터 발급되는 증권거래코드(Trading Code)의 발급을 대행하여 준다. 증권회사 선정 시 주식거래 사이트가 영문으로 제공되는지 확인하는 것이 중요하다.

2) 은행 IICA(Indirect Investment Capital Account)계좌 개설

투자자는 외국환 거래 면허가 있는 베트남 은행 또는 외국계 은행 지점에서 IICA계좌(주식연계계좌)를 개설하여 이를 통해 자금을 증권계좌로 이전하여 증권거래를 하게 된다. 많은 증권회사에서는 계약된 은행에 IICA계좌 개설을 대행해 주고 있지만, 대행하지 않는 경우에는 직접 은행을 방문하여 신청하게 된다.

3) IICA계좌로의 송금

상기 계좌의 개설 소요기간은 약 2~3주가 소요되며, 은행과 증권회사로부터 인터넷뱅킹 아이디, 비밀번호 등을 수령하면 증권계좌와 연동되는 은행 IICA계좌로 송금을 진행하여야 한다. 송금방법은 해외의 은행에서 베트남 계좌로 송금, 베트남의 다른 은행계좌에서 IICA계좌로 송금, 은행을 방문하여 IICA계좌에 직접 입금하는 방법이 있다.

4) 주식거래

은행 IICA계좌에 주식거래 자금이 입금되면 자동적으로 연동되는 증권계좌에서 확인이 되며, 이제 베트남 주식 구매를 시작할 수 있다. 주식거래 방법은 컴퓨터의 HTS 프로그램과 핸드폰 어플을 이용하는 방법이 있다.

5) 베트남 거래소 현황

베트남 거래소는 현재 공매도(Short Selling)는 인정하지 않으며, 개장시간, 주문수량, 가격제한폭 등은 아래와 같다.

베트남 거래소	장 구분	개장시간	기타
호찌민거래소 (HOSE)	장전 동시호가	09:00~09:15	주문수량 : 10주 가격제한폭 7%
	오전정규장	09:15~11:30	
	오후정규장	13:00~14:30	
	장마감후 동시호가	14:30~14:45	
하노이거래소 (HNX)	오전장	09:00~11:30	주문수량 100주 가격제한폭 10%
	오후장	13:00~14:30	
	장마감후 동시호가	14:30~14:45	
UPCOM (비상장주식)	오전장	09:00~11:30	주문수량 100주 가격제한폭 15%
	오후장	13:00~15:00	

PART 3
베트남 회계 계정과목 코드

Code	Description	
Type 1	**Current Assets**	
111	Cash on hand	1111 Vietnam Dong 1112 Foreign currencies 1113 Monetary Gold
112	Cash in banks	1121 Vietnam Dong 1122 Foreign currencies 1123 Monetary Gold
113	Cash in transit	1131 Vietnam Dong 1132 Foreign Currencies
121	Trading Securities	1211 Shares 1212 Bonds 1218 Other securities and financial instruments
128	Held to maturity investments	1281 Term deposits 1282 Bonds 1283 Lending Loans 1288 Other held to maturity investments
131	Trade receivables	
133	Deductible VAT	1331 VAT on purchase of goods and services 1332 VAT on purchase of fixed assets

136	Intra-company receivables	1361 Working capital provided to sub-units 1362 Intra-company receivables on foreign exchange defferences 1363 Intra-company receivables on borrowing costs eligible to be capitalized 1368 Other intra-company receivables
138	Other receivables	1381 Shortage of assets awaiting resolution 1385 Receivables from equitization 1388 Others
141	Advances	
151	Goods in transit	
152	Raw materials	
153	Tools and supplies	1531 Tools and supplies 1532 Reusable packaging materials 1533 Instruments for renting 1534 Equipment and spare parts for replacement
154	Work in progress	1541 Construction Contracts 1542 Other Products 1543 Services 1544 Warranty costs
155	Finished goods	1551 Finished products - inventory 1557 Finished products - real estate
156	Merchandise inventories	1561 Purchase costs 1562 Incident purchase costs 1567 Properties held for sale
157	Outward goods on consignment	
158	Goods in bonded warehouse	
161	Non-business expenditure out of funds received from the State	1611 Expenditure brought forward 1612 Expenditure of current year
171	Government bonds purchased for resale	

Type 2	None Current Assets	
211	Tangible fixed assets	2111 Buildings and structures 2112 Machinery and equipment 2113 Means of transportation and transmission 2114 Office equipment and furniture 2115 Perennial plants, working animals and farm livestocks 2118 Other fixed assets
212	Finance lease fixed assets	2121 Finance lease tangible fixed assets 2122 Finance lease intangible fixed assets
213	Intangible fixed assets	2131 Land use rights 2132 Copyrights 2133 Patents and inventions 2134 Product labels and trademarks
		2135 Computer software 2136 Licences and franchises 2138 Other intangible fixed assets
214	Deprecation of fixed assets	2141 Deprecation of tangible fixed assets 2142 Deprecation of finance lease fixed assets 2143 Amortization of intangible assets 2147 Deprecation of investment properties
217	Investment properties	
221	Investments in subsidiaries	
222	Investments in joint ventures and associates	
228	Other investments	2281 Investments in equity of& other entities 2288 Other investments
229	Allowance for impairment of assets (credit balance)	2291 Allowances for decline in value of trading securities 2292 Allowances for impairment of investments in other entities 2293 Allowances for doubtful debts 2294 Allowances for inventories

241	Construction in progress	2411 Fixed assets prior to commissioning 2412 Construction works 2413 Major repairs of fixed assets
242	Prepaid expenses	
243	Deferred tax assets	
244	Mortgage, collaterals and deposits	
Type 3	Liabilities	
331	Trade payables	
333	Taxes and other payables to State Budget	3331 Value Added Tax (VAT) · 33311 Output VAT · 33312 VAT on imported goods 3332 Special consumption tax 3333 Import and export tax 3334 Corporate income tax 3335 Personal income tax 3336 Tax on use of natural resources
		3337 Land and housing tax, and rental charges 3338 Environment protection tax and other taxes · 33381 Environment protection tax · 33382 Other taxed 3339 Fees, charges and other payables
334	Payables to employees	3341 Payables to staff 3342 Payables to others
335	Accrued Expenses	
336	Intra-company payables	3361 Intra-company payables for operating capital received 3362 Intra-company payables for foreign exchange differences 3363 Intra-company payables for borrowing costs eligible to be capitalized 3368 Other intra-company payables
337	Progress billing	

338	Other payables	3381 Surplus of assets awaiting resolution 3382 Trade union fees 3383 Social insurance 3384 Health insurance 3385 Payables on equitization 3386 Unemployment insurance 3387 Unearned revenue 3388 Others
341	Borrowings and finance lease liabilities	3411 Borrowing loans 3412 Finance lease liabilities
343	Issued bonds	3431 Ordinary bonds · 34311 Par value off bonds · 34312 Bond distcounts · 34313 Bond premiums 3432 Convertible bonds
344	Deposits received	
347	Deferred tax liabilities	
352	Provisions	3521 Product warranty provisions 3522 Construction warranty provisions 3523 Enterprise restructuring provisions 3524 Other provisions
353	Bonus and welfare fund	3531 Bonus fund 3532 Welfare fund 3533 Welfare fund used for fixed asset acquisitions 3534 Management bonus fund
356	Science and technology development fund	3561 Science and technology development fund 3562 Science and technology development fund used for fixed asset acquisition
357	Price stabilization fund	

Type 4	Owner's Equity	
411	Owner's invested equity	4111 Contributed capital · 41111 Ordinary shares with voting rights · 41112 Preference shares 4112 Capital surplus 4113 Conversion options on convertible bonds 4118 Other capital
412	Differences upon asset revaluation	
413	Exchange rate differences	4131 Exchange rate differences upon revaluation of monetary items denominated in foreign currency 4132 Exchange rate differences in pre-operating period
414	Investment and development fund	
417	Enterprise reorganization assistance fund	
418	Other equity funds	
419	Treasury shares	
421	Undistributed profit after tax	4211 Undistributed profit after tax brought forward 4212 Undistributed profit (loss)after tax for the current year
441	Capital expenditure funds	
461	Non-business funds	4611 Non-business funds bought forward 4612 Non-business funds for current year
466	Non-business funds used for fixed asset acquisitions	
Type 5	Revenue	
511	Revenues	5111 Revenue from sales of merchandises 5112 Revenue from sales of finished goods 5113 Revenue from services rendered 5114 Revenue from government grants 5117 Revenue from investment properties 5118 Other revenue
515	Financial income	
521	Revenue deductions	5221 Trade discounts 5222 Sales returns 5223 Sales rebates

Type 6	Costs of Production & Business	
611	Purchases (used for periodic inventory systems)	6111 Purchases of raw materials 6112 Purchases of goods
621	Direct raw material costs	
622	Direct labour costs	
623	Costs of construction machinery	6231 Labour costs 6232 Material costs 6233 Tools and instruments 6234 Depreciation expense 6237 Outside services 6238 Other expenses
627	Factory overheads	6271 Factory staff costs 6272 Material costs 6273 Tools and instruments 6274 Fixed asset depreciation 6277 Outside services 6278 Other expenses
631	Production costs	
632	Costs of goods sold	
635	Financial expenses	
641	Selling expenses	6411 Staff expenses 6412 Materials and packing materials 6413 Tools and instruments 6414 Fixed asset depreciation 6415 Warranty expenses 6417 Outside services 6418 Other expenses
642	General administration expenses	6421 Staff expenses 6422 Office supply expenses 6423 Office equipment expenses 6424 Fixed asset depreciation 6425 Taxes, fees and charges 6426 Provision expenses 6427 Outside services 6428 Other expenses

Type 7	Other Income	
711	Other income	
Type 8	Other Expenses	
811	Other expenses	
821	Income tax expense (benefit)	8211 Current tax expense 8212 Deferred tax expense (benefit)
Type 9	Income Summary	
911	Income Summary